中国农业科技减贫

经验案例及国际合作

金 轲 毕洁颖 张 帅 等◎编著

中国农业科学技术出版社

图书在版编目（CIP）数据

中国农业科技减贫经验案例及国际合作 / 金轲等编著 .
北京：中国农业科学技术出版社，2025. 6. -- ISBN
978-7-5116-7338-1

Ⅰ. F323.3

中国国家版本馆 CIP 数据核字第 2025K2E917 号

著作第一完成单位：中国农业科学院农业信息研究所

责任编辑　张志花
责任校对　王　彦
责任印制　姜义伟　王思文

出 版 者　中国农业科学技术出版社
北京市中关村南大街 12 号　　邮编：100081
电　　话　（010）82106636（编辑室）　（010）82106624（发行部）
（010）82109709（读者服务部）
网　　址　https: // castp.caas.cn
经 销 者　各地新华书店
印 刷 者　北京地大彩印有限公司
开　　本　170 mm × 240 mm　1/16
印　　张　14.75
字　　数　285 千字
版　　次　2025 年 6 月第 1 版　　2025 年 6 月第 1 次印刷
定　　价　98.00 元

序言一

贫困与饥饿是人类面临的一种共同挑战，是联合国2030可持续发展目标的重中之重。科学、技术和创新是保障粮食安全和营养、消除贫困及促进农业可持续发展的重要驱动力。我国作为全球减贫事业与粮食安全的重要贡献者，通过科技赋能农业，探索出一条独具特色的发展路径，为全球粮农治理提供了宝贵经验。《中国农业科技减贫经验案例及国际合作》一书在联合国创立80周年之际出版，恰逢其时，既是对中国实践的阶段总结，亦是为国际社会提供有益的行动参考。

中国科技减贫的历程，是一部以创新突破资源桎梏、以协作凝聚发展合力的生动篇章。自20世纪80年代科技扶贫纳入国家战略以来，中国逐步构建完善了“顶层设计、政策引领、技术赋能、多方联动”的减贫模式。通过科技特派员机制扎根田间、“星火计划”点燃产业希望、国际大科学计划破解基因密码，中国以科技创新为驱动力系统地破解了贫困地区的发展瓶颈。这一历程不仅帮助实现了中国消除绝对贫困的历史性跨越，更为全球粮食安全与减贫提供了可复制的经验。在非洲，绿色杂交水稻技术助力粮食亩产提升，惠及数百万农户；在东南亚与南太，食用菌技术走向偏远地区与海岛，成为生态治理与生计改善的双赢方案；在中亚，棉花高产栽培技术推动产业链升级，为区域经济注入活力。这些实践不仅印证了“全球南方”合作共赢的理念，更体现了中国“授人以渔”的无私担当。

中国科技减贫正在实现由国内实践至全球贡献的拓展。从南南合作，到“手拉手”与“一国一品”特色农产品绿色发展全球行动倡议（OCOP），中国与联合国粮农组织（FAO）从科技减贫本土创新到全球可持续农业治理的范式跃迁中广泛合作，成就斐然。聚焦粮食作物品种研发、跨境动植物疫病防治等重点领域，中国通过“一带一路”倡议，与“全球南方”分享减贫模式经验、推广减贫适用技术，增强地区粮食安全韧性。本书精选的科技减贫案例中，FAO支持的

“糖料作物生态安全种植和资源循环利用”与“低碳茶产业链发展”项目，彰显了科技赋能粮食安全与减贫的协同效应。通过资金支持、技术标准制定和全球知识共享，FAO 推动糖料作物生态安全种植技术在中国广西壮族自治区、内蒙古自治区示范推广，为糖业可持续发展提供了范例；通过搭建多边合作平台、协调国际资源，粮农组织将生态低碳茶纳入全球茶产业绿色转型议程，助力以肯尼亚为代表的发展中国家实现农业低碳化与减贫目标的深度融合。

当前，全球粮食安全面临气候危机、资源约束、地缘冲突等多重威胁；与此同时，世界也迎来了数字技术与人工智能革命的巨大机遇，加强农业科技合作比以往任何时候都更为紧迫。国际社会应该抓住机遇、开拓创新，进一步深化农业科技合作，共同致力于推动农业科技减贫经验的全球共享，推进全球农粮体系转型，助力实现“不让任何一个人掉队”的庄严承诺。

具体说，农业科技减贫国际合作应着力向全产业链纵深拓展。推动先进科技企业“走出去”，跨国转移现代农业技术，依托跨境产业园区等建设与全球价值链整合，实现减贫适用技术成果市场化应用；创新南南与三方合作范式，构建涵盖国际金融机构、双多边机制以及产学研用融合发展等多模态的协作网络，整合科技创新要素、市场联通机制与政策资源，激活资源要素的协同效应，为可持续减贫注入结构性变革动力。

“独行快，众行远”。相信中国将继续在全产业链科技减贫国际合作中扮演重要角色，深化与“全球南方”合作——以科技创新为动力，以多边协作为纽带，以发展农业新质生产力为导向，遵循共商共建共享原则，凝聚共识，砥砺前行，一定能够在消除贫困与饥饿的征程中跨越鸿沟，助力联合国 2030 可持续发展目标的实现。

（联合国粮农组织原副总干事

国际欧亚科学院院士、北京大学博士）

2025 年 5 月

前言

科技扶贫是我国开发式扶贫的重要组成部分，为我国减贫事业作出了重大贡献。本书旨在通过对中国科技扶贫政策体系的阐释、科技扶贫经验做法的梳理、科技减贫典型案例的解析，提炼出科技减贫的有效路径，为推进农业科技减贫国际合作贡献中国智慧和中国方案。首先，在理论与政策篇，本书系统分析了科技减贫理论，梳理了我国科技扶贫政策体系及演变历程，回顾了中国农业科技扶贫经验与成就。其次，分粮食作物篇、经济作物篇、畜牧养殖篇、农产品加工篇、绿色低碳篇，精选了绿色超级稻等 20 个代表性科技减贫典型案例，每个案例从科技减贫行动、技术路径及特色、减贫成效、适宜推广区域和国家、发展启示五大维度，展开详尽介绍和深入解析。最后，在合作与展望篇，对农业科技减贫典型模式进行总结，就如何依托企业“走出去”与利用外资“走出去”形成与发展全产业链农业科技减贫国际合作提出展望。

本书七大主题篇章，既是对中国科技扶贫四十载历程的梳理总结，也是对全球减贫治理“中国方案”的系统阐释，更是对构建人类命运共同体理念的生动注解。本书主要服务于 4 类对象：一是国际农业政策制定者和执行者，通过分享中国科技减贫的制度设计和实施经验，促进政策对话；二是来华培训的外国官员，通过分享中国农业科技创新的成果展示和案例解析，搭建国际合作桥梁；三是发展中国家的减贫工作者，通过提供从技术选择到落地实施的全流程参考，助力本土化应用；四是以全国农业科技“走出去”联盟、“一带一路”农业科技创新联盟（筹）、中非农业科技创新联盟为代表的合作联盟，通过构建知识共享平台，推动协同创新。

希望本书的出版，为促进全球减贫领域的经验交流与务实合作提供理论支撑与经验借鉴。

目录

[理论与政策篇]

第一章　科技减贫理论 …… 2
第二章　中国科技减贫政策 …… 7
第三章　科技减贫经验做法 …… 18

[粮食作物篇]

第四章　绿色超级水稻育种：减少亚非国家饥饿与保障粮食安全 …… 26
第一节　项目简介 …… 26
第二节　技术、路径及特色 …… 27
第三节　减贫成效 …… 32
第四节　适宜推广区域和国家 …… 33
第五节　小结及启示 …… 34
第五章　育良种、传技术、强产业：马铃薯科技扶贫的中国实践 …… 36
第一节　项目简介 …… 37
第二节　技术、路径及特色 …… 38
第三节　减贫成效 …… 41
第四节　适宜推广区域和国家 …… 43
第五节　小结及启示 …… 43

[经济作物篇]

第六章　中非芝麻科技合作助力减贫发展 …………………………46
第一节　项目简介 ……………………………………………………46
第二节　技术、路径及特色 ………………………………………49
第三节　减贫成效 ……………………………………………………56
第四节　适宜推广区域和国家 ……………………………………58
第五节　小结及启示 …………………………………………………58
第七章　技术赋能糖业发展：生态循环种植与南南合作减贫模式……60
第一节　项目简介 ……………………………………………………60
第二节　技术、路径及特色 ………………………………………62
第三节　减贫成效 ……………………………………………………66
第四节　适宜推广区域和国家 ……………………………………69
第五节　小结及启示 …………………………………………………71
第八章　品种培育与层进推广：辣椒科技赋能多产区减贫的实践探索 ……………………………………………………………………73
第一节　项目简介 ……………………………………………………73
第二节　技术、路径及特色 ………………………………………75
第三节　减贫成效 ……………………………………………………79
第四节　适宜推广区域和国家 ……………………………………84
第五节　小结及启示 …………………………………………………84
第九章　高效绿色食用菌技术的减贫实践与推广……………………86
第一节　项目简介 ……………………………………………………86
第二节　技术、路径及特色 ………………………………………87
第三节　减贫成效 ……………………………………………………90
第四节　适宜推广区域和国家 ……………………………………91
第五节　小结及启示 …………………………………………………92

第十章 科技赋能传统茶产业托起山区脱贫梦 …………………………93
第一节 项目简介 ……………………………………………………93
第二节 技术、路径及特色 …………………………………………95
第三节 减贫成效 ……………………………………………………104
第四节 适宜推广区域和国家 ………………………………………105
第五节 小结及启示 …………………………………………………105
第十一章 良种兴棉助推棉花产业蝶变升级与富民增收 …………107
第一节 项目简介 ……………………………………………………107
第二节 技术、路径及特色 …………………………………………108
第三节 减贫成效 ……………………………………………………111
第四节 适宜推广区域和国家 ………………………………………113
第五节 小结及启示 …………………………………………………113
第十二章 花卉科技助力特色产业地区脱贫攻坚 …………………115
第一节 项目简介 ……………………………………………………115
第二节 技术、路径及特色 …………………………………………116
第三节 减贫成效 ……………………………………………………120
第四节 适宜推广区域和国家 ………………………………………124
第五节 小结及启示 …………………………………………………125
第十三章 科技助力宁陵梨产业振兴 ………………………………127
第一节 项目简介 ……………………………………………………127
第二节 技术、路径及特色 …………………………………………128
第三节 减贫成效 ……………………………………………………132
第四节 适宜推广区域和国家 ………………………………………133
第五节 小结及启示 …………………………………………………134
第十四章 “草果飘香”中缅合作促进缅甸农业可持续发展 ………135
第一节 项目简介 ……………………………………………………135
第二节 技术、路径及特色 …………………………………………136
第三节 减贫成效 ……………………………………………………138

第四节 适宜推广区域和国家 …… 139
第五节 小结及启示 …… 139

第十五章 香料之王胡椒香飘柬埔寨：中柬技术合作减贫经验 …… 141

第一节 项目简介 …… 141
第二节 技术、路径及特色 …… 142
第三节 减贫成效 …… 147
第四节 适宜推广区域和国家 …… 147
第五节 小结及启示 …… 148

[畜牧养殖篇]

第十六章 “科技牛”牦牛扶贫模式赋能高原地区减贫 …… 150

第一节 项目简介 …… 150
第二节 技术、路径及特色 …… 151
第三节 减贫成效 …… 155
第四节 适宜推广区域和国家 …… 157
第五节 小结及启示 …… 157

第十七章 华西牛育种技术的减贫之路：从中国自主创新到全球共享 …… 159

第一节 项目简介 …… 159
第二节 技术、路径及特色 …… 160
第三节 减贫成效 …… 164
第四节 适宜推广区域和国家 …… 164
第五节 小结及启示 …… 165

第十八章 “中国芯片”赋能白羽肉鸡育种与产业减贫 …… 167

第一节 项目简介 …… 167
第二节 技术、路径及特色 …… 168

第三节　减贫成效 …… 172
第四节　适宜推广区域和国家 …… 173
第五节　小结及启示 …… 174

[农产品加工篇]

第十九章　青稞加工助力中国科技援藏 …… 176
第一节　项目简介 …… 176
第二节　技术、路径及特色 …… 177
第三节　减贫成效 …… 179
第四节　适宜推广区域和国家 …… 180
第五节　小结及启示 …… 181
第二十章　绿色高效减损技术助力玉米加工企业高质量发展 …… 182
第一节　项目简介 …… 182
第二节　技术、路径及特色 …… 183
第三节　减贫成效 …… 187
第四节　适宜推广区域和国家 …… 188
第五节　小结及启示 …… 188
第二十一章　澜沧江－湄公河薯类加工项目助力减贫与乡村振兴 … 190
第一节　项目简介 …… 190
第二节　技术、路径及特色 …… 192
第三节　减贫成效 …… 198
第四节　适宜推广区域和国家 …… 198
第五节　小结及启示 …… 199

[绿色低碳篇]

第二十二章　南南合作与三方合作促进中国 - 菲律宾沼气可持续发展 …… 202
第一节　项目简介 …… 202
第二节　技术、路径及特色 …… 203
第三节　减贫成效 …… 205
第四节　适宜推广区域和国家 …… 206
第五节　小结及启示 …… 206
第二十三章　生态低碳茶生产集成技术推动全球茶产业绿色高质量发展 …… 208
第一节　项目简介 …… 208
第二节　技术、路径及特色 …… 209
第三节　减贫成效 …… 212
第四节　适宜推广区域和国家 …… 213
第五节　小结及启示 …… 214

[合作与展望篇]

第二十四章　合作与展望 …… 216
第一节　农业科技减贫典型模式 …… 216
第二节　全产业链视角下的科技减贫国际合作 …… 219
第三节　农业科技减贫国际合作展望 …… 223

理论与政策篇

理论与政策篇围绕科技减贫理论与中国农业科技减贫的政策演进与实践路径展开。首先，梳理科技减贫的内涵与理论基础。其次，聚焦中国科技扶贫政策的演进历程，从改革开放后科技扶贫的初步探索到精准扶贫阶段科技扶贫的全面实施，揭示了科技扶贫作为国家扶贫战略重要组成部分的科学性与实践价值。最后，从实践层面提炼科技扶贫的主要做法，围绕精准施策、产业扶持、创新驱动、多方协同等关键经验，通过科学规划引领发展、示范基地推广技术、人才培养强化支撑、信息服务优化资源配置等具体路径，系统总结了科技扶贫在补齐贫困地区科技与人才短板、推动特色产业现代化发展、增强内生发展动力方面的实践成效。

第一章
科技减贫理论

一、科技减贫概述

科技减贫是指通过农业科技的产业示范、培训指导、信息服务、组织化带动等多种方式，将先进适用的农业技术和管理知识引入贫困地区，旨在促进区域经济发展、提高农民收入。科技减贫在中国常表述为科技扶贫，自 1986 年国家科委提出“依靠科学技术使贫困地区脱贫致富”以来，科技扶贫已成为我国减贫工作的重要战略措施。

以索罗为代表的新古典经济增长理论突出资本积累的作用，认为经济增长依赖于投入规模的不断扩张，但这一过程受制于环境资源限制和资金条件约束。若技术发展停滞不前，人均收入将最终停滞，技术在此被视为促进经济增长的外生变量。以罗默和卢卡斯为代表的新经济增长理论则突破了新古典经济增长理论的研究框架，他们将技术视为经济系统的内生变量，强调从长远动态角度来看，持续的技术进步是经济增长发展的根本动力。因此，贫困地区改造传统农业和发展经济的根本出路在于技术进步。概括而言，科技减贫的主要动力因素包括科技供给和科技需求两方面。以下将分别从科技供给和科技需求视角，对相关理论基础进行梳理（具体梳理脉络如图所示）。

二、科技供给视角下的科技减贫理论分析

基于科技供给视角的科技减贫，强调技术供给占据主导地位，发挥支配作

作者：金轲，农业农村部对外经济合作中心主任；毕洁颖，中国农业科学院海外农业研究中心办公室主任；刘双双，中国农业科学院海外农业研究中心助理研究员。

用，创造和诱导技术需求。科技供给主体根据区域发展与战略导向，开展技术研究和推广，同时借助制度的设置、经济手段和法律手段，诱导农户不断采纳新技术，形成有效益的技术需求，其特点是供给创造技术需求，从而实现供求平衡。

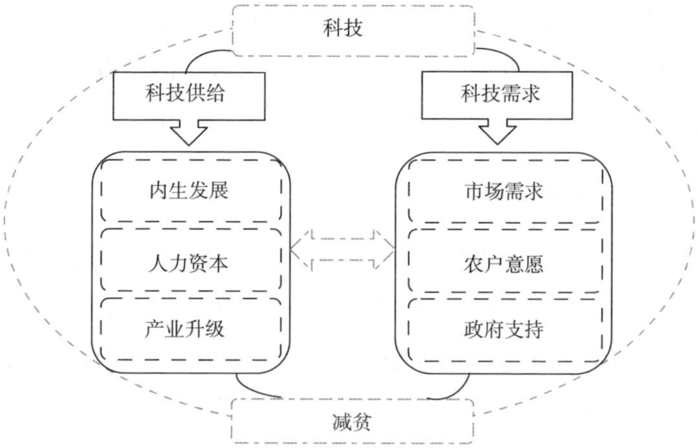

科技供需视角下的科技减贫理论分析

对于贫困地区而言，抵御自然灾害的手段贫乏，控制自然的能力弱，技术停滞，导致其陷入贫困的生存状态。究其原因，采用传统技术虽无法摆脱贫困，但至少能维持基本生存，而采用新技术一旦失败，连传统技术下的收益也无法保障，生存便会受到威胁。正是由于这种生存压力和信息不对称，农户往往预期新技术的边际成本高于其边际收益，进一步加剧了风险。因此，这些地区要摆脱贫困“陷阱”，仅靠自身力量难以实现，需借助外部力量来消除和转移风险，农户才有可能采用和推广新技术，打破技术停滞状态。例如，借助政府力量，加强农村技术推广和宣传，构建信息网络，使农户对新的农业技术的边际成本和收益形成正确的认识和预期，消除主观风险。因此，基于科技供给视角的科技减贫，强调技术供给的主导地位和支配作用，创造并诱导技术需求。

（一）内生发展理论

内生发展理论强调区域内部资源和能力协调开发与培育，指出贫困地区的脱贫关键在于挖掘和利用自身的内生动力与资源禀赋。在科技供给主导型减贫模式中，内生发展理论体现为通过科技手段激发贫困地区内在发展潜力与自我发展能力，具体表现为科技成果转化、技术培训与指导、科技信息服务三个方面。

在科技成果转化方面，科研机构和企业通过研发与推广新技术、新品种，将科技成果转化为贫困地区的生产力，提高农业生产效率和产品质量，从而增加农民收入。在技术培训与指导方面，科技人员深入贫困地区，对农民进行技术培训和技术指导，提升其科技素养和农业生产技能，增强其参与市场竞争的能力。在科技信息服务方面，建立和完善农业科技信息服务体系，为贫困地区提供及时、准确的农业市场信息和技术咨询，帮助农民调整种植结构，优化资源配置。

（二）人力资本理论

人力资本理论强调，人力资本是推动经济增长和社会发展的关键要素。通过教育、培训等途径提升人口素质和能力，能够有效促进经济社会的持续进步。在科技供给主导型减贫策略中，人力资本理论的应用体现在通过科技教育和培训，提升贫困人口的科技素养和人力资本水平。具体表现为教育减贫、技能培训、人才引进与培养三大方面。

在教育减贫方面，通过在贫困地区建立学校和教育机构，提升基础教育水平，为贫困人口提供接受良好教育的机会。同时，开展科技教育和科普活动，提升贫困人口的科技素养和创新能力。在技能培训方面，针对贫困地区的产业特点和劳动力需求，开展职业技能培训和就业指导服务，帮助贫困人口掌握一技之长，提高其就业能力和收入水平。在人才引进与培养方面，着力吸引和培养农业科技人才，为贫困地区提供智力支持和人才保障。此外，建立激励机制和人才流动机制，促进科技人才在贫困地区的合理流动和有效配置。

（三）产业升级理论

产业升级理论强调，通过技术创新和产业升级能够推动产业结构的优化与升级，进而提高产业竞争力和附加值。在科技供给主导型减贫策略中，产业升级理论具体体现在通过科技手段促进贫困地区的产业结构调整和优化升级。具体表现为特色产业培育、产业链延伸、产业融合三大方面。

在特色产业培育方面，依托贫困地区的资源禀赋和市场需求，发展特色产业和优势产业，以提高农产品的附加值和市场竞争力。通过科技赋能，提升特色产业的品质和效益，打造具有区域特色的产业品牌。在产业链延伸方面，借助科技创新和产业升级，延伸贫困地区的产业链条，促进农产品加工、仓储、物流等配套产业的协同发展，形成完整的产业链条和产业集群。在产业融合方面，推动农业与二、三产业的融合发展，催生农业＋旅游、农业＋文化、农业＋电商等新型业态，拓宽贫困人口的增收渠道。

三、科技需求视角下的科技减贫理论分析

基于科技需求视角的科技减贫，强调技术需求主体处于主导地位，发挥支配作用，由技术需求创造和诱导技术供给。为提高竞争能力和对要素价格变动的反应，农业市场主体必须不断采用新技术，以便实现利润最大化，而免遭市场淘汰，其表现为技术需求主体对新品种的采用和人力资本投资的增加，科技供给主体根据技术需求主体提出的技术需求结构、方向，开发推广新技术，促使科研推广人员对各类技术需求做出反应，达到技术供给和技术需求的均衡。

需求主导型科技扶贫相较而言更具活力和效率。以市场需求为导向，以自主经营为主体，按价值规律，运用竞争手段进行商品和服务的流通与交换，在具备条件的贫困地区采用需求主导型科技减贫是市场经济有序健康发展的必然要求。农业技术只有在有需求的情况下，才能自行扩散，农民不需要的技术很难推广，即使强迫推广，也不会有好的效果和强劲的生命力。相反，实用高效的技术可以不推自广。此外，需求主导型科技扶贫并不否定政府供给在农业技术进步中的作用，农业技术供给也并不是被动的供给，政府必须加强农业技术进步的宏观调控，这是需求主导型科技扶贫的应有之义。政府及有关部门可以通过制定经济发展战略、科技政策、推广计划等途径来促进农业科技成果转化和农业技术推广。综上，本书分别从市场需求导向、农户参与意愿及能力提升、政策引导与支持等方面对科技需求视角下减贫相关理论基础与实践路径进行深入分析。

（一）市场需求导向

市场需求导向相关理论认为，产品的开发和生产应以市场需求为导向，满足消费者的需求和期望。在科技减贫背景下，市场需求导向具体体现在利用科技手段对接贫困地区的市场需求，从而提升农产品的市场竞争力。具体实践路径主要体现在产品开发与改进、品牌建设与推广以及市场调研与预测三个方面。

在产品开发与改进方面，根据市场需求和消费者偏好，有针对性地开发和改进农产品品种及品质，提高农产品的市场竞争力和附加值。在品牌建设与推广方面，通过品牌建设和市场推广活动，提高农产品的知名度和美誉度，进而增强消费者对贫困地区农产品的信任度和购买意愿。在市场调研与预测方面，通过对贫困地区市场需求进行调研和预测，了解消费者的需求和期望，为科技减贫项目的开发和实施提供依据。

（二）农户参与意愿及能力提升

农户的参与意愿及能力是影响科技减贫效果的关键因素。只有激发农户的参与意愿并提升其能力，才能确保科技减贫的可持续发展。具体表现为激发参与意愿、提升能力素质以及建立利益联结机制三个方面。

在激发参与意愿方面，通过宣传和推广科技减贫的成功案例与经验做法，增强农户对科技减贫的认可及参与意愿。同时，建立健全激励机制和奖励机制，鼓励农户积极参与科技减贫项目。在提升能力素质方面，通过科技培训和技术指导等活动，提升农户的科技素养和农业生产技能。同时，加强农户的组织化和合作化建设，提高其组织化程度和市场竞争力。在建立利益联结机制方面，通过建立合理的利益联结机制，确保农户在科技减贫项目中的收益和权益。通过股份合作、订单农业等方式，实现农户与龙头企业、合作社等主体的利益共享和风险共担。

（三）政策引导与支持

政策引导和支持是推动科技减贫工作的重要保障。政府应制定和实施有利于科技减贫的政策措施和优惠政策，为科技减贫提供有力的政策保障和支持。具体体现在制定相关政策措施、提供资金支持、强化组织协调三个方面。

在制定政策措施方面，政府需根据贫困地区的实际情况和科技减贫的具体需求，制定有针对性的政策措施和规划方案。通过政策引导和扶持，推动科技减贫项目的顺利实施并取得实效。在提供资金支持方面，政府应为科技减贫项目提供必要的资金保障，包括科研经费、技术推广经费、培训经费等。同时，建立多元化的融资渠道和资金监管机制，确保资金的合理使用和有效监管。在加强组织协调方面，充分发挥政府在强化组织协调工作中的作用，推动各部门之间的协同配合和信息共享。通过建立科技减贫工作机制和领导小组等方式，加强对科技减贫工作的统筹规划和组织领导。

第二章 中国科技减贫政策

党的十八大以来，以习近平同志为核心的党中央坚持以人民为中心的发展思想，从实现“两个一百年”奋斗目标的战略考量出发，把脱贫攻坚摆在治国理政的突出位置，作为全面建成小康社会的底线任务和标志性指标，对全体中国人民和全世界做出庄严承诺。习近平总书记亲自谋划、亲自部署、亲自推动、亲自指挥，脱贫攻坚取得决定性成就。从 2012 年以来，中国平均每年 1 000 多万人脱贫，相当于一个中等国家的人口脱贫；到 2020 年底，全国 832 个贫困县全部摘帽，现行标准下近 1 亿贫困人口实现脱贫，区域性整体贫困彻底解决。一步千年，梦圆今朝。打赢脱贫攻坚战是中华民族历史上光耀千秋、彪炳史册的伟业，谱写了人类反贫困历史新篇章。

科技扶贫是国家扶贫开发战略的重要组成部分，科技扶贫行动被国务院扶贫开发领导小组在 2016 年确定为十大扶贫行动之一。党的十八大以来，我国坚持以习近平新时代中国特色社会主义思想为指导，深入贯彻落实习近平总书记关于扶贫开发工作的重要论述和党中央决策部署，牢牢把握精准扶贫、扶贫先扶志、扶贫必扶智，把科技扶贫作为推动中国减贫事业的重要手段，作为切实提高精准脱贫质量的重要途径，作为确保攻坚成效稳健可持续的重要保障，构建了“横向到边、纵向到底”的科技扶贫大格局，从面上推动和点上着力统筹推进，深入实施科技扶贫“百千万”工程，着力补齐贫困地区科技和人才方面的两大短板，创新部际协调、东西部科技扶贫协作、“四级联动”三项机制，充分展示了“贵在精准、重在产业、根在创新、要在合唱”的四大特色，走出了一条创新驱动精准脱贫之路。

作者：李雅君，中国农村技术开发中心科创处专业技术九级；胡熳华，中国农村技术开发中心科创处处长；金轲，农业农村部对外经济合作中心主任。

习近平总书记指出“科技扶贫扎实推进”，并对科技特派员制度推行20周年作出重要指示，强调“科技特派员制度推行20年来，坚持人才下沉、科技下乡、服务‘三农’，队伍不断壮大，成为党的‘三农’政策的宣传队、农业科技的传播者、科技创新创业的领头羊、乡村脱贫致富的带头人，使广大农民有了更多获得感、幸福感”。

全国科技系统在贫困地区建成1 290个创新创业平台，建立了7.7万个科技帮扶结对，选派了28.98万名科技特派员，投入200多亿元资金，实施了3.76万个各级各类科技项目，推广应用5万余项先进实用技术和新品种，为贫困地区转化发展动力、提高生产效能、改善群众生活提供了有力支撑，作出了重要贡献，充分体现了“凡是脱贫致富，必有科技要素”。

扶贫开发关乎民生，关乎社会稳定和谐，属于政府固有的职责范围，通过运用多样化的政策工具和手段，扫除发展障碍，彰显政府的管理智慧。脱贫攻坚战的瞩目成就，与扶贫开发政策的科学制定及实施息息相关。科技扶贫政策作为政府公共政策的组成部分之一，具备公共政策的全部特质，是我国扶贫开发政策体系的重要组成部分。它动员科技力量，成为助力扶贫开发最直接、最有效的办法。科技助力脱贫攻坚政策的制定和实施，为我国减贫工程作出了巨大贡献。改革开放以来，中央相关管理部门相继出台了一系列与科技扶贫直接相关的政策、法规、规章和行政条例等文件，经过近40年的实践检验和不断优化，构建了我国独特的科技扶贫政策体系。

一、探索道路阶段（1978—1993年）

由于贫困地区缺乏现代科技力量，顺应国家扶贫开发方式的转变，科技扶贫应运而生，成为了从救济式扶贫转向开发式扶贫的支撑。

1978年，在河北省科委的支持下，河北农业大学承担了“河北省太行山区综合开发研究”课题，开始尝试开发治理太行山，这成为我国最早开展的科技扶贫探索实践，形成了著名的“太行山道路”，制定了“治山先治穷，治穷先治愚，治愚先治人，育人先育带头人”的方针。

1985年，民政部和中国科协联合印发《关于开展科技扶贫工作的通知》，提出在扶贫方式中，“用科学技术扶持，即着眼于扶技术、送信息，开拓新的生产门路，是从根本上治穷致富的一项重要措施。”文件首次明确提出科技扶贫是一项根本的扶贫措施，科技扶贫工作正式成为我国扶贫开发的重要方式和新的减贫动能。

1986年，国家科委向国务院提交《关于开发贫困地区建设的报告》(以下简称《报告》),《报告》提出“依靠科学技术使贫困地区脱贫致富”的方针，标志着科技扶贫以制度化的形式正式拉开序幕。此后，相继在大别山、井冈山、陕北地区等的55个贫困县以及少数民族地区展开，成功探索“大别山之路”。中共中央认识到“生活救济性扶贫”并不能真正实现脱贫，而要从根本上实现脱贫则需要激发贫困地区和贫困人口的内在动力，因而将救济式扶贫转变为开发式扶贫。开发扶贫的目的是提高贫困地区生产力水平，驱动贫困地区和贫困人口的自身发展能力，克服依赖性，发扬自力更生、艰苦奋斗的精神，提高资源利用效率，以解决温饱问题。

1987年，国务院印发《关于加强贫困地区经济开发工作的通知》(以下简称《通知》),《通知》指出我国已逐步由单纯救济扶贫向经济开发扶贫转变，开发扶贫是以维持贫困人口的基本生存条件和生产效率为目标，通过开发自然资源、挖掘人力资源，提高贫困地区和人口的发展能力与适应能力，立足于自力更生，提高资源利用效率，以解决温饱问题。《通知》中还明确提出，把科学技术作为经济开发的支柱，依靠科学技术进步，开辟脱贫致富门路，要把发展以科技为支柱的商品经济摆上突出地位。

1989年，国务院印发《国务院关于依靠科技进步振兴农业加强农业科技成果推广工作的决定》，文件提出“要强化科技成果推广运用，建立健全各类农技推广机构，进一步发展壮大农村科技队伍，促进基层农技推广体系职能由无偿服务向有偿服务拓展延伸”，这标志着科技扶贫中有偿科技服务开始兴起。

这一时期主要是研究科技扶贫理论并进行实践探索，科技扶贫开发活动尚处于初级阶段，各地纷纷开展将科技带到贫困地区的活动。鉴于当时贫困地区农民对科技的接受能力较弱等因素，活动以制定贫困地区脱贫规划、推广单项简单技术和开展技术研究等内容为主。

二、全面实践阶段（1994—2000年）

科技扶贫通过一段时间的探索实践，其作用逐渐显现，政府部门对科技扶贫的认识也日趋深入。

1994年，《国务院关于印发国家八七扶贫攻坚计划的通知》拉开了我国科技扶贫政策体系构建的序幕。《国家八七扶贫攻坚计划》(1994—2000年)针对科技扶贫提出了明确要求：科技部门要制定科技扶贫战略规划，指导和推动扶贫工作转到依靠科学技术和提高农民素质的轨道上来。要增强“星火计划”的实施力度，动员各方面力量开展多种形式的科技开发和科技服务，切实抓好扶贫开发的科学研究和科技示范。其中，“星火计划”作为科技扶贫的重要工作抓手，旨在通过多措并举的科技开发和服务，集结各方面力量，以科技示范和科学研究为核心，通过发展“短平快”科技项目助力脱贫，加速科技转化为生产力的进程。

1995年，中共中央、国务院出台的《关于加速科学技术进步的决定》在部署农业和农村科技进步时，对科技扶贫方式作出了具体部署，强调“要进一步加强科技扶贫工作。大力支持贫困地区发展科技和教育，帮助培养技术人才，推广先进适用技术。引导贫困地区人民依靠科技开发当地资源，加快脱贫致富步伐。发达地区也应在技术、信息、人才、资金等方面加大对贫困地区的支援。”

1996年颁布的《中共中央、国务院关于尽快解决农村贫困人口温饱问题的决定》强调“认真抓好科教扶贫”。同年，国家科委出台的《关于进一步推动科技扶贫工作的意见》中明确了科技扶贫的地位、功能和意义，指出“科技扶贫是我国政府开发扶贫战略的重要组成部分，为我国扶贫事业开辟了一条有效的途径”。为确保如期实现党中央、国务院关于到20世纪末基本解决农村人口温饱问题的宏伟战略目标，必须进一步动员全国科技界和广大科技人员积极行动，下更大的决心，采取更有力的措施，使扶贫开发工作真正转移到依靠科技进步和提高劳动者素质的轨道上来，最大限度地发挥科学技术是第一生产力的作用。通过深入引导贫困地区干部、群众全面投入到“科教兴国”的实践中，实现科技扶贫，推动经济可持续发展。

1997年，国家科委、中国科学院、中国科协联合印发《关于依靠科技进步加速扶贫攻坚进程的意见》。文件提出“扶贫开发的实践充分证明，科教扶贫是扶贫的根本，脱贫致富必须紧紧依靠科技和教育。”同时，提出了对科技扶贫的指导意见：大力推广普及农业先进实用技术，努力促进科技成果向贫困地区转化；优化支柱产业结构，努力提高产业的技术水平；组织科技力量解决扶贫攻坚中的关键技术难题；广泛开展技术培训及科普宣传活动；切实健全社会化科技服务体系；鼓励和支持科技人员参与扶贫攻坚。

这一时期的科技扶贫工作主要围绕“八七攻坚计划”开展，以基本解决温饱问题为核心，以示范推广主导产业先进技术等发展方式为主。通过推广先进适用技术、开发贫困地区的优势资源、提高农业生产率、促进支柱产业发展，从而实现贫困地区经济发展和带动贫困地区农民增收。

三、稳步推进阶段（2001—2010 年）

随着科技扶贫工作的推进，以及科技进步的强劲支撑，贫困地区的发展快速推进，中央政府在前一阶段成就的基础上，对科技扶贫提出了更高要求，控制贫富差距逐步成为此阶段的重点任务，科技扶贫的方式得到优化，对象更为精准，经济领域屡创奇迹的科学技术被我国政府列为扶贫工程的核心。科技不再仅是农业生产的辅助手段，而是推动农业生产方式从传统向现代转型的关键路径。它不仅要全面渗透于农业生产的各个环节，推动农业的产业化发展，还推动贫困农村地区非农产业的科技化和现代化，即通过科技产业化实现贫困地区产业科技化、现代化。

2001 年 4 月，《农业科技发展纲要（2001—2010 年）》提出通过开发式扶贫提升贫困地区的发展能力，在加快新技术引进和转化的同时，注重提升一线农民的科技素质，通过知识技能培训和示范企业的引领，既提高农民的科技素养，又发挥优秀企业的示范效应，力求通过科学技术带动农村地区经济发展，实现扶贫新突破，推动贫困地区和人口脱贫致富。随着我国改革开放和市场经济体制的不断完善，经济开发式扶贫成为此阶段扶贫开发的主要模式。

2001 年 6 月，国务院发布了《中国农村扶贫开发纲要（2001—2010 年）》，为 21 世纪第一个十年的科技扶贫重点任务做了规划：把科技供给摆在重要位置，在扶贫开发过程中，必须把科学技术的推广和应用作为一项重要内容，不断提高科技扶贫水平。无论是种植业、养殖业还是加工业，都必须有先进实用的科学技术作为支撑。强调科技人员是扶贫的关键力量，需充分利用科技资源和科技进步的成果，调动广大科技人员的积极性，鼓励他们到贫困地区创业，加速科技成果转化。在参与主体上，强调社会力量的参与，要采取更积极的措施鼓励民间科研机构、各类农村合作组织和各类科研组织直接参加项目，在扶贫开发中发挥更重要的作用，并在科技推广中提升自身的水平，拓展发展空间。重点关注农民科技素养和示范基地建设，各有关省、自治区、直辖市政府需安排资金，建立科技扶贫示范基地，注重示范效应，充分发挥科技在扶贫开发中的带动作用。提高群众的综合素质，特别是科技文化素质，是增加贫困人口经济收入的重要措施，也是促进贫困地区脱贫致富的根本途径，必须把农民科技文化素质培训作为扶贫开发的重要工作。该政策旨在促进区域平衡、经济发展和再分配公平性，继续实施科技扶贫战略，帮助未解决温饱问题的人口，巩固和提升已解决温饱问题的人口的成果，从整体区域漫灌式扶贫转向具体解决绝对贫困人口的温饱问题，在其他群体具备了一定发展能力时，将仍处于贫困水平的人口纳入重点扶持对象，尽量避免贫富差距扩大。同时，针对老少边穷地区贫困人口较为集中的特点，将这四类地区作为科技扶贫的重点区域。

2001 年 10 月，科学技术部、中国科学院、中国科协印发《“十五”科技扶贫发展纲要》，充分肯定了科技扶贫实施以来，通过将科学知识、科学思想、科学精神、科学方法和适用技术送进山乡，送到千家万户，为完成到 2000 年底基本解决全国农村贫困人口温饱问题的任务，实现我国现代化建设第二步战略目标，作出了显著贡献。为落实《中国农村扶贫开发纲要（2001—2010 年）》和《农业科技发展纲要（2001—2010 年）》提出的各项任务，适应我国农业进入新的历史阶段的新形势和新要求，政策中明确了“十五”期间科技扶贫的工作目标：通过增强农村贫困人口的科技文化素质，提升贫困地区技术创新与自我发展能力，加快解决贫困人口的温饱问题，巩固温饱成果，尽快实现贫困地区经济、社会、生态的可持续发展，为达到小康水平提供科技支撑。通过实施贫困乡村科技扶贫示范行动、科技型特色产业促进行动、科技信息扶贫行动、科技培训和科学普及行动，加快科技成果在贫困地区的转化，推动贫困地区科技支撑能力建设，促进贫困地区形成有利于科技进步的机制和环境。此政策中，科技扶贫机制创新处于重要地位，针对国家扶贫开发任务和各地区扶贫开发重点，进一步将科技、人才、资金有机结合，为贫困地区经济社会发展创造了科技支撑条件。

此后，在上述政策文件的基础上，相关部委又陆续出台了《“十一五”农村科技工作指导意见》《关于深入实施星火计划的若干意见》《新农村建设科技促进行动》《新农村建设科技示范（试点）实施方案》等一系列文件，为科技扶贫工作进一步落地见效进行指导。

这一时期，国家对科技扶贫重视度不断上升，科技扶贫政策力度相对于前一阶段明显加大，既有对前一阶段政策的完善和延续，也有新阶段政策的创新和发展，因此科技扶贫政策数量有所增加，属于政策平稳发展时期。在稳固前期扶贫成果的基础上，顺应时代发展特征，控制贫富差距逐步成为重点，科技扶贫的重心从科技资源的输入转向以科技产业化和产业科技化，科技扶贫的方式得到调整，对象更为聚焦，科技全面渗透于农业生产的各个环节。科技部等部委组织实施了一系列计划和行动，包括开展贫困乡村科技扶贫示范、科技型特色产业促进、科技信息扶贫、科技致富、科技培训和科学普及五大行动，推动星火培训、绿色证书、农业科技跨越计划培训、农民技术培训等工程。此外，科技部、商务部与联合国开发计划署合作实施了一系列科技扶贫开发项目，包括影响较大的“中国农村科技扶贫创新与长效机制探索”项目，支持试点地区推行科技特派员制度，鼓励完善和创新模式，推动农村科技扶贫形成长效机制。

四、精准发力阶段（2011—2020 年）

进入 21 世纪的第二个十年，中国的扶贫开发，从以解决温饱为主要任务的阶段转入巩固温饱成果、加快脱贫致富、改善生态环境、提高发展能力、缩小发展差距的新阶段。农村贫困人口大幅减少，收入水平稳步提升，贫困地区基础设施明显改善，社会事业不断进步，最低生活保障制度全面建立，农村居民生存和温饱问题基本解决，探索出了一条中国特色扶贫开发道路，为促进我国经济发展、政治稳定、民族团结、边疆巩固、社会和谐发挥了重要作用，并为推动全球减贫事业发展作出了重大贡献。

2011 年，中共中央、国务院印发《中国农村扶贫开发纲要（2011—2020 年）》，对新时代科技扶贫的方式作了细致谋划：推动特色产业科技攻关，提升科技成果转化力度，推动产业升级和产业结构优化，提高农业产业化和科技化水平；通过施行有效的良种良法，进一步提升种养业效率；强化龙头企业科技扶贫作用，参与推动贫困地区资源开发，完成劳动力转移；继续选派科技扶贫团、科技副县（市）长和科技副乡（镇）长、科技特派员到重点县工作，发挥专业人士的整体规划和指导作用；完善符合贫困地区实际的新型科技服务体系，加快科技扶贫示范村和示范户建设，继续发挥科技在贫困地区的驱动作用。

2013 年，习近平总书记到湖南湘西考察提出“实事求是、因地制宜、分类指导、精准扶贫”的重要指示，首次提出“精准扶贫”战略思想，自此，精准扶贫、精准脱贫成为指导中国脱贫攻坚战的基本方略与行动指南。

2014 年，科技部、中共中央组织部、财政部、人力资源社会保障部、国务院扶贫办联合启动了“边远贫困地区、边疆民族地区和革命老区人才支持计划科技人员专项计划”（简称“三区”科技专项），主要任务：一是向“三区”选派科技人员；二是为“三区”培养本土科技人员。“三区”科技专项实施有效提升了“三区”科技发展水平，建设了一支服务“三区”乡村产业发展的科技人才队伍，充分发挥了科技和人才“三区”脱贫攻坚的支撑作用。

2015 年，《中共中央　国务院关于打赢脱贫攻坚战的决定》发布，文件强调：坚持保护生态，实现绿色发展的原则，牢固树立绿水青山就是金山银山的理念，将生态保护放在优先位置，扶贫开发不能以牺牲生态为代价，探索生态脱贫新路子，使贫困人口从生态建设和修复中得到更多实惠。新时代的科技扶贫也要随着发展理念的根本变化而做出调整，服务于贫困地区的生态修复、保护及经济社会，实现二者的有机统一。加大科技扶贫力度，解决贫困地区特色产业发展和生态建设中的关键技术问题。加大技术创新引导专项（基金）对科技扶贫的支持，加快先进适用技术成果在贫困地区的转化。深入推行科技特派员制度，支持科技特派员开展创业式扶贫服务。强化贫困地区基层农技推广体系建设，加强新型职业农民培训。

2016 年，国务院印发《“十三五”脱贫攻坚规划》，文件明确提出要促进科技成果向贫困地区转化、提高贫困人口创新创业能力和加强贫困地区创新平台载体建设进行科技扶贫。

2016 年，为贯彻落实《中共中央　国务院关于打赢脱贫攻坚战的决定》，充分发挥科技创新在精准扶贫精准脱贫中的支撑引领作用，科技部、教育部、中国科学院、中国工程院、国家自然科学基金委员会、国防科工局、国务院扶贫办七部门联合印发《科技扶贫行动方案》，组织动员全国科技工作者积极投身科技扶贫事业。该方案以深化科技体制改革为动力，以政策、技术、人才等创新要素为抓手，着力开展创业扶贫，充分发挥科技创新在精准扶贫精准脱贫中的支撑引领作用，重点推进关键技术攻关、成果转移转化、创业载体建设、创新要素对接、科技特派员创业扶贫、脱贫带头人培养、进乡入村科普七大行动，增强贫困地区基层科技服务能力和产业发展水平，提升贫困地区内生发展动力。

同年，科技部印发《关于科技扶贫精准脱贫的实施意见》，全力推动科技人员下基层，转化先进适用技术成果，建设“星创天地”和科技园区，依靠创新驱动，支撑引领贫困地区、革命老区如期完成脱贫任务。

2018 年，《中共中央　国务院关于打赢脱贫攻坚战三年行动的指导意见》指出，以更有力的行动、更扎实的工作，集中力量攻克贫困的难中之难、坚中之坚，确保坚决打赢脱贫攻坚战，如期全面建成小康社会、第一个百年奋斗目标。强调“要不断增强贫困地区和贫困人口自我发展能力，确保与全国同步进入全面小康社会”。为新时代扶贫攻坚指明了方向和重点，确立了产业扶贫、科技扶贫、教育扶贫、生态扶贫等一系列扶贫重点。随后，科技部印发《深入推进科技扶贫助力打赢脱贫攻坚战三年行动实施方案》，积极筹措科技资源，提升科技创新在打赢脱贫攻坚战中的支撑引领作用，激发科技人员创新创业热情，助推贫困地区特色产业发展，确保到2020年全面完成科技脱贫攻坚任务。

2020年，为贯彻落实习近平总书记在决战决胜脱贫攻坚座谈会上对52个未摘帽贫困县既要较真碰硬“督”，又要凝心聚力“战”重要指示要求，科技部办公厅印发《科技助力52个未摘帽贫困县打赢脱贫攻坚战行动实施方案》，进一步发挥科技优势，动员全社会科技资源投身服务于脱贫攻坚，助力52个未摘帽贫困县如期打赢脱贫攻坚战。

这一时期是我国经济社会全面健康发展的黄金十年，也是减贫事业取得显著成就的十年。到2020年底，中国如期完成新时代脱贫攻坚目标任务，现行标准下9 899万农村贫困人口全部脱贫，832个贫困县全部摘帽，12.8万个贫困村全部出列，区域性整体贫困得到解决，完成消除绝对贫困的艰巨任务。

五、接续奋斗阶段（2021年至今）

2021年2月25日，习近平总书记在全国脱贫攻坚总结表彰大会上庄严宣告，经过全党全国各族人民共同努力，在迎来中国共产党成立100周年的重要时刻，我国脱贫攻坚战取得了全面胜利，现行标准下，9 899万农村贫困人口全部脱贫，832个贫困县全部摘帽，12.8万个贫困村全部出列，区域性整体贫困得到解决，完成了消除绝对贫困的艰巨任务，创造了又一个彪炳史册的人间奇迹！同时，习近平总书记也指出，对脱贫县要“扶上马送一程”，设立过渡期，保持主要帮扶政策总体稳定。在2020年脱贫攻坚目标任务完成后，对摆脱贫困的县，党中央、国务院从脱贫之日起设立5年过渡期，巩固拓展脱贫攻坚成果，并逐步实现与乡村振兴战略的有效衔接。

2021年3月，《中共中央　国务院关于实现巩固拓展脱贫攻坚成果同乡村振兴有效衔接的意见》印发，文件强调打赢脱贫攻坚战、全面建成小康社会后，要进一步巩固拓展脱贫攻坚成果，接续推动脱贫地区发展和乡村全面振兴。为实现巩固拓展脱贫攻坚成果同乡村振兴有效衔接，指出脱贫摘帽不是终点，而是新生活、新奋斗的起点。要严格落实“四个不摘”要求、巩固“两不愁三保障”成果。支持各地在脱贫县中自主选择一部分县作为乡村振兴重点帮扶县。为支持革命老区、民族地区、边疆地区巩固脱贫攻坚成果，“三区”科技专项延续实施。

2021 年中央一号文件对新发展阶段优先发展农业农村、全面推进乡村振兴做出总体部署，把实现巩固拓展脱贫攻坚成果同乡村振兴有效衔接摆在首要位置，这是在开启全面建设社会主义现代化国家新征程历史关口和农业农村发展新阶段，对做好“三农”工作的全局性和战略性考量。产业扶贫是管根本、管长远的举措，而产业扶贫的根本就是科技创新，要强化科技支撑作用，促进科技力量与精准扶贫工作全方位、深层次融合，充分发挥科技在脱贫攻坚中的技术引领、人才支撑、智力支持作用，通过科技力量实现贫困地区发展模式转型、产业形态交替和群众观念转变，使科技成为精准扶贫的首要动力。同年，中央农村工作领导小组办公室、国家乡村振兴局公布了 160 个国家乡村振兴重点帮扶县，科技帮扶的工作重点逐步向这些重点帮扶县转移。

2021 年底，科技部印发《关于扎实推进科技帮扶　巩固拓展脱贫攻坚成果助力乡村振兴的实施意见》，提出 5 年衔接过渡期内，组织动员全国科技力量，面向脱贫地区扎实推进科技帮扶，巩固拓展脱贫攻坚成果，助力乡村振兴。

2022 年，中共中央、组织部等六部门集中支持 160 个国家乡村振兴重点帮扶县巩固拓展脱贫攻坚成果、全面推进乡村振兴，着力推动乡村产业发展，强化科技和人才支撑，统筹调配全国涉农科技人才资源，向每个重点帮扶县选派科技特派团。

同年，科技部印发《科技支撑国家乡村振兴重点帮扶县巩固拓展脱贫攻坚成果助力乡村振兴三年行动方案》，聚焦国家乡村振兴重点帮扶县农业主导产业发展，集成创新资源，推动人才下沉、科技下乡，实现科技项目、成果转化、科技特派团、平台园区、科技金融、科普宣传“六个全覆盖”。

同年，国家乡村振兴局和中国科协印发《组建产业顾问组支持脱贫县产业发展专项工作方案》，动员引导广大科技工作者组成产业顾问组，为除国家乡村振兴重点帮扶县之外的脱贫县（以下简称“脱贫县”）提供科技服务。聚焦脱贫县县域最紧迫、发展最急需的产业，围绕产业发展方向、布局和定位，瞄准生产、加工、保鲜、储运、品牌等全产业链发展关键技术，提供科技对接服务，帮助脱贫县找准产业发展方向，解决产业发展中的突出问题，提升一二三产业融合发展水平，为脱贫县巩固拓展脱贫攻坚成果同乡村振兴有效衔接提供智力和技术支持。

2025年是巩固拓展脱贫攻坚成果同乡村振兴有效衔接5年过渡期的最后一年。2025年的政府工作报告提出，要“毫不松懈巩固拓展脱贫攻坚成果”。这充分表明，巩固拓展脱贫攻坚成果是今后要持续推进的重要工作。

第三章
科技减贫经验做法

习近平总书记2016年强调“越是欠发达地区，越是需要实施创新驱动发展战略。”欠发达地区在实施创新驱动发展战略过程中，面临的主要困难包括基础差、人口素质低、创新承载能力弱、乡村产业科技水平低等，迫切需要补齐科技和人才方面的短板。科技扶贫作为我国农村区域开发式扶贫体系的重要策略，其核心目标是通过注入科技创新要素，促进农业经济增长，提升贫困地区内生发展能力和可持续发展水平，通过改善贫困群体的人力资本水平、拓展社会网络和激发内生发展动力，实现农户稳定增收和高质量脱贫。

经过40余年探索与实践，我国积累了丰富的科技扶贫经验。一是精准为“贵”。“实施精准扶贫、精准脱贫，因人因地施策，提高扶贫实效”。科技扶贫要立足贫困地区实际，深入调研，找准贫困根源，制定有效方案，确保情况摸清、产业选准、人才派遣得当、项目设立合理，方能取得实效。二是产业为“重”。“产业兴旺是解决农村一切问题的前提”。科技扶贫坚持把产业作为主攻方向，把科技创新、产业发展和贫困群众脱贫增收有机结合，做大做强贫困地区特色扶贫产业，带动贫困群众增收致富。三是创新为“根”。“越是欠发达地区，越需要实施创新驱动发展战略”。科技扶贫的特色离不开创新，需创新人才引育机制、平台建设模式和成果推广应用方式，以推动扶贫产生内生性、可持续性和实效性。四是合力为“要”。“全党全社会要继续共同努力，形成扶贫开发工作强大合力”。科技扶贫的落实需统筹各方科技力量，激发社会扶贫潜力，通过“部际协调、四级联动、东西协作”，形成“同炒一盘菜，合唱一首歌”的科技扶贫大格局。

作者：李雅君，中国农村技术开发中心科创处专业技术九级；胡熳华，中国农村技术开发中心科创处处长；毕洁颖，中国农业科学院海外农业研究中心办公室主任。

一、科学制定规划，走创新驱动发展道路

结合脱贫地区实际情况，从项目、资源、人才等多个维度谋划设计科学合理、切实可行的扶贫规划，明确主攻方向和扶贫目标，指导贫困地区走依靠科技创新的发展道路。

科学合理的扶贫规划是确保脱贫攻坚精准实施、长效推进的核心保障。其作用主要体现在：一是规划能够系统梳理贫困地区的资源禀赋和发展瓶颈，通过科学论证找准脱贫突破口。例如，在四川凉山彝族自治州，扶贫规划通过深入调研，将劳务输出、特色种养和文旅融合确定为三大主攻方向，避免了资源分散投入。二是规划可以统筹协调各类帮扶资源，形成政策合力。以陕西柞水县为例，当地通过制定《木耳产业振兴规划》，整合了苏陕协作资金、农业补贴和科技项目等资源，使小木耳成为产值过亿的大产业。三是规划能够建立长效机制，防止返贫。如广西百色市在规划中创新设立产业风险基金和技能培训体系，确保脱贫成果持续巩固。四是科学的扶贫规划注重培育内生动力，通过"龙头企业＋合作社＋农户"等模式，让贫困群众深度参与产业发展。从长远看，扶贫规划还需与乡村振兴战略相衔接，在产业升级、人才培养等方面预留发展空间。实践证明，凡是脱贫攻坚成效显著的地区，都得益于立足实际、着眼长远的科学规划，这些规划既明确了"干什么""怎么干"，又解决了"谁来干""如何持续"的问题。

二、示范推广成果，扶持区域支柱特色产业

根据贫困地区的特色扶贫产业，筛选先进适用技术，在当地建立示范基地示范推广技术成果，扶持和壮大区域支柱特色产业，是科技扶贫的一项关键举措。

要充分发挥科技创新在脱贫攻坚与乡村振兴中的支撑引领作用，立足扶贫地区资源禀赋和产业基础，重点围绕特色种植、生态养殖、农产品精深加工、乡村旅游等区域支柱产业，系统梳理产业链关键技术需求，精准筛选一批增产增效显著、绿色生态环保、操作简便易行的先进适用技术。通过整合政府、高校、科研院所和企业等多方资源，在贫困地区建设标准化技术集成示范基地，开展新品种选育、标准化种养、质量安全控制、冷链物流、品牌建设等全产业链技术示范，并配套开展新型职业农民技术培训、科技特派员驻点指导、数字化服务平台建设等科技服务，促进科技成果转化落地。同时，建立"企业＋合作社＋农户"的利

益联结机制，培育壮大特色产业集群，延长产业链、提升价值链，推动扶贫产业从产量导向转向质量效益导向，为巩固拓展脱贫攻坚成果同乡村振兴有效衔接提供持续科技支撑。以秦巴山区高山富硒茶叶产业为例，该地区虽拥有得天独厚的自然条件，但长期面临品种老化、标准化生产水平低、品牌影响力弱、产业链短等问题，科技人员聚焦突出问题，联合农业科研院所和龙头企业，建立了500亩标准化茶叶科技示范基地，筛选适合当地气候的优质抗病茶树新品种，并集成推广生态茶园建设、有机肥替代化肥、绿色病虫害防控、机械化采摘等关键技术。同时，在全产业链上加大科技投入，组织科技特派员和农技专家“一对一”驻点帮扶，手把手培训农户掌握茶园管理、茶叶加工等关键技术，培育一批“土专家”“田秀才”。通过科技示范基地的引领，秦巴山区茶叶产业亩产提高20%以上，优质茶比例提升至80%，并带动周边5 000户茶农年均增收3 000元以上。

三、引进智力资源，培养服务脱贫人才队伍

科技创新是乡村全面振兴的重要支撑，人才则是自主创新的关键所在。以人才作为基石，以科技为动力，方能激活乡村振兴“一池春水”，彻底激发农业农村发展“新动能”。科技特派员制度于1999年发端于福建南平，是习近平总书记在福建工作时亲自深入总结、大力倡导并积极推动的一项具有开创性意义的农村工作新机制。20多年来，这一制度从福建的探索实践上升为国家的制度安排，从单纯为农民提供科技服务拓展到为城乡融合发展提供宽领域、多要素、全链条的综合性服务，赢得了农村干部群众的广泛赞誉和农民的普遍认可。

脱贫攻坚期间，共选派28.98万名科技特派员奔赴脱贫攻坚第一线，基本实现了对全国近10万个建档立卡贫困村科技服务和创业带动全覆盖。广大科技特派员秉持初心，认真践行“党的‘三农’政策宣传队、农业科技传播者、科技创新创业领头羊、乡村脱贫致富带头人”的指示精神，先后涌现出了李保国、赵亚夫、朱有勇、王友国等一批先进典型，他们做给农民看、领着农民干、带着农民赚，提升了农民运用实用技术脱贫增收的能力。

“人才自古要养成，放使干霄战风雨。”科技人才不仅是科技创新的主体，更是助力乡村振兴的“生力军”。因此，加强乡村科技人才队伍建设至关重要。一方面，需在引进人才方面下功夫，通过政策扶持、项目合作等方式，吸引高校、科研机构以及企业的科技人才到农村开展服务。同时，建立健全人才激励机制，

为人才提供良好的工作和生活环境，让他们在农村能够安心工作、放心创新。另一方面，需在培养人才方面下功夫，依托农村教育体系建设，以“授人以渔”的眼界和高度，紧盯乡土人才的科技素质和创新能力，集聚各种资源开展科技培训、讲座、实践等活动，培养一批既懂农业又懂科技的“新农人”，使其成为乡村振兴的生力军。

四、强化信息服务，对接外部创新创业资源

贫困群众因教育程度低、科技素养不足、信息渠道有限及信息处理能力弱，加之中间商有意利用信息垄断优势，使农户在要素购买、技术采纳、产品销售等环节面临较高的信息成本和谈判成本，从而使农户家庭农业生产的利润空间极为有限。

针对贫困农户在生产布局、要素需求、技术应用和产品销售等方面的现实困境，科技扶贫采取了两方面措施。一方面，借助现代信息技术、互联网平台和自媒体等工具，构建了全产业链的农业科技信息服务平台，该平台为贫困地区农业生产提供要素资讯、市场动态、科技应用等方面的信息服务，帮助农户快速高效识别所需的农业生产要素，并为农业生产中遇到的病虫害防控、气象灾害预防、新技术应用等问题提供精准的信息指导，同时，也为在农产品市场交易中获取较好价格和稳定销售渠道提供判断咨询，这对提高农户信息获取能力、克服信息壁垒和降低信息成本具有明显成效。

另一方面，科技扶贫主体依托科技资源、社会网络资源、教育培训资源等优势发挥信息中介作用，通过订单农业、品牌共享、要素统一供给、病害联防联控等多样化举措，将贫困地区小农户家庭生产模式有效嵌入农民合作社、农业企业等新型农业经营主体的生产实践。利用科技人员为新型农业经营主体的成果转化、科技服务、发展咨询、产品营销等方面提供指导服务，通过示范带动效应对贫困家庭生产经营和产品销售产生积极影响，避免了外部市场波动带来的产品价格不确定性，进而有效降低了农户的市场交易成本，最终实现贫困家庭农业经营效益改善、利润空间拓展及生计资本提升。

五、搭建创新平台，提供多方位科技服务

脱贫攻坚期间，科技扶贫工作扎实推进，全国科技系统累计在贫困地区建成1 290个创新创业平台，建立7.7万个科技帮扶结对，选派了28.98万名科技特派员，投入200多亿元资金，实施了3.76万个各级各类科技项目，推广应用5万余项先进实用技术、新品种。

贫困地区政府联合科研院所、农业龙头企业、专业合作社、技术服务协会等主体，借助多元主体的优势资源互补性和聚集效应，共同创建了国家现代农业产业示范园、国家农业科技高新区、国家产学研一体化联盟等产业科技示范平台，依托这些平台载体，试验推广新科技、新模式和新业态，促进区域科技产学研用一体化协同推进，引领区域农业结构转型升级，提升贫困地区现代农业发展质量和效益。如在江西省建立的井冈山农业科技园区，壮大了井冈蜜柚、有色蔬菜、有机茶叶等规模化农业产业，培育龙头企业27家、农民合作社15家，引进培育新品种13个，示范推广新技术30项，带动贫困户1 239户，受益贫困人口3 850人。产业科技示范平台为贫困地区转换农业发展动力、提高生产效能提供了有力支撑，为贫困农户依托产业脱贫奠定了长久的科技驱动基础。

六、开展科学普及，提高农民综合科学素质

“科技创新、科学普及是实现创新发展的两翼，要把科学普及放在与科技创新同等重要的位置。”实施乡村振兴战略，推动农业全面升级、农村全面进步、农民全面发展，必然要求新时代农村科普工作深度融入农业农村现代化发展，大力提升农民科学素质。必须更加重视农村特别是欠发达地区农村的科学普及工作，既要加强农业生产的技术培训和技能指导，也要关注面向农村生活的科学思想、先进文化、精神文明等方面的普及，逐渐缩小城乡之间在人口科学素质上的差距，为全面推进乡村振兴、实现农业农村现代化提供支撑。

一要不断强化科技和改革的双轮驱动，拓展农村科普工作的覆盖广度。加强对农村科普工作的规律性研究和系统性谋划，将科普积极嵌入和服务于乡村产业发展、乡村建设、农村公共服务等重点领域，通过“科普＋旅游”“科普＋研学”“科普＋艺术”“科普＋人文”等助力乡村产业融合发展，把科普活动送到田间地头，送到村村户户，开创农村科普新局面。二要不断提升农村科普工作的

内涵精度。围绕农业关键核心技术攻关、农业产业升级、农业科技成果转化推广、乡村建设治理等农民生产生活中的迫切需求，针对不同群体精准供给高质量科普产品和服务，真正做到“把脉问诊”“对症下药”。三要不断提升农村科普工作的人文温度。要用诙谐幽默的表达、简单易懂的话语，使与农民生产生活密切相关的科普妙趣横生、喜闻乐见，针对农业发展的新形势、新变化，以及不同作物、不同时令所需的农业技术，组织科普专业技术人员深入乡、镇、村开展培训、咨询、指导等服务，如及时雨般送到农民手中，彰显农村科普的温度。四要不断加大农村科普人才的培养力度。大力实施乡村振兴人才支持计划，强化农业科技人才和农村高技能人才的培养使用，加强高等教育新农科建设，培育农村紧缺人才和科普专业人才。同时，充分激发农民这一乡村振兴主体的科普内生动力，加大乡村本土人才培养力度，促进农村科普专业人才与高素质农民队伍的紧密结合，充分发挥科普人才在农村科普工作中的引领示范和推动作用，打造一支适应农业农村现代化发展要求的高素质农民队伍，带动产业发展，形成规模效应。

中国科技减贫以创新驱动为引领，以精准扶贫为路径，以科技支撑为保障，通过政策演进、机制创新和实践探索，构建了从政策设计到实践落地的完整体系。从改革开放初期的初步探索，到新时代精准扶贫的全面实施，中国科技减贫经历了从救济式扶贫到开发式扶贫、从解决温饱问题到实现全面脱贫的历史性跨越。通过科技特派员制度、创新创业平台建设、示范基地推广、科技成果转化等举措，科技扶贫不但补齐贫困地区科技和人才短板，还推动特色产业的现代化发展，增强了贫困地区的内生发展动力。这一历程充分证明，科技创新是脱贫攻坚的根本动力，是乡村振兴的坚实支撑，是实现共同富裕的重要保障。未来，中国将继续以科技赋能乡村振兴，巩固拓展脱贫攻坚成果，推动减贫事业迈向更高水平，为全球可持续发展提供可借鉴的范例。

粮食作物篇

粮食作物篇通过绿色超级稻和马铃薯产业两个典型案例，系统展示了中国在粮食领域科技减贫的创新实践与推广模式。绿色超级稻案例通过在亚洲和非洲18个国家推广高产、多抗的绿色超级稻品种，采用种质资源共享、分子育种技术输出及本地化适应性试验等路径，构建了从品种审定到市场推广的全产业链输出模式，帮助目标国家建立自主育种体系，形成了可持续的粮食生产能力，为大规模减少饥饿作出了卓越贡献。马铃薯产业案例展示了科技扶贫团队在中国乌蒙山区、六盘山区等深度贫困地区，从建立试验基地选育中薯系列新品种及研发脱毒快繁与绿色栽培技术，到创建专家工作站培养本地科研团队及推广高效栽培技术，形成了“从技术到产业”的闭环体系，为冷凉地区马铃薯产业提质增效提供了重要的科技支撑，也为该地区减贫进程作出重要贡献。

第四章

绿色超级水稻育种：减少亚非国家饥饿与保障粮食安全

案例概要："为非洲和亚洲资源贫瘠地区培育绿色超级稻"项目于 2008 年启动，这是中华人民共和国成立以来由中国政府（科技部）与比尔及梅琳达·盖茨基金会联合资助的最大的国际农业科技扶贫项目。该项目由中国农业科学院主导、作物科学研究所牵头，联合国内外 58 家水稻研究单位（其中国外 26 家、国内 32 家），利用先进的育种技术，培育出了一大批具有高产、优质、多抗等特性的绿色超级稻新品种。截至 2019 年，该项目已在 18 个非洲和亚洲国家审定通过了 78 个高产、优质、多抗品种，累计推广面积达 612 万 hm^2，显著提高了 160 万农户收入。

第一节　项目简介

中国主导的全球最大的国际农业科技扶贫项目——"为非洲和亚洲资源贫瘠地区培育绿色超级稻"，于 2008 年正式启动，项目实施以来，绿色超级稻品种在亚非目标国家的适应性试验与示范推广成效显著，产生了良好的社会、经济效益。该项目由中国政府和比尔及梅琳达·盖茨基金会共同出资，国内经费 1.56 亿元（约合 2 100 万美元），国外经费 4 100 万美元。

绿色超级稻（Green Super Rice，GSR）项目由中国农业科学院主导，作物科

作者：徐建龙，中国农业科学院作物科学研究所研究员；李若昕，中国农业科学院海外农业研究中心项目官员；毕洁颖，中国农业科学院海外农业研究中心办公室主任。

学研究所牵头，联合国内外58家水稻研究单位，采用创新的绿色超级稻分子育种技术和策略，为中国和亚非国家培育了高产、优质、多抗（抗旱、耐盐、耐淹、养分高效等）的GSR新品种140个，累计推广面积612万hm^2，为“一带一路”共建国家创造了巨大的社会、经济效益。项目在亚非目标国家审定GSR新品种78个，其中常规稻品种52个、杂交稻品种26个。面向中国西北、西南五省区（宁夏、贵州、四川、云南和广西）培育和审定GSR新品种62个。此外，仍有90多个优良品系在9个亚洲国家和9个非洲国家进行区域试验。该项目凭借先进的育种技术，支撑了亚非目标国家脱贫和农业生产可持续发展，并产生了深远影响，对国际水稻学科的发展产生了巨大的推动作用。

绿色超级稻项目结项后，中国对非的绿色超级稻扶贫援助仍在继续。2022年9月1日，由中国农业科学院作物科学研究所带领的水稻分子设计技术与应用创新团队与比尔及梅琳达·盖茨基金会合作，正式启动“帮助西非国家建立水稻种业体系”。该项目在原项目的基础上，重点加强适应性品种推广工作，帮助西非国家建立水稻种业体系，支持水稻商业化发展。

第二节　技术、路径及特色

水稻的可持续生产是许多亚非国家粮食安全和减贫工作的关键所在。特别是近年来，随着全球极端气候的频发，亚非“望天田”地区的水稻生产愈发显得脆弱。鉴于此，提高亚非大部分雨养地区的水稻生产能力，维持全球灌溉稻田的稻米生产力，已成为保障全球粮食安全的重大课题。

绿色超级稻项目致力于向非洲和亚洲地区推广中国的优质水稻品种、种质和生产技术，并培育出能够抵御气候变化、干旱、洪涝和病虫害等多种威胁的水稻新品种，以更好地适应当地的种植环境。

绿色超级稻项目执行期为10年，分为3期：第1期2008年8月至2012年10月；第2期2012年11月至2016年3月；第3期2016年4月至2019年2月。项目的长期目标是在亚洲、非洲撒哈拉边缘及中国西北、西南五省区快速培育并推广GSR新品种，旨在使上述地区小规模生产农户的水稻平均产量提升至少20%，增加目标国家和地区3 000多万农民的农业收入。项目具体目标是通过引种和穿梭育种等方法，为东南亚、南亚、撒哈拉以南非洲和中国西南部地区，培育并推广资源高效利用及抗多种生物和非生物逆境特性的绿色超级稻新品种，以实现减少饥荒、保障贫困稻农的粮食安全并提升其收入水平的目标。

一、关键技术

中国在水稻培育和推广方面积累了丰富经验，这对非洲中小农户提高产量、摆脱贫困具有参考和示范价值。绿色超级稻概念 2005 年首次提出。该理念要求培育的品种不仅高产优质，还需具备抗病虫、高效的养分吸收利用、节水抗旱等绿色性状。“少打农药、少施化肥、节水抗旱、优质高产”已成为绿色超级稻的公认标准。作为全球首个成功研发并推广杂交水稻的国家，中国在“高产、优质、多抗”的水稻育种研究方面处于国际领先地位。2008 年，农业部印发了《超级稻品种确认办法》。截至 2024 年，中国已有 129 个经农业农村部确认的超级稻品种。

在项目实施期间，绿色超级水稻技术在理论和应用层面都有了重大突破。在理论研究上，项目完成了全球最大的植物基因组重测序任务：对 3 000 份水稻核心种质的全基因组重测序，在全基因组水平上剖析了水稻核心种质的基因组多样性，推动了水稻功能基因组研究成果在育种上的应用。在品种研发应用上，项目组采用分子育种技术和策略，培育出一系列抗旱、耐盐、耐淹、养分高效等特征的新品种，实现了水稻生产过程中少用农药、少施化肥、节水抗旱、优质高产的综合性目标。项目在菲律宾、越南等 9 个亚洲国家，在莫桑比克、坦桑尼亚等 9 个非洲国家，以及中国 4 个省区，均产生了显著的社会、经济效益。

二、技术路径

绿色超级稻项目并不是简单地输出中国超级稻品种，而是构建了一条涵盖种质资源共享、育种与适应性试验、品种审定与示范推广，以及提升自主创新能力的可持续发展路径。项目采用引育与培育相结合的策略，一方面迅速在各个目标国家审定并推广一批绿色超级稻品种；另一方面则提升了目标国家的自主研发能力，使其掌握了绿色超级稻育种的核心技术。

1. 种质资源共享

种质资源是推动水稻生产发展的重要基石，也是改造或创新优良水稻新品种和新品系的物质保障。绿色超级稻援助项目面向 18 个亚非国家的 26 个研究机构，累计发放并试种具有不同绿色性状或不同绿色性状组合的绿色超级稻品种或育种材料，总数高达 5 235 份。其中，包括来自参加项目的中国 10 余家农业科研单位和涉外种业公司提供的 169 份次常规稻品种（系）和 431 份次杂交稻品种。此外，项目产生的 3 100 份水稻基因组数据、分析结果，以及 3 000 份核心种质种子，均无偿向全社会公开共享，为全球水稻育种者提供了参考信息，推动了水稻种质资源中优异基因的规模化发掘，促进了亚非国家水稻分子育种技术的快速进步。

2. 育种与适应性试验

绿色超级稻项目先后从中国农业科学院作物科学研究所、华中农业大学、上海农业生物基因中心等 10 余家科研单位和高校搜集了 63 个常规稻品种（系）和 100 个杂交稻品种。这些品种（系）被引种到亚洲和非洲的多个目标国家进行多年多点试验，并择优参加目标国家区域试验。最终，26 个常规稻品种在印度、越南、莫桑比克等 10 个亚非国家通过审定并推广。此外，来自安徽、武汉和云南的种子公司及企业的 26 个杂交稻品种也在巴基斯坦、印度尼西亚等 5 个亚洲国家通过审定，推广面积超过 63 万 hm^2。

上海农业生物基因中心培育的 GSR 品种 SACG-4 在印度和老挝等国通过审定。在印度和菲律宾 7 个不同地点的试验结果表明，引进的杂交品种比当地品种平均增产 15% 左右。华中农业大学培育的华 564 和来自广东的水稻品种丝苗在莫桑比克的 5 个试验地点均表现出高产特性，相比当地品种平均增产 62.1% 和 63.9%。同样，华中农业大学培育的华 565 和来自广东的水稻品种抗草稻 1 号在孟加拉国通过了品种审定，这两个品种在孟加拉国的 5 个地点产量试验结果表明，平均产量分别达到 6.36 t/hm^2 和 6.24 t/hm^2，较当地品种平均增产 15.6% 和 13.4%。

3. 品种审定与示范推广

基于中国现有的水稻品种和育种材料，中国科研机构携手海外农业企业与当地农业科研机构，合作研发并筛选了一大批高产、多抗（抗旱、耐盐、耐淹、养分高效等）、适应目标国家和地区水稻生态环境的优良品种，并在目标地区大规模推广种植。截至 2019 年项目结题，共有 97 个优良品系在 4 个亚洲国家和 7 个非洲国家进行了区域试验。

通过审定的绿色超级稻品种在亚非各个目标国家稳步推广应用。根据各个目标国合作单位反馈的推广面积和绿色超级稻种子的生产量，推算绿色超级稻品种在亚洲和非洲 11 个目标国家的累计种植面积达到 235 万 hm^2（常规稻 172 万 hm^2、杂交稻 63 万 hm^2），其中越南超过 100 万 hm^2，菲律宾 54 万 hm^2。随着审定品种的增多及推广体系的不断完善，绿色超级稻品种在亚洲和非洲目标国家的推广及种植面积将不断扩大。

巴基斯坦国家生物技术与遗传工程研究所（NIBGE）是绿色超级稻项目在巴基斯坦的重要合作伙伴。双方共同努力，在巴基斯坦选育了 2 个绿色超级稻新品种，即 NIBGE-GSR1 和 NIBGE-GSR2。同时，通过巴基斯坦国家生物技术与遗传工程研究所的积极推介，巴基斯坦大米出口协会（REAP）将这些品系的种子分发给信德省不同水稻种植者。农民的种植实践表明，NIBGE-GSR1 和 NIBGE-GSR2 的产量明显高于所有当地水稻品种。基于绿色超级稻的产量表现及其在农民中的普及和受欢迎程度，预计 NIBGE-GSR 系列品种将促进巴基斯坦的粮食出口。

4. 提升自主创新能力

绿色超级稻项目由中国农业科学院牵头，联合中国科学院遗传与发育生物学研究所、国际水稻研究所等多个境内外研究机构共同推进，旨在提升杂交稻种子的生产能力，为撒哈拉以南非洲国家、亚洲国家水稻分子育种构建了一个高效水稻基因型分析技术平台。

项目不仅在技术示范方面取得显著成效，还着重提升了亚非国家的技术自主能力。通过多种形式的人才培养模式，项目为 15 个目标国家培养了 58 名研究生，对近 943 名科技人员进行了 GSR 育种技术的高级培训，并在不同目标国家多次举办关于 GSR 新品种种子生产和栽培管理技术的短期技术培训，累计培训人数超过 3 051 人次。

5. 输送育种技术授人以渔

针对目标国家资源贫瘠和水稻育种技术落后的现状，项目总体分两步走。

一是将中国现有的绿色超级稻品种或组合引种到目标国家试种筛选，择优经目标国家审定后推广。例如，在印度审定的 PR126 高产优质抗病常规稻品种，源自国内引种试种的黄华占品种。该品种在印度水稻种植面积最大的旁遮普（Punjab）地区种植，产量高于当地主栽品种 Pusa 44，熟期更早，非常适合作水稻－马铃薯轮作栽培。此外，它对当地 10 个稻瘟病小种中的 7 个小种具有抗性，稻瘟病抗性强且抗谱较广，到 2019 年，该品种的种植面积已占 Punjab 地区的 30%，推广势头迅猛。

二是输送育种技术，在引种试种筛选适合目标国家种植品种的同时，注重指导当地育种单位针对当地的需要开展绿色超级稻新品种选育。主要是利用从中国引进的优良材料作为亲本之一，与当地的主栽品种配组，利用分子育种技术，结合中国品种的高产特性与当地品种的抗病抗逆性和综合适应性，迅速培育出一批审定品种。例如，与菲律宾国际水稻研究所合作培育的绿色超级稻品种 GSR 8 和 GSR11 等在生产上发挥了重要作用。2013 年当台风“海燕”登陆菲律宾，当地稻田受灾严重。中国与菲律宾国际水稻所合作培育的绿色超级稻在遭遇台风后又经历干旱，但绿色超级稻很快就恢复过来，正常情况下绿色超级稻每公顷能产出 7 t 多稻谷，台风过境后仍有每公顷 2 ~ 3 t 的产量，表现出良好的抗旱耐涝高产特征。此事促使菲律宾政府决定大面积迅速推广绿色超级稻。项目采用引育与培育相结合的策略，不仅在短期内使多个目标国家审定一批绿色超级稻品种并推广应用，还提升了目标国家的育种水平，使其掌握了绿色超级稻的育种技术。

在比尔及梅琳达·盖茨基金会资助的绿色超级稻项目影响下，中国农业科学院作物科学研究所进一步加强与项目国家在绿色超级稻育种方面的合作。例如，与巴基斯坦农业研究委员会下属的农业研究中心签订合作协议，每年开展分子育种学术交流，双方于 2020 年从巴基斯坦政府申请到“Sino-Pak Agricultural Breeding Innovations Project for Rapid Yield Enhancement”项目，三年总经费 43 393.6 万卢比（约合 1 110 万元）。该项目借鉴前期绿色超级稻育种技术和经验，将绿色超级稻育种技术推广至巴基斯坦其他主要作物如小麦、棉花、甘蔗，旨在短期内快速提升巴基斯坦的主要农作物产量。在该项目支持下，又有 3 个绿色超级稻品种被审定，通过与中国交换甘蔗种质资源及中方提供的技术指导，巴方的甘蔗育种水平得到快速提升。

三、项目特色

绿色超级稻项目旨在帮助目标国家培育能应对气候变化的高产优质抗病水稻新品种，提升目标国家水稻生产能力的目标，形成了包括“育繁推一体化”“产学研”一体化在内的两套特色模式。

一是“育繁推一体化”集中科技力量。第一，中国绿色超级稻推广的先进经验源于中国超级水稻品种体系的全面建立，育种科研机构和市场化种业公司的紧密合作，产出丰富的高产优质、抗病且适应不同气候条件和生产环境的超级稻品种。第二，中国发展成熟的种业公司实现了规模化生产和高产技术的配套。第三，中国农业基础设施、稻米加工和配套生产社会化服务较为完善，政策上通过保护收购价和规模化种植补贴有效保障了种粮农民收益。第四，“授人以渔”，将中国脱贫攻坚期间技术推广体系及运作模式推广至合作国家，培训当地科研专家和农技人员，提升其育种和栽培技术能力，有效扩大技术推广覆盖的贫困地区和人群。

二是“产学研”一体化汇集优势资源。绿色超级稻汇集了科研机构的品种资源、合作项目经验及涉农企业商业经营经验。项目参与单位和企业包括中国农业科学院作物科学研究所、上海农业生物基因中心、中国水稻研究所、中国农业科学院深圳农业基因组研究所，以及安徽荃银高科种业有限公司、武汉庆发禾盛农业发展公司、湖北省种子集团有限公司等企业，分别在巴基斯坦、孟加拉国、越南、印度尼西亚、老挝推广绿色超级稻品种。项目汇集多家单位和企业在育种领域的优势——上海农业生物基因中心在节水抗旱方面表现突出、中国水稻研究所在杂交稻方面实力较强、中国农业科学院深圳农业基因组研究所在华南地区常规稻研发方面具有优势。非洲地区水稻产业发展需立足于常规稻，并在其基础上逐步推进杂交稻种植。因此，综合国内有实力的育种单位，根据项目国家和地区的自然条件及发展情况，有针对性地培育和推广水稻品种，是绿色超级稻项目顺利推进的关键因素。

第三节　减贫成效

全球共 18 个亚非国家受益于绿色超级稻项目。国际水稻研究所、非洲水稻中心和国内共 18 家分子育种单位参与其中。

截至 2019 年，累计有 18 个亚非国家和地区的农业生产发展因此受益，160 万农户增收，通过节本增效产生的社会经济效益超过 14 亿美元。项目在其他亚非国家审定 GSR 新品种 78 个，其中常规稻品种 52 个、杂交稻品种 26 个。面向中国西北、西南五省区，培育和审定 GSR 新品种 62 个。

迄今为止，在非洲和亚洲目标国家共推广 GSR 品种面积达 235 万 hm^2，估计为农户增收 5.4 亿美元。在极端气候事件频发的地区，如菲律宾，绿色超级稻品种表现出色。2015 年，菲律宾和越南共培育审定了 13 个 GSR 品种，生产了 5.5 万 t 认证种子，足以满足两国 160 多万户小型稻农超 150 万 hm^2 稻田的用种需要。在菲律宾农业部的支持下，具有多种非生物胁迫抗性的 GSR 品种正在菲律宾迅速扩大。2018 年，菲律宾绿色超级稻种植面积达到 100 万 hm^2，其中最受欢迎的绿超 8 号单一品种种植面积超过了 70 万 hm^2。GSR 品种对菲律宾的粮食安全和减贫产生了重大影响。

绿色超级稻项目资助专业人员在菲律宾、越南、孟加拉国、印度、莫桑比克和乌干达分别开展了系统的独立的社会、经济效益评估。在菲律宾、孟加拉国“望天田”和灌溉生态系统中，新培育的绿色超级稻品种比当地主栽水稻品种平均每公顷增产 0.89 ~ 1.83 t，平均每公顷增收 230.9 美元。按此推算，截至目前，在非洲和亚洲目标国家累计推广绿色超级稻增收总额达 14 亿美元。绿色超级稻品种的迅速推广已对目标亚非国家的粮食安全和减贫工作产生了重大影响。

第四节　适宜推广区域和国家

水稻品种具有很强的温光适应性，能够在不同目标国家因地制宜进行引种试种和杂交培育。得益于绿色超级稻品种的高产性能及较强的抗逆特性，其适应范围相对较广，因此，品种审定后，可在相似生态区域进行推广种植。根据西非国家经济共同体（西共体）国家有关规定，任何已经在任一西共体国家完成审定的品种，在西共体其他国家推广时无需重新进行品种审定，仅需进行一年的示范并完成引种备案后即可推广应用，此举大幅度节省了品种审定的成本，加快了新品种推广进程。

绿色超级稻项目的主要目标国家包括：9 个亚洲国家（菲律宾、越南、柬埔寨、老挝、印度尼西亚、斯里兰卡、孟加拉国、印度和巴基斯坦）、9 个非洲国家（莫桑比克、坦桑尼亚、卢旺达、埃塞俄比亚、乌干达、利比亚、尼日利亚、马里和塞内加尔）以及中国西北、西南五省区（宁夏、贵州、四川、云南和广西）。此外，绿色超级稻品种也正在莫桑比克、乌干达、尼日利亚等国家积极开展品种试验与推广工作。

尼日利亚谷物研究中心在签订了绿色超级稻培育和推广的合作协议后，将继续引进中国的绿色超级稻新组合至尼日利亚试种。预计到 2025 年，将审定 3 个杂交稻新品种，其中包括 2 个抗旱再生能力强的杂交稻。同时，通过双方穿梭育种，中国将利用分子育种技术，对尼日利亚的水稻主栽品种 FARO 44 和 GAWAL R1 常规稻进行稻瘟病抗性、抗旱性、耐盐性和耐淹性改良，旨在培育适应气候变化、抗逆性强的广适性品种，目前进展良好，并已获得了稳定的后代品系，下一步将在尼日利亚国家目标地区对这些后代品系进行鉴定，筛选出抗逆性强的高产改良新品种。此项合作将极大地提高目标国家科研人员的育种水平，实现“授人以渔”的目标。

GAWAL R1 作为海外涉农企业研发的优势品种，在尼日利亚审定后，已陆续在尼日利亚、几内亚和马里推广应用。

第五节　小结及启示

近年来，面对全球极端气候的频繁发生，亚洲和非洲雨养地区的水稻生产能力变得尤其脆弱，水稻的可持续生产是保障许多亚洲和非洲国家粮食安全及减贫的关键。提高亚洲和非洲大部分雨养地区的水稻生产能力，维持全球稻米生产力，成为未来几十年全球水稻育种专家面临的巨大挑战。绿色超级稻作为一种在低投入条件下仍能稳定高产的水稻品种，对气候变化引起的频繁极端逆境具有较强的抵抗力和恢复力，是应对未来水稻生产挑战的重要策略。绿色超级稻项目的成功，不仅在于选育出适应不同目标国家种植的绿色水稻品种，并在亚非国家广泛推广应用，其成功实施主要得益于三方面的经验。

一是“从实际出发”。项目实施如同育种工作，要切实考虑当地的温光条件，在真实环境里工作。即使是同一水稻品种，由于水肥条件的差异，试验田和农户田的种植结果也会不同。例如，某一品种在试验田里可增产 50%，但在农户田中可能只增产 20%。这些实践启示我们，在项目实施过程中，要时刻关注农户田间的实际情况和农户的实际需求。

二是“授人以渔”。前期过渡期，培育绿色超级稻是从中国引种已育成的品种到尼日利亚等国家试种。由于非洲跟中国的土壤和气候条件等差异很大，100个品种试种往往最后只有为数不多的一两个品种能成功。“授人以鱼不如授人以渔”，技术转移的最终目标是帮助合作国建立有效的技术推广体系，教会当地的技术专家品种培育、杂交稻制种和高产栽培的技术。此外，中国技术专家深入田间地头，指导农户种植水稻的具体技能，如不同生长季节如何灌水、施肥和喷药等，提升农户自我造血能力，实现品种自育和粮食丰收的可持续发展。

三是“搭建体系至关重要”。实现绿色超级稻品种市场化和产业化，需要构建完善的种子供销体系，动员政府部门、企业和农户共同参与，形成商业化的闭环。例如，项目组通过在示范区种植绿色超级稻，让农民亲见绿色超级稻品种的优越性，从而乐意种植并自愿购买种子。对于种业公司和经销商，需提供成本可控的制种技术和完备的供应链，确保其切实受益。形成可持续的商业闭环，才能让稻种层层到达农户手中，最大化地发挥超级稻品种的增产增效作用，真正提高目标国家农户的收益。

第五章
育良种、传技术、强产业：马铃薯科技扶贫的中国实践

案例概要： 中国农业科学院蔬菜花卉研究所马铃薯研究团队陆续为乌蒙山区、六盘山区、吕梁山区、武陵山区、燕山太行山区的贫困地区制定马铃薯产业发展规划，建立研发和示范基地及专家工作站，开展科研工作，推广新品种、新技术，培训专业人才，开辟了科技扶贫与产业扶贫相结合的新路径。以乌蒙山区为例，从 1997 年开始，团队配合国务院扶贫办、农业农村部和贵州省政府，帮助贵州省发展马铃薯脱毒种薯，在毕节地区建立了马铃薯原原种快繁中心，推进马铃薯产业扶贫。2012 年，团队带头人金黎平博士受聘毕节市农业产业体系科技顾问，他带领团队调研毕节地区马铃薯产业发展现状，通过制定发展规划、建立威宁育种基地和专家工作站，开展科技培训与指导，培育新型经营主体，多措并举进行马铃薯产业科技帮扶和本地人才培养。经过多年帮扶，威宁县农民从马铃薯产业中实现人均纯收入约 1 690 元，占全县农民人均纯收入的 22% 以上；在威宁县建立马铃薯脱毒种薯扩繁示范区 3 万多亩，示范推广马铃薯新品种和新技术 30 万亩。为威宁县所属的毕节地区培养了首位马铃薯博士，帮助毕节市农业科学院打造了一支全部拥有研究生学历的中青年一线马铃薯科技团队。毕节市现已成为全国四大马铃薯主产市之一，2016 年种植面积达 520 万亩，年鲜薯总产量达 718 万 t，马铃薯实实在在地成为了当地农民脱贫致富的“金蛋蛋”。

作者：卞春松，中国农业科学院蔬菜花卉研究所研究员；张帅，中国农业科学院国际合作局国家合作处副处长。

第一节　项目简介

中国农业科学院马铃薯育种与栽培团队（以下简称团队）由曾在延安光华农场工作过的三八式老革命朱明凯和援藏 18 年的程天庆两位老专家创建，至今薪火相承，始终坚守初心、扎根土地，坚持科技扶贫写在大地上。多年来，团队深入集中连片特困区和三区三州深度贫困区的马铃薯主产县，制定产业规划、建立试验示范基地、提供技术指导、培养人才和培训人员。

自 1997 年起，团队协助国家扶贫办帮助贵州发展脱毒马铃薯生产，开辟了科技扶贫和产业扶贫相结合的新路径。2012 年，团队首席金黎平受聘毕节市政府农业科技顾问，带领团队与毕节市农业科学研究所联合建设专家工作站，建立试验示范基地，3 年间推广了 30 多万亩新品种和新技术，培养了首位马铃薯博士和科研团队。如今，威宁县农民人均纯收入的 22% 以上来自马铃薯产业，实实在在地成为了当地农民脱贫致富的“金蛋蛋”！团队在扶贫的同时注重扶智，2017 年金黎平捐出生活补贴 50 万元，与毕节市政府共同成立了百万元助学基金，5 年内资助 750 名困难学生。

在宁夏马铃薯产区，团队协助当地编制了《西海固贫困地区马铃薯产业发展规划》，指导当地建成了 4 个脱毒种薯繁育中心、200 亩试验示范基地，引进了数百个新品种（系），培训了数百名技术人员。目前，西吉县农民 1/3 以上的收入来源于马铃薯。2020 年，团队与西吉县政府续签对口帮扶协议，持续进行技术帮扶。

自 2012 年以来，团队陆续在乌蒙山区的威宁和会泽、六盘山区的西吉和安定、燕山太行山区的张北、察北和内蒙古察右前旗、甘南藏区的夏河、秦巴山区的巫溪等深度贫困县建立了试验示范基地，总面积达 4 200 多亩。

团队育成了中薯系列优良新品种 31 个，研发出脱毒快繁和绿色种植等新技术，多个品种和技术被农业农村部及省级农业主管部门列为主推品种和主推技术。通过团队的努力，新品种和新技术在马铃薯主产区推广近 9 000 万亩，向全国贫困区域提供了 10 多万份新材料、示范新品种新技术 2 000 多份次，召开 30 多次现场观摩会，参与了人社部、科协等组织的各类扶贫工作，培养了 20 多名人才，培训技术人员和种植户超过 5 万人次。

第二节　技术、路径及特色

一、关键技术

优良品种是产业发展的基础。唯有与当地气候、土壤等条件相契合的品种才能获得高产优质。贫困地区的气候独具特色，因此选择抗病耐旱的适宜品种，以及使用优质的种薯尤为重要。团队长期从事育种技术研究、优异材料创制和优良品种选育，品种选育是团队的技术强项。尽管帮扶地区马铃薯生产面积大，但生产条件较为苛刻，生产中普遍缺乏优良品种和优良种薯的应用，导致产品市场化程度低。在品种选育方面，还面临资金支持不足、资源材料匮乏、效率低下等困境。通过工作站的建立，金黎平团队与当地团队开展系统性、示范性和长期性合作，引入具有市场潜力的优良品种及育种资源，共同开展品种选育和品种筛选工作，在加速品种更新换代的同时，培养当地育种团队，帮助建立繁种体系，为当地产业发展提供了品种保障。

脱毒种薯繁育和应用是产业发展的关键环节。马铃薯作为营养繁殖作物，在繁种过程中受多种病毒侵染，导致品种退化，产量下降。脱毒种薯应用能提高产量 20% 以上。然而，经济落后地区的脱毒种薯应用率低，农户常常自己留种，未经脱毒或筛选，种薯退化问题严重。市场上脱毒种薯质量亦参差不齐。团队作为中国最早开展马铃薯脱毒快繁技术研究的团队之一，在病毒检测和脱除、试管薯和微型薯生产、种薯质量控制等领域进行了长期深入研究，积累了丰富的种薯繁殖体系建设成果。通过深入了解主产区的生产规模和气候种植条件，协助政府和企业合作建立规模适宜的脱毒快繁中心，扩繁适宜品种，建立健全各级种薯生产基地和质量控制系统，培训专业技术和管理人员，确保当地马铃薯生产获得经济优质的脱毒种薯。

高效栽培是产业发展的保障。建立适合当地的生产体系，不仅可以提高产品数量和质量，获得市场的认可，同时也能降低生产成本，增加经济效益，降低对环境的破坏，提升生态效益。团队深入生产一线，通过调查和试验，获得当地的栽培管理一手材料。针对品种特性、预期产量、当地气候土壤及管理习惯，依托课题组形成的栽培管理技术，在当地对密度、播期、肥水管理、病虫害防控等因子开展优化试验，引进适宜机械降低劳动强度的品种，采用并不断完善适应当地条件的栽培技术，示范推广，带动当地生产水平全面提高。

二、技术路径

（一）制定马铃薯发展规划，引导产业发展

乌蒙山区集革命老区、民族地区、边远山区、贫困地区等多重身份，成为贫困人口分布广、少数民族高度聚集的连片特困地区。毕节地区位于乌蒙山腹地，被国务院确立为“开发扶贫、生态建设”试验区，其扶贫攻坚任务尤其艰巨。毕节地区是贵州省最大的马铃薯主产区，且马铃薯作为毕节地区的传统作物，栽培历史悠久。然而，当地在马铃薯脱毒种薯应用率、品种结构合理性、生产体系完善度及区域规划明确性等方面存在突出问题，严重限制了马铃薯产业发展，影响了广大农民和企业的种植效益。

自 1997 年起，中国农业科学院蔬菜花卉研究所马铃薯研究团队配合国务院扶贫办，帮助贵州省发展马铃薯脱毒种薯技术，并在毕节地区建立了马铃薯原原种快繁中心，开辟了科技扶贫和产业扶贫相结合的新路径。2012 年，该团队深入毕节地区进行实地调研，全面了解当地马铃薯产业的发展现状。基于对调研数据的梳理与分析，结合当地独特的自然条件、栽培模式、品种结构和种植者知识背景，团队协助毕节市及其第一大主产县威宁，制定了马铃薯产业发展规划，内容涵盖了当前发展现状、潜在发展空间、生产和推广体系建设、区域布局规划、重点工程和品牌建设等方面。

（二）建立专家工作站或育种基地，定向科技扶贫

品种资源匮乏和科研人才短缺是制约贫困地区马铃薯产业提质增效的关键因素，为满足这些地区对马铃薯品种资源和科研人才的迫切需求，中国农业科学院蔬菜花卉研究所联合当地单位，先后建立了马铃薯专家工作站或育种基地，开展品种选育和人才培养工作。2003 年，团队率先在六盘山区的宁夏固原泾源县和原州区建立了马铃薯研究试验基地，培育出 1 万多个基因型，采集了 3 000 多份技术资料，最终筛选出适合当地栽种的优良品种。

2012 年，中国农业科学院蔬菜花卉研究所联合毕节市农业科学研究所，共

同建立了“中国农业科学院毕节市马铃薯专家工作站”，在毕节市威宁县建立了育种基地。每年3月末，团队在威宁进行种薯处理、材料分类、地块分区、开沟和播种工作。6月，团队成员再次前往威宁育种基地，调查记录马铃薯的生长情况。秋天马铃薯收获时节，团队成员又会出现在威宁育种基地，进行育种材料的收获、评价和贮藏。工作站的建设，为团队高效服务地方产业提供了坚实阵地，也加速了威宁县的品种选育和人才队伍建设。

在推进资源创新和品种选育的同时，团队注重当地人才的培养。毕节市农业科学研究所的科技人员全面参加专家工作站的工作，通过科研合作和技术培训，当地科技人员基本掌握了资源评价、育种流程和种薯快繁技术，能够独立承担和执行马铃薯主要科研任务。

2017年，内蒙古乌兰察布市成立了马铃薯首席专家工作站，引进中国农业科学院蔬菜花卉研究所马铃薯技术专家开展合作育种工作，而且不仅获得相应的科研育种经费支持，最大限度地实现了马铃薯研究育种的资源共享，及时全面地了解马铃薯科研育种的最新前沿动态，还显著提升了乌兰察布市马铃薯科研育种工作在全国的知名度和影响力。

（三）开展科技培训与指导，培育新型经营主体

团队在建立试验基地和工作站的同时，全面参与当地马铃薯产业的能力建设。与企业、合作社和种植大户合作，开展马铃薯品种选育、生产管理、种薯繁育等方面的培训和技术指导，免费发放马铃薯主要病虫草害防控技术、高产高效栽培技术和马铃薯加工肥水还田利用等技术资料；通过结对帮扶和技术服务，培育马铃薯专业合作社、家庭农场等新型经营主体，推动农民增收、企业增效。

三、项目特色

中国马铃薯的主要产区自然生态条件较为恶劣，且与集中连片特殊困难地区的分布高度重合，马铃薯作为高产、救灾作物，在解决人民温饱和抗灾救灾中发挥着不可低估的作用，也是家庭收入的重要来源。很多地方政府将发展马铃薯产业作为精准扶贫的重要抓手，希望通过马铃薯种植技术的升级，实现降本、提质、增收的目标，马铃薯产业逐渐将其作为产业脱贫的主攻方向。

科技扶贫既是脱贫攻坚的重要抓手，也是精准扶贫脱贫的重要发力点。尽管

贫困地区马铃薯面积占全国的70%，但单产低，2016年仅为1 t/亩左右，低于全国平均水平，不到美国的1/3。单产低的主要原因包括品种单一、脱毒种薯使用率低、基础设施缺乏、肥水管理不科学、机械化率低等。在西南山区，由于缺乏抗病、耐旱品种，一般年份中晚疫病造成的减产达产量的20% ~ 30%；西北地区则因干旱限制，平均产量多在1 t以下。2000年前后，脱毒种薯利用率约为30%，大大限制了产量潜力的发挥。

团队紧紧围绕产业中的关键问题，亲临生产一线，在品种选育、种薯繁育、肥水管理等关键技术领域开展科研攻关和技术人才培养，以科技创新与成果转化为手段，实现精准施策，提升贫困地区马铃薯生产的竞争力。通过展示基地内的新品种引进、选育和推广，优良脱毒种薯的普及，肥水药的精细化管理，马铃薯的丰产和优质特性得到了较大程度的展现，也迅速带动了周边马铃薯生产水平的提升。伴随着农业基础设施和配套生产社会化服务的完善、机械化率的提高，马铃薯产业迅速转型升级，竞争力得到提升。

毕节地区在马铃薯品种资源创新和人才培养方面成绩斐然。通过对引进22 949份马铃薯资源材料进行多年多点评价和选择，培育出低代优良品系540份，中高世代抗病、高产、优质的优良品系94份，合作审定了一个贵州马铃薯新品种——中薯20号。在威宁县建立马铃薯脱毒种薯扩繁示范区3万多亩，示范推广马铃薯新品种和新技术30万亩，极大地推动了毕节地区的马铃薯品种选育和更新进程，为进一步优化当地马铃薯主栽品种结构奠定了坚实的基础。此外，为毕节地区培养了首位马铃薯博士，实现了中青年一线马铃薯科技成员全部拥有研究生学历，形成了年龄有梯队、专业有互补、学历有层次的马铃薯科研团队，为毕节地区马铃薯产业发展提供了人才保障。

第三节　减贫成效

经过多年帮扶，毕节地区马铃薯产业发展成效显著。毕节市现已成为全国马铃薯四大主产市之一。2000—2016年，种植面积从233万亩跃升到520万亩，鲜薯总产从242万t跃升到718万t，脱毒马铃薯种植面积占比达65%。通过优化品种结构和种植栽培模式，完善市场营销体系，马铃薯种植户收入显著提升，特别是2016年，威宁县农民从马铃薯产业中实现人均纯收入1 690元左右，占全县农民人均纯收入的22%以上。

2008年，宁夏西吉县马铃薯种植面积达到107.10万亩、总产量70万t。在以金黎平首席和团队科技专家帮扶下，通过完善产业发展规划，建设育种和展示基地，开展专家对接，尤其是通过体系固原综合试验站的长期细致工作，单产提高了1倍以上。到2022年，全县种植马铃薯调整为53.5万亩，总产达90万t，种薯脱毒化率和品种专用化率均达100%。展示的新品种如中薯5号、中薯28号等20多个品种在补水灌溉条件下，亩产量均达到3 000 kg以上，为不同地区和种植模式储备了不同用途的马铃薯品种。西吉县还建立了适宜的绿色优质高产高效种植技术，包括宽行大垄水肥一体化技术、覆膜覆土“四位一体”技术、起垄覆膜集雨栽培技术等，显著提高了水分利用效率，极大促进了马铃薯增产潜力的挖掘和抗旱能力。2022年，西吉县建设了马铃薯良繁基地，完成原种基地建设1.85万亩，涉及全县19个乡镇，276个行政村，受益户数达57 811户，受益总人口23万人次。如今，宁夏的马铃薯已从仅供充饥的土豆转变为市场上俏销的“金豆”，成为宁夏固原地区乡村振兴的四大支柱产业之一。马铃薯产业的农民收入从500元增加到1 650元，增长了3.3倍。在“马铃薯之乡”西吉县，农民1/3以上的收入来源于马铃薯种植与销售，家家户户盖起了新房。

2017—2020年，内蒙古乌兰察布首席工作站引进455个组合块茎家系材料共71 310粒，高代品系120个。截至2020年，筛选出优良株系2 400余份，其中产量45 t/hm^2以上、干物质含量20%以上的高代品系11个，抗疮痂病新品种（系）11个，抗黑痣病新品种（系）5个。乌兰察布市农牧业科学研究院已选育2个品系进入品种登记阶段，有望在马铃薯品种选育方面实现突破。2018—2020年，马铃薯优质安全综合生产技术在5个示范旗县完成示范面积90 hm^2，平均产量2 297 kg/亩，比普通栽培模式平均增产14.46%，平均增效15.44%。辐射总面积达到3万hm^2；马铃薯水肥一体化高效生产技术示范36.2 hm^2，平均产量2 818 kg/亩，比普通水肥管理模式平均增产8.22%，平均增效10.3%，辐射总面积达到880 hm^2。黑痣病综合防控技术示范29 hm^2，示范田平均产量2 420 kg/亩，比普通水肥管理模式平均增产14.23%，平均增效14.82%，平均防效45.3%，辐射总面积1 140 hm^2。新品种和新技术的研发应用推动了乌兰察布市马铃薯产业高质量发展。

第四节　适宜推广区域和国家

马铃薯为世界第三大主粮作物，遍布 159 个国家的种植区域，总种植面积达 1 780 万 hm^2。每年马铃薯产量为 3.74 亿 t，平均单产 21 t/hm^2。马铃薯的单产波动很大，世界平均水平仅为美国、荷兰等高产国家的 1/3。产量低的主要原因是品种选择和栽培管理未能与环境条件良好匹配。全球超过半数的马铃薯种植区仍具备较大的单产提升空间。中国凭借广大的种植面积、多样的品种选育和成熟的栽培技术，为低产区域和国家的马铃薯产业升级提供了技术资源和实践经验。

低产地区和国家可通过选用契合市场需求的优质品种、推广健康种薯、采用与环境相适应的栽培技术及绿色防控等措施，实现产量和品质的提升，获得更大效益。例如，在产业布局方面，可根据气候条件，在有一定马铃薯种植面积的冷凉地区，如海拔更高或纬度更高的地区建立种薯繁育基地，引入先进的种薯繁育技术，既降低生产成本又保障种薯质量；在生产技术方面，可根据当地的生产条件选择旱作栽培技术或滴灌水肥一体化栽培技术；在品种方面，可以在有灌溉条件的地方选择丰产优质品种，如中薯 49，其产量可达 60 t/hm^2，淀粉含量约 18%，或中薯早 35，生育期仅为出苗后 75 天，产量亦达到 50 t/hm^2。而在雨养地区，则选择抗旱稳产品种，如中薯 38、中薯 24 等，旱作条件下产量普遍超过 30 t/hm^2。

第五节　小结及启示

通过多种途径推进马铃薯产业科技扶贫工作。一是进行贫困地区产业调研，服务国家和地方决策。团队长期深入乌蒙山区、燕山－太行山区、六盘山区、吕梁山区、武陵山区、秦巴山区等国家特困连片区，进行马铃薯产业发展调研，掌握当地存在的主要问题和技术需求，制定产业发展规划，服务于国家和地方决策及规划。二是建立育种基地。团队先后在贵州威宁、河北张北、宁夏固原等地建立了马铃薯育种基地，与当地科研单位紧密合作，引入资源和育种技术，在进行新品种选育的同时，也培养锻炼了当地马铃薯研究队伍。三是创建专家工作站。团队先后在贵州毕节和内蒙古乌兰察布建立了马铃薯专家工作站，联合进行品种选育和人才培养。四是开展科技培训与指导，培育新型经营主体。开展马铃薯品种选育、生产管理、种薯繁育等培训和技术指导，免费发放马铃薯主要病虫草害防控技术、高产高效栽培技术和马铃薯加工肥水还田利用等技术资料。同时，通过结对帮扶和技术服务，培育马铃薯专业合作社、家庭农场等新型经营主体，推动农民增收和企业增效。

经济作物篇

经济作物篇通过10个经济作物科技减贫典型案例，系统展示了中国农业科研团队通过技术创新与国际合作推动减贫与农业可持续发展的实践路径。中非芝麻科技合作案例，为非洲芝麻产业升级提供了有效方案。糖料作物生态安全种植技术合作案例，为糖料作物可持续发展提供了示范。抗病辣椒育种技术推广案例，显著提升了辣椒产业的抗病性和经济效益。高效绿色食用菌技术推广案例，推动了食用菌产业从经验种菇向科学种菇转型，为山区农民提供了快速脱贫的绿色产业模式。科技赋能传统茶产业案例构建茶产业技术体系，推动山区茶产业转型升级。棉花产业高质量发展脱贫案例，以“联合实验室+示范基地”模式为核心，合作共建棉花科技示范园区，推广节水灌溉、精准施肥及高产棉花品种。花卉科技助力特色产业发展案例，推动了三产融合发展。科技助力宁陵梨产业振兴案例，为传统果业转型升级提供了可借鉴的“宁陵模式”。中缅草果示范种植合作案例，为缅甸农业可持续发展提供了可复制的发展模式。为当地禁毒及减贫提供了可借鉴的替代产业发展模式。澜湄国家热带特色香辛饮料作物高效种植技术集成示范案例，为澜湄区域热带作物合作提供了可借鉴的“柬埔寨模式”。

第六章
中非芝麻科技合作助力减贫发展

案例概要：中国农业科学院油料作物研究所（以下简称中油所）在农业农村部、湖北省科技厅和中非创新中心支持下，联合国内在非企业，先后与塞内加尔、贝宁、莫桑比克等6个国家的科研单位或企业签署了18项合作备忘录，并加入中非创新合作中心协作网，通过科企联合，选育适合非洲高产芝麻品种，并在莫桑比克、埃塞俄比亚、多哥等国家推广应用，单产提高50%以上，含油量提高3%～5%，显著提升了种植效益，为非洲相关国家产业减贫提供了创新方案。秉承“授人以鱼不如授人以渔”的理念，中油所还在科技合作的同时，加大对非洲人才培养，至今已培养非洲留学生和访问学者7名，其中多位毕业学生（学者）已成长为领域学科带头人。中国农业科学院油料作物研究所参加全球减贫伙伴关系大会，提交的“中非芝麻科技合作助力减贫发展——中国农业科学院多方合作案例”被评为“第五届全球减贫案例征集活动”最佳减贫案例，并将其收录进南南合作减贫知识分享网站——中外减贫案例库及在线分享平台。

第一节　项目简介

非洲年种植芝麻1.2亿亩以上，占全球总种植面积的60%左右，总产量达379.0万t，其中约40%用于出口，占国际芝麻出口总量的65%左右，成为支撑国际油料贸易市场的重要组成部分。然而，由于缺乏有效的科技支撑，非洲芝麻平均单产只有30 kg/亩左右，不足中国芝麻平均单产（110 kg/亩）的1/3。非洲

作者：王林海，中国农业科学院油料作物研究所研究员；张帅，中国农业科学院国际合作局国家合作处副处长。

科技人员和来访人员见到中国芝麻感叹"Amazing"，期待中国科技能应用于非洲，帮助他们提高产量，助力产业发展。

同时，中国对芝麻的消费需求巨大，自给不足，每年存在120万t的缺口，其中约70%从非洲进口，进口总值约为15亿美元，是中国从非洲进口的最主要农产品之一，为非洲创造了大量的外汇收入。可以说，芝麻科技和贸易合作已成为关乎中非国计民生，互补关系最为密切的领域，也是中非双方迫切需要加强合作的主要领域之一。中非合作论坛——北京行动计划（2025—2027）明确提出"双方将加强粮食作物全产业链合作及芝麻等油料作物育种合作"，将芝麻列为中非科技合作的重要领域。

中油所与非洲的芝麻科技合作自2015年至今已持续10年未曾间断。为推动中非芝麻科技和产业合作进一步落地，造福双方人民，2019年，芝麻与特色油料遗传育种创新团队参与了农业农村部对外经济合作中心的"中国－埃塞俄比亚芝麻价值链合作研究"实地调研任务，实地考察摸清了埃塞俄比亚芝麻科技与产业的发展现状，调研发现其科技研发薄弱，品种创新慢，产业发展缺乏科技动力，芝麻育种水平仅相当于中国20世纪80—90年代，平均单产不及中国芝麻的1/3。同年，埃塞俄比亚驻重庆总领事馆副总领事安特能·塔瑞库（Anteneh Tariku）一行到中油所访问，商议推动双边芝麻科技与产业合作，自此与埃塞俄比亚及其他非洲国家和地区的芝麻科技与产业合作发展逐步深化。

2019年埃塞俄比亚农业部前国务部长Sani Redi先生会见
中国农业科学院油料作物研究所芝麻与特色油料遗传育种创新团队

2019 年埃塞俄比亚驻重庆总领事馆副总领事 Anteneh Tariku 一行到中油所访问

中非合作论坛——北京行动计划（2025—2027）提出“双方将加强粮食作物全产业链合作和芝麻等油料作物育种合作”。中油所积极响应“一带一路”倡议和对非科技合作需求，至今已与埃塞俄比亚、塞内加尔、贝宁、莫桑比克等 6 个国家科研单位或企业签署合作备忘录 18 项，培养非洲留学生 5 人，短期访问学者 2 人。在此过程中，湖北省科技厅和中非创新合作中心给予大力支持，先后立项“高产抗旱适宜机械化芝麻品种选育及示范”（2020BHB028）、“高含油量芝麻新品种的选育与推广”（2022EH034）、“优质高产芝麻品种选育与示范”（2024EHA055）、“芝麻现代育种关键种质创新与基因发掘”（2024DJC011）等重点研发或引智项目，支持对非芝麻科技合作。在对非芝麻科技合作和产业化应用过程中，企业的积极参与是重要动力之一。其中，与中油所长期合作的两家企业，包括湖北省联丰海外农业开发集团有限责任公司和中垦锦绣华农（武汉）科技有限公司，在芝麻科技落地非洲方面作出了巨大贡献。湖北省联丰海外农业开发集团有限责任公司依托中非创新合作中心，牵头在莫桑比克建立了“中国－莫桑比克农业技术示范中心”，成为在非合作开展芝麻遗传改良和示范应用的重要基地。此外，合肥燕庄食用油有限责任公司、常州国荣农业股份有限公司、湖南中非经贸合作促进研究会等企业或组织与中油所合作，共同推动了中非芝麻科技合作。

第二节 技术、路径及特色

一、关键技术

中国芝麻品种改良从 20 世纪 50 年代末起步，历经数十年持续不断努力，逐步实现了从基于地方农家种的系统选育，到杂交育种、航天和诱变育种，再到分子辅助育种的技术升级。这一系列技术革新支撑了中国芝麻品种的三次跨越：即从低产到中产，从中产到高产，最终实现高产优质。单产水平也从中华人民共和国成立初期的 30 kg/ 亩左右，提升至当前的 110 kg/ 亩左右。目前，育种目标正迈向营养专用化和全程机械化的方向。芝麻单产水平的提高是个系统工程，涉及种质资源发掘与创制，品种改良和配套种植技术的研发等多个方面。

（一）种质资源收集和保存体系为芝麻育种奠定了材料基础

芝麻原产于非洲，非洲拥有芝麻属绝大多数野生近缘种。在芝麻种质资源收集保存方面，中国、印度、韩国曾在国际生物多样性中心指导和支持下，共同构建了芝麻种质资源库。目前，这三个保存中心累计收集保存的芝麻种质资源已达 2.8 万份左右。品种创新离不开优异亲本。我国长期紧抓种质资源收集保存，建立了以中国农业科学院油料作物研究所为牵头单位的芝麻种质资源收集、保存、发掘、评价和创新利用体系。通过这一体系，先后鉴定发掘并创制出一批耐渍、抗茎点枯、高油、高芝麻素、矮秆、小叶等优良特性的材料，支撑了中国芝麻品种更新换代。例如，发掘出的耐渍材料竹山白和抗枯萎广适性材料豫芝 4 号等被用作亲本，据不完全统计，直接或间接育成的新品种达 20 多个。

（二）不断进步的育种技术支撑中国芝麻品种产量、品质领跑主产国

中国芝麻育种技术不断发展，先后经历了农家种系统选育、杂交育种、杂种优势利用、航天和诱变育种等多个技术升级与应用。中国农业科学院油料作物研究所自成立以来，已累计育成各类芝麻品种 100 多个，其中包括中芝 7 号、中芝 10 号、中芝 11 号、中芝 13 号、中芝 14 号、中芝 20 号、中黑芝 1 号等一批代表

性品种。这些成果支撑了中国芝麻单产水平的显著提高，从中华人民共和国成立初期的 30 kg/ 亩左右达到当前的 110 kg/ 亩左右，稳居主产国首位。目前，中国芝麻研究已全面迈入分子生物学时代，以分子标记辅助选择为标志的育种技术正广泛应用，而以基因编辑为标志的生物育种技术体系也正处在研发和构建之中。

进入新时代，随着经济发展，中国芝麻育种目标已从单纯追求高产转向高产、优质且适宜机械化的综合育种。中国农业科学院油料作物研究所紧跟产业发展需求，育成了含油量高达 59.92% 的高油品种中芝 53，以及芝麻素含量达 10.22 mg/g 的高芝麻素黑芝麻中黑芝 8 号等。此外，还推出了适宜长江流域主产区、具备抗落粒或轻落粒特性的品种中芝 78、中芝 NS16、中黑芝 14 等，为中国芝麻全程机械化和多元化发展奠定了必要的品种基础。

（三）因地制宜建立抗逆高产高效种植技术，支撑芝麻稳产增产

“良种良法良机良制”是支撑农业高产的基本途径。中国芝麻种植区域广，生态环境复杂，气候变化复杂多样，针对不同生态环境，建立与品种相配套，适合当地耕作制度及气候特点的种植技术，是确保芝麻种植获得高产稳产的必要条件。中国农业科学院油料作物研究所芝麻与特色油料遗传育种创新团队，针对长江流域雨涝频发，在选育耐渍芝麻品种中芝 13 等基础上，构建了以“深沟窄厢”为特点的适宜长江流域渍害防控种植模式，这种模式可有效应对中轻度雨涝天气，大幅提升了芝麻的稳产能力。此外，针对当前长江流域主产区芝麻种植人工投入较大的现状，团队在育成抗落粒宜机收品种的基础上，研发出了与之配套的装备和全程机械化种植技术，并申请相关专利 4 项，大幅提高了种植效率。

二、技术路径

（一）优势互补，共同开展种质资源发掘和创新

非洲是芝麻的原产地，种质资源丰富，特别是在遗传演化过程中孕育出了许多适应当地气候和生态环境的优异资源，但因缺乏必要的收集、保存和评价利用措施，这些资源不仅未能有效地支撑当地品种改良，而且更因为农业或工业化进程、气候变化及生态环境破坏等因素，部分地方资源或野生资源面临灭绝或消失的困境。中国已构建了系统的芝麻种质资源研究和保存体系，并通过中非合作，开展种质资源拯救式收集和鉴定评价工作，发掘适合非洲的抗逆、高产、优质资

源。将这些资源与中国现有高产、优质芝麻品种进行杂交选育，有望培育出既适应非洲复杂自然环境，又兼具高产量、高品质特性的芝麻新品种。自 2015 年以来，基于中非双方芝麻资源材料开展的多项研究已发表了 20 多篇相关研究论文，发掘出了耐渍、耐旱、高芝麻素含量、高叶绿素含量等一批基因位点，并在芝麻耐盐碱领域取得突破性进展。

中油所王林海研究员在中油所基地指导非洲留学生开展田间试验和育种

（二）“授人以渔”，培育适宜当地生态的高产品种

芝麻原产于热带和亚热带，中国仅有海南的气候与非洲较为接近。但中国绝大多数品种是针对黄淮和江淮主产区进行选育的，适应温带区域及其特定的光照和积温条件。尽管一些合作研究显示，中国芝麻品系在非洲部分地区产量表现较好，但仍有较大的提升空间。通过中非合作，结合中国的高产基因资源与非洲的抗病、耐旱、优异株型等基因资源，在中国湖北和海南，以及非洲目标地区开展联合鉴定，穿梭育种，辅以分子标记选择，可高效选育适宜非洲目标区域的生态环境，满足地方生产消费需求的高产、优质品种。中国农业科学院油料作物研究所联合湖北省联丰海外农业开发集团有限责任公司、中垦锦绣华农（武汉）科技有限公司等企业，与埃塞俄比亚提格雷研究中心、中国－莫桑比克农业技术示范中心、多哥洛美大学等单位合作，针对不同地区需求开展了多年芝麻合作育种，并通过人才培养和项目合作“授人以渔”，提高合作国家人员的芝麻育种水平。其中，依托“中国－莫桑比克农业技术示范中心”的育种取得良好进展，合作选

育芝麻品种汉芝 A3 单产达到 62.6 kg/ 亩，较当地品种增产 50% 以上，含油量提高 4% ~ 5%，目前正在申请当地认证。

2024 年中非芝麻科技合作研讨会在中油所召开

（三）良种良法，链式带动地方产业协同发展和提质增效

中国经过多年研发，形成了系列芝麻种植技术和种植模式。中国向非洲输出了一系列先进且实用的种植技术，包括水肥精准调控技术、机械化种植技术、渍害旱害病虫害防控技术等，使农民能够依据土壤肥力和气候条件进行精准施肥和灌溉，避免资源浪费与过度投入。从精准把控播种时间，到科学规划合理密植，再到田间管理的精细化操作，这些技术最大限度地支撑了品种特性发挥，实现了优质高产。因非洲工业化程度较低，与第一产业配套的初加工和精深加工产业少，难以支撑产业链最大价值。未来，还需要在原料基地建设、种子收储、产品加工等方面开展合作，建立广泛合作平台，开展本地化育种和配套技术研发、示范应用等，以实现规模化落地。

非洲专家学者在湖北迪拿尔公司考察中油所与企业联合研制的精量播种机

（四）平台支撑，保障科技合作研发的持续性

中非科技合作，稳定的平台支撑至关重要。一个稳定的合作平台有助于凝聚双方乃至世界领域的专家、科技人才和企业力量，实质性推进科技成果研发，并有针对性地为非洲培养科技研发和推广应用方面的人才。在不同区域联合建立研发中心、联合实验室、示范基地等，针对性地打造对非芝麻科技与产业合作的桥头堡、专家智库、技术支撑力量、产业示范应用车间、人才培训基地、文化传播基地，这将有利于促进中非芝麻科技与产业合作行稳致远。

中油所王林海研究员指导非洲留学生开展芝麻品质分析

三、项目特色

（一）需求驱动

非洲种植的芝麻，约 40% 用于出口，供应着国际市场一半以上的贸易量，其中大部分出口到中国，占据非洲出口农产品总价值的 1/5 左右，为非洲赚取了大量外汇。芝麻在非洲的重要性不可替代，具体体现在以下 4 个方面。一是芝麻原产于非洲，其生长条件与非洲的气候特征高度契合，历经时间沉淀，已在当地形成了稳定的种植习俗。二是非洲广袤的土地资源为芝麻种植提供了广阔空间，加之芝麻种植技术相对简单，仅需进行基本的播种操作，便能获得相对稳定的产量。三是芝麻的生长周期相对较短，约 100 天即可完成从播种到收获的全过程，

这使得芝麻种植能够迅速转化为经济效益，具有较高的投资回报率。四是芝麻的营养价值均衡，其种子和叶片均可食用，能够为人体提供多种必需的营养成分，对改善非洲居民的营养状况具有积极作用。目前，非洲科技基础较差，单产水平低（不到中国平均单产的 1/3，约为世界平均单产的 3/5）。中国芝麻单产水平位居全球主产国之首，特别是在芝麻育种技术、分子生物学研究等方面国际领先。中非开展芝麻领域科技合作，不仅有利于促进非洲芝麻科技进步，提升非洲芝麻生产能力，帮助其赚取更多外汇改善民生，同时也有利于稳定国际芝麻等油料供给市场。

（二）政策支持

中非合作论坛——北京行动计划（2025—2027）明确提出“双方将加强粮食作物全产业链合作和芝麻等油料作物育种合作”。中非农业科技创新联盟成立后，制定了中非农业科技“三大合作计划”和特色农产品八项“点亮工程”，其中芝麻是列为“点亮工程”的重点作物之一。2022 年，中国农业科学院油料作物研究所加入由科技部和湖北省人民政府共建的中非创新合作中心，2023—2024 年，中油所连续两年协办或承办“中非创新合作与发展论坛”分论坛，湖北省科技厅连续多年为中非科技合作设立专项，并多次立项支持中国农业科学院油料作物研究所开展对非芝麻科技合作，为合作项目的研究和人才培养提供了保障。

（三）合作紧密

在需求驱动和政策支持下，中非芝麻科技合作持续深入。中国农业科学院油料作物研究所已先后与塞内加尔、贝宁、莫桑比克等 6 个国家科研单位或企业签署了合作备忘录 18 项，培养非洲留学生 5 人，短期访问学者 2 人。自 2015 年以来，非洲留学生不断赴中国农业科学院油料作物研究所攻读博士学位或进行博士后研究，双方合作开展芝麻种质资源、遗传育种、分子生物学、品质分析等方面的研究。利用中方条件平台和奖学金支持，他们参与完成了多个项目或课题研究，合作选育的品种已在非洲不同区域进行试验，初步取得了成功。

（四）科企联合

非洲为全球芝麻的主要产区和出口地，而中国对芝麻的需求持续强劲，自 2020 年以来芝麻的市场价格保持稳定，非洲芝麻对中国的大量出口为双方的农业合作提供了坚实的基础。在此背景下，众多加工和种子企业积极参与非洲芝麻种植和科技合作。湖北省联丰海外农业开发集团有限责任公司、中垦锦绣华农（武汉）科技有限公司、合肥燕庄食用油有限责任公司、常州国荣农业股份有限公司等先后与中国农业科学院油料作物研究所签署合作协议，共同开展或推动对非芝麻科技平台建设和项目研究。截至目前，已有超过 15 家国内外或在非企业，与中国农业科学院油料作物研究所达成对非芝麻等油料科技合作意向，或者已经开展对非科技合作，包括埃塞俄比亚提格雷豆类和油料生产者协会、博茨瓦纳 Cobra Networks 公司等。

2023 年在武汉举办的中非创新合作与发展论坛期间，合作伙伴埃塞俄比亚提格雷豆类与油料生产者协会会长 Amanul 接受采访

（五）链式发展

中非芝麻科技合作需要覆盖从种质资源到品种改良，从田间种植到收储加工，从人才培养到平台建设的全产业链合作。中国农业科学院油料作物研究所种质资源、遗传育种、栽培土肥、质量安全、营养加工等全学科链的科研和研发优势，支撑了中非芝麻科技合作的全方位实施和拓展。中国农业科学院油料作物研究所与埃塞俄比亚、塞内加尔等国家农业科学院，多哥洛美大学、贝宁阿波美卡拉维大学等科研单位紧密合作，开展从种质资源到品种改良，从表型鉴定到育种技术建立的前沿研究。同时，湖北省联丰海外农业开发集团有限责任公司等企业积极参与品种试验种植，产品收储与贸易，国内加工企业承接产品加工转化，共同构建了中非芝麻科技与产业深度融合的链式发展模式。

在湖北仙桃，非洲芝麻领域专家代表在王林海研究员等的陪同下
到中垦锦绣华农（武汉）科技有限公司参观学习

第三节　减贫成效

在农业农村部、湖北省科技厅和中非创新中心支持下，中油所先后承担或参与面向莫桑比克、埃塞俄比亚、多哥等国家的国际合作项目 4 项，联合国内企业湖北联丰海外农业开发集团有限责任公司、中垦锦绣华农（武汉）科技有限公司等，积极开展适宜非洲的高产抗逆芝麻品种选育工作。其中，与湖北农垦联丰海外－莫桑比克中非农业中心合作选育的芝麻品种汉芝 A3，单产高达 62.6 kg/ 亩，较当地品种增产 50% 以上，含油量提高 4% ~ 5%；与多哥洛美大学合作选育的品种 LM04，单产达 67.3 kg/ 亩，较当地品种增产 70% 以上，含油量提高 3% ~ 4%，大幅提升了产值。其成效还表现在以下两个方面。

一、增产增效，提高收入

非洲芝麻的种植面积占全球的 65%，供应国际市场一半以上的芝麻贸易量。出口芝麻等油料作物是非洲换取外汇的重要途径，提升芝麻单产对其种植业产值增长至关重要。目前，第一阶段的中非芝麻科技合作已取得显著成效，选育的品种表现出高产、优质的特征，从产值上看，相当于每亩提高收益 50% 以上，这不仅有效提高了农民收入，促进了当地减贫发展，同时对稳定国际芝麻或油料供给亦具有现实意义。

二、培养人才崭露头角

培养的贝宁留学生 Komivi Dossa 获中国农业科学院优秀博士后荣誉，出站后加入 CIRAD（the French Agricultural Research and International Cooperation Organization），担任项目组负责人；埃塞俄比亚短期访问学者 Desawi Hdru 归国后，先后在埃塞俄比亚农业转型署及 Samanu 公司履职，分别担任协调人和育种负责人；多哥留学生 DOSSOU Sénouwa Ségla Koffi 荣获中国农业科学院研究生院优秀毕业生荣誉。

在莫桑比克，联丰海外联合选育汉芝 A3（左）与当地品种（右）长势对比

合作选育的芝麻品系 A02（左）与当地品种（右）长势对比

基于在非芝麻领域科技和产业合作取得的显著成效，中国农业科学院油料作物研究所受邀参加全球减贫伙伴关系大会，并提交了“中非芝麻科技合作助力减贫发展——中国农业科学院多方合作案例”。该案例荣获“第五届全球减贫案例征集活动”最佳减贫案例，并收录于南南合作减贫知识分享网站——中外减贫案例库及在线分享平台。

第四节　适宜推广区域和国家

非洲 54 个国家和地区中有 29 个统计了芝麻种植面积。其中，苏丹、坦桑尼亚、南苏丹、莫桑比克、埃塞俄比亚、布基纳法索、乍得、尼日利亚、尼日尔等国家种植面积较大，适宜推广中非芝麻科技合作项目。事实上，非洲的光热环境和耕地条件优越，只要具备水源，几乎任何地方都能种植芝麻。因此，中非芝麻科技合作项目整体而言，适合非洲绝大多数区域。

目前，中国农业科学院油料作物研究所已与埃塞俄比亚、莫桑比克、多哥、贝宁、塞内加尔等国开展合作。未来，将进一步拓展合作范围，计划与尼日利亚、尼日尔、刚果（金）、乌干达、博茨瓦纳、布基纳法索、巴基斯坦等国家建立合作关系。

第五节　小结及启示

在主要粮油作物中，芝麻凭借其独特的优势互补和供需互补特性，成为紧密连接中非国计民生的关键作物。2023 年，长江日报以《授人以渔：中国芝麻花开非洲大地》为题，报道了中油所与湖北联丰海外农业开发集团有限责任公司合作在莫桑比克选育芝麻品种并成功应用的情况；农民日报则以《我在中国学农业》为题，报道了埃塞俄比亚留学生 Habtamu Kefale 在中油所学习芝麻育种的经历，Habtamu Kefale 说：“芝麻是埃塞俄比亚第一大油料作物，而中国则是埃塞俄比亚第一大芝麻进口国，与中国合作研究，提高埃塞俄比亚油籽作物的产量和生产力非常必要。”

中国农业科学院油料作物研究所提出的建立“中国－埃塞芝麻研究联合实验室”的提议，得到了埃塞俄比亚农业部、技术创新部、教育部部长，以及驻华大使 Tefera Derbew Yimam 等签署的支持函。刚果（金）农业部部长 Gregoire Mutshail Mutomb 亦与中国农业科学院油料作物研究所进行了面对面的油料科技与产业合作意向对接。这些举措反映出非洲多个国家对于加强中非油料科技合作、构建合作平台、发展油料产业的迫切需求。中非在油料作物领域的紧密协作，不仅促进了非洲国家的农业发展和农民增收，也为中国提供了稳定的油料供应，实现了互利共赢，为中非农业合作树立了典范，促进了双方在更广泛领域的深入合作与发展。

2024 北京中非论坛期间，刚果（金）农业部部长 Gregoire Mutshail Mutomb 与中油所王林海研究员对接芝麻等油料科技合作

第七章 技术赋能糖业发展：生态循环种植与南南合作减贫模式

案例概要：联合国粮农组织技术合作项目 FAO-TCP“糖料作物生态安全种植和资源循环利用（Support to sustainable use and management of sugar crop residues for sustainable production and natural resources conservation）（TCP/CPR/3804）”于 2020 年 12 月立项，2021 年 5 月启动实施。该项目由农业农村部统筹指导，中国农业科学院农业资源与农业区划研究所牵头，与广西壮族自治区糖业发展办公室、内蒙古自治区农牧厅合作，糖厂、种植户及技术服务企业多方联动参与。2022—2023 年，项目在广西河池市甘蔗和内蒙古赤峰市甜菜各超 100 hm^2 种植区，推广糖料作物可持续生态安全种植及资源循环利用技术模式，提升了糖料作物产量和糖分含量，实现了糖料作物生态可持续发展。通过三期农民田间学校辅导员（TOT）和农民田间学校（FFS）等培训方式，累计培训农技推广人员和种植户达 486 人，提升了糖料作物的种植和管理的专业能力，传播了糖料作物生态安全种植和资源循环利用的理念、提质增效的技术模式，以及节本增效、增加收益的技术措施。2024 年，该项目荣膺“第五届全球减贫案例征集活动”最佳减贫案例，并收录于南南合作减贫知识分享网站——中外减贫案例库及在线分享平台。

第一节 项目简介

甘蔗和甜菜是制糖工业的两大主要原料，其生产过程显著受气候和区域影

作者：刘红芳、王旭、谭宏伟、张曦、高轶静、黄均明、韩岩松、范富强、林茵、孙龑美；作者单位：中国农业科学院农业资源与农业区划研究所、广西壮族自治区农业科学院。

响。中国作为全球第一大食糖进口国、第三大食糖消费国及第四大糖作物生产国，是全世界为数不多的兼具甘蔗和甜菜生产优势的国家之一。广西壮族自治区和内蒙古自治区分别位居全国甘蔗和甜菜种植面积之首，所选择项目区——广西河池市宜州区和内蒙古赤峰市阿鲁科尔沁旗，均为国家扶贫攻坚脱贫县，当地农业自然条件限制较多，生产力水平亟待提升。

尽管中国具备种植糖料作物的天然优势，但近 10 年来，糖料作物生产整体呈下降趋势。2023 年全国糖料作物播种面积较 2014 年减少 32 万 hm^2，降幅约为 18%，总产量下降 6%。主产区面临耕地质量差、土壤退化、养分与水资源利用效率低、缺乏规范化的种植管理措施及配套农技设备等问题，导致生产成本偏高，种植收入偏低。

农业农村部国际合作司担任项目主管单位，FAO 驻华代表处及农业农村部农业贸易促进中心提供项目指导，中国农业科学院国际合作局则为项目执行单位的主管部门。项目执行期限为 2020 年 12 月至 2023 年 12 月。2021 年 1 月 4 日，中国农业科学院农业资源与农业区划研究所（以下简称资划所）成立项目领导小组和项目管理办公室，在广西壮族自治区糖业发展办公室和内蒙古自治区农牧厅的大力支持下，组建了项目工作组。

2022—2023 年，项目通过举办三期农民田间学校辅导员培训（TOT），培训学员 62 名，以及 13 间农民田间学校（FFS），培训学员 424 名，提升了农技推广人员和种植户的种植及管理能力，传播了糖料作物生态安全种植和资源循环利用的理念。项目在河池市宜州区甘蔗和赤峰市甜菜各超 100 hm^2 示范区，采用养分增效组合技术，开展生态种植示范，取得了显著的增产、增糖和增收效果，推广节本提质增效技术措施与模式，为糖料作物的安全、高产、生态和可持续生产提供了技术支持。

2024 年 10 月 31 日，资划所承担的“糖料作物生态安全种植技术在中国的成效与传播——联合国粮食及农业组织技术合作项目”成功入选“第五届全球减贫案例征集活动”的 105 个最佳减贫案例名单，并将被收录进南南合作减贫知识分享网站——中外减贫案例库及在线分享平台，为中国糖料作物生态安全种植技术在国际上的推广应用提供了重要参考。

第二节　技术、路径及特色

一、关键技术

项目是在全球可持续发展目标框架下，以生态种植为核心，在土壤健康管理和改良、养分资源优化利用、糖料废弃物循环利用等方面提供一揽子技术，提出了“土壤－作物－肥料”养分增效组合技术。该项技术以通过发酵技术降解的天然有机成分小分子物质为核心产品，辅以相关肥料、土壤调理剂和糖料副产物有机废弃物资源，旨在解决多年过量使用化肥和农药、过度用地、忽视养地管理等问题，并结合当地甘蔗、甜菜种植方式，植入新种植管理实用技术。

“土壤－作物－肥料”养分增效组合技术的组合产品包括化学肥料、有机水溶肥料、土壤调理剂及农业有机废弃物资源（畜禽粪污、作物秸秆等）等，其核心产品为土壤改良剂和养分增效液；根据土壤、作物养分需求等特点以及存在的问题和种植户需求，制定组合技术方案，灵活采用以下一种或几种组合方法：将核心产品喷施于土壤，进行拌种或浸种、蘸根处理，与氮磷钾底肥 / 追肥混合施用，与大中微量元素同步滴灌，与农药、大中微量元素同步喷施，并可实现当地农业有机废弃物的快速发酵腐熟循环利用。

项目所采用的养分增效组合技术，紧密结合当地土壤状况、糖料作物品种、栽培方式、管理措施，操作简单易行，成效明显，是解决土壤板结、重茬、地力退化等障碍性问题的实用技术，对持续改善土壤生态与生产力有着积极意义。

二、技术路径

为有效解决不同项目实施区面临的农业生产难题，项目组在广西和内蒙古项目实施区分别采取了一系列具体措施。针对广西项目实施区土壤酸化严重、抗逆能力弱、宿根蔗产量偏低及生产成本较高等问题，项目组通过拌肥、浸种、叶面喷施等方式进行技术实施。针对内蒙古项目实施区土壤健康管理问题，连作病害频发，影响甜菜产量及含糖量；施肥方式不合理，肥料利用率偏低，甜菜营养失衡；综合栽培技术措施待优化、增产和增糖技术措施应用不够等问题，项目组通过拌肥、水肥一体化滴灌、配合农药喷施等方式进行技术实施。

（一）量身定做种植技术示范方案

2022—2023 年，在广西河池市宜州区北山镇双塘村、梅洞村、怀道村、石别镇石别社区和庆远镇思榄村，开展新植蔗和宿根蔗生态安全种植示范；在赤峰市翁牛特旗五分地镇、广德公镇和乌丹镇，林西县十二吐乡，以及阿鲁科尔沁旗天山新民乡，开展甜菜生态安全种植示范。

通过实地调研，根据土壤、种植特点和条件等，制定符合示范区的养分增效组合技术，在甘蔗上选择浸种、拌肥、叶面喷施等一项或几项组合技术，在甜菜上选择拌肥、滴灌、喷施等一项或几项组合技术。

（二）产学研用共同实施和验证示范

糖料作物生态安全种植技术示范的实施主体包括农业科研单位、推广部门、糖厂、生产和技术服务企业、合作社、种植户等。资划所技术专家团队提出技术方案，广西壮族自治区农业科学院进行技术指导，河池市和宜州区糖业发展中心、赤峰市农牧技术推广中心、翁牛特旗农牧局、林西县农牧局、阿鲁科尔沁旗农牧局、广西博庆食品有限公司石别糖厂、内蒙古佰惠生新农业科技股份有限公司以及北京新德田农业技术服务有限公司、武汉皓达农业科技有限公司指导和推动技术方案的实施，合作社和种植户具体实施示范。

项目技术专家和特邀技术专家负责设计示范方案，并组织和指导示范区测产与效果评估。项目组成员、技术推广部门、糖厂、技术服务公司现场指导示范方案的实施，示范参与方共同对示范区进行实施和跟踪调查。

（三）宣传推广

项目组组织编写了《甜菜生态安全种植技术手册》《甘蔗生态安全种植技术手册》，并将约 300 份手册分发给农业科研、技术推广、糖厂等单位，再由这些单位转发给当地糖料作物种植户，旨在让更多的种植户了解并掌握生态安全种植技术。

2023 年底项目虽已结束，但技术推广工作仍在稳步推进。据不完全统计，2024 年本项目所采用的养分增效组合技术在广西来宾市、崇左市、南宁市等甘蔗种植优势区应用均实现了突破性进展，累计应用面积达 200 hm^2，蔗农增产增收效果明显。

糖料作物生态安全种植技术手册

三、项目特色

“糖料作物生态安全种植和资源循环利用”项目通过结合培训和生态安全种植技术示范验证，旨在提升糖业全产业链从业者的土壤健康、生态安全种植与可持续发展理念。该项目使推广技术人员掌握了生态安全种植技术，并向种植者进行宣传与传播，从而提高种植者的收益与糖厂的效益。通过该项目，建立了涉及土壤、品种与栽培、养分管理、植保等专业领域和农民田间学校培训的专家库，培养了一批扎根农业一线的技术人员。这一举措使糖料作物生态安全种植理念、示范效果及技术在广西河池市和内蒙古赤峰市从了解到认可，为今后在国内乃至国际上进一步宣传和推广奠定了基础。

（一）以农民田间学校培训为纽带

培训内容包括农民田间学校辅导员培训（TOT）和举办农民田间学校（FFS），

这些培训调动了糖料产业的所有环节人员，包括糖料管理人员、技术推广人员、糖厂技术人员、生产和服务公司技术服务人员、蔗管员、合作社、种植户等。在培训方式、培训专家队伍、培训内容、培训成果与宣传上进行了创新，并取得了很好的效果。主要体现如下。

一是培训方式创新。项目实施正值新冠疫情期间，为推进项目进度且保证培训效果，项目组首次采取线上培训—线下田间观察与作业—线上展示与交流—专家点评的培训模式，结合专题报告图片与视频，专题讨论和田间调查等线上线下相结合的 TOT 培训方法，并与合作单位在手机小程序上开发农民田间学校板块。实践证明，这种培训方式不仅加快了培训进度，还使 TOT 学员们熟悉并掌握了线上线下相结合的灵活培训方式。

二是培训专家队伍权威，培训内容全面而系统。培训专家队伍由资深的项目培训专家和有多年实践经验的技术专家及特邀专家组成。培训内容和方式由项目培训专家全国农业技术推广服务中心郭荣推广研究员和技术专家中国农业科学院王旭研究员共同设计，并特邀了甘蔗体系专家广西壮族自治区农业科学院谭宏伟研究员和覃振强研究员、中国热带农业科学院杨本鹏研究员、广西植保站王华生推广研究员以及甜菜体系专家内蒙古农业大学胡俊教授、内蒙古农牧业技术推广中心肖强农艺师做专题报告及交流讨论。

项目培训包括技术培训和技能培训，其中技术培训涵盖土壤健康（广西甘蔗和内蒙古甜菜土壤特点、土壤障碍特性与改良措施、土壤健康的重要性、农田生态系统分析方法等）、养分管理（甘蔗和甜菜水肥需求特点及管理技术、生态优化种植技术等）、品种选择与栽培技术（甘蔗和甜菜优良品种选择及栽培技术要点等）、病虫害绿色防控（甘蔗和甜菜常见病虫害发生特征、防治措施、生物防控技术等）、废物资源循环利用（广西甘蔗、内蒙古甜菜废弃物养分资源状况、还田风险控制、废弃物安全还田技术等）和效益分析（影响甘蔗和甜菜种植效益的因素分析、最优效益目标下的养分管理、生态种植技术效益分析等）等内容。

三是农民田间学校辅导员发挥了“二传手”的作用。TOT 培训组建班委会，选举产生班长、学习委员、纪律委员、宣传委员和生活委员，培训班分成小组，每个小组分设组长、保管员、记录员、组员。班长负责组织开展 FFS 培训。例如，广西河池市是以广西博庆食品有限公司石别糖厂农业技术部梁宏卫经理（TOT 培训班班长）等技术人员为骨干，在宜州区南部、中部、东部和西部蔗区（面积约 1.6 万 hm^2）举办 FFS 学校，结合甘蔗生长期的管理，开展蔗种辨别、病虫草害防控、生态安全种植技术示范与田间指导、苗情长势调查、观测示范效果等，在 FFS 学员中推广应用甘蔗生态安全种植技术。

四是培训成果展示创新。为传播项目培训与糖料作物生态安全种植技术成果，项目组整理编辑了专家报告与交流、学员对糖料作物生长环节的工作经验以及通过示范试验验证的生态种植技术要点，形成了《甘蔗生态安全种植技术手册》和《甜菜生态安全种植技术手册》。此外，项目组还制作了甘蔗和甜菜生态安全种植与提质增效短视频，为技术推广部门、制糖企业、种植户等提供了技术参考。

五是培训展示与宣传形式多样。一方面，为展示 TOT 培训成效，项目组对广西和内蒙古三期 TOT 培训制作了培训集锦与成效，记录了学员学习、实践及与专家互动的点滴，深受学员和专家喜爱。另一方面，为及时整理和通报项目进展情况，项目组编制了 14 期工作简报，使项目主管部门、合作单位、专家等及时了解进展，也为今后 FAO-TCP 项目执行提供了可借鉴的工作方法。项目通过新闻媒体、地方网站以及研究单位网站等渠道宣传 14 次，其中 2 次为英文，让更多人了解 FAO-TCP 项目。

（二）项目宣传与产业拉动相结合

首先，糖料作物生态安全种植技术示范在实施过程中，农业科研单位、推广部门、糖厂、生产和技术服务企业、合作社、种植户等产业各相关方共同参与并见证了该技术在增产、增糖和增收方面的效果，尤其是糖厂和种植户亲身体验到了示范带来的效益。

其次，项目形成了《甘蔗生态安全种植技术手册》和《甜菜生态安全种植技术手册》，分别涵盖了甘蔗和甜菜的品种与栽培、土壤培肥与改良措施、水肥管理、病虫鼠害防治、生态种植养分增效技术等内容，为技术推广部门、制糖企业、农户等在糖料作物生态种植与提质增效方面提供了技术参考。

第三节　减贫成效

糖业在国民经济发展中具有重要的战略地位，糖料作物的生态安全种植是实现乡村振兴的重要抓手，也是广大糖农增收的重要来源。该项目为广西河池市甘蔗主产区和内蒙古赤峰市甜菜主产区培训了农技推广人员和种植户，生态安全种植示范提高了甘蔗、甜菜的产量和糖度，增加了种植户和糖厂的收益。

一、培训农技推广人员和种植户成效

项目面向河池市宜州区和赤峰市农户开展培训，增强了 TOT 学员对土壤健康、废弃物资源循环利用、产业链效益增值等绿色发展理念方面的认知，推动了糖料作物种植体系的优化和生产方式的转变，并通过 FFS 培训广泛传播，提高了种植户的技能，使更多糖料作物种植者在糖产业中受益。

（一）TOT 培训

项目分别在广西河池市和内蒙古赤峰市组织三期 TOT 培训班，每期培训 31 人。培训内容分为技术培训和技能培训两部分：技术培训包括土壤健康、养分管理、品种选择与栽培技术、病虫害绿色防控、废弃物资源循环利用、效益分析等；技能培训包括举办农民田间学校的技能和实践，团队建设等。TOT 培训遵循“自下而上”的教学理念，采用参与式、启发式、互动式的成人非正规教学方式、结合室内和田间实践，具备实操性、针对性和实用性。在新冠疫情严重期间，首次通过线上线下相结合的方式，通过专题报告、田间实践、专题讨论与交流、游戏与技能相结合、学员成果展示等多种形式的参与式培训，学员们收获满满。

一是学员培训后测试成绩得到明显提高。通过 TOT 培训，学员们在土壤健康、养分管理、甘蔗 / 甜菜品种选择与栽培技术、病虫害绿色防控、废弃物资源循环利用、效益分析等方面有了很大提升，这一提升在培训前和培训后测试成绩上尤为明显。与培训前测试相比，培训后 TOT 学员成绩明显提高，其中广西学员 90 分以上占比（28%）高于培训前（11%），80 ~ 90 分和 70 ~ 80 分段的占比（28% 和 32%）均高于培训前（21% 和 18%）；培训后测试结果在 80 ~ 90 分、70 ~ 80 分两个分段的内蒙古学员人数占比为 96%，而培训前仅占 48%。

二是提升了学员的综合能力。通过专题理论学习和交流、田间观察与实践，学员的专业技术、表达和组织能力都得到了提升；通过专题讨论、小组作业、成果展板制作与团队表演等，进一步提升了学员的团队协作能力。主要体现在增强了土壤和作物生长的观察能力，掌握了生态安全种植技术，提升了组织和培训农民学员的技能等。

（二）FFS 培训

在广西河池市甘蔗和内蒙古赤峰市甜菜种植区，对种植户、合作社采用参与式、启发式、互动式的成人非正规教育方式，农民田间学校辅导员在甘蔗、甜菜关键生长期开展 FFS 培训，主要内容包括土壤健康、养分管理和科学施肥、生态安全种植技术、病虫害防治等。共设立 13 间 FFS 学校，培训学员 424 名，其中女性 47 名，占 11%。具体分布为：广西河池市 8 间 FFS 学校，培训 301 人，女性 10 人，占 3%；内蒙古赤峰市 5 间 FFS 学校，培训 123 人，女性 37 人，占 30%。

2022 年 5 月河池市宜州区举办农民田间学校

2022 年 8 月河池市宜州区北山镇举办农民田间学校

二、糖料作物生态安全种植技术成效

2022—2023 年，在广西河池市宜州区甘蔗和内蒙古赤峰市甜菜各超 100 hm^2 示范区，采用养分增效组合技术，开展生态种植示范，取得显著的增产、增糖和增收效果。

在广西河池市宜州区约 112 hm^2 甘蔗种植区，开展生态安全种植示范试验。2022 年，虽受初春严寒、夏季水灾和秋季持续干旱等极端天气影响，通过养分增效液浸种的甘蔗蔗芽却萌发早，采用养分增效液浸种及拌肥处理的甘蔗根系量大且活力强，70% 以上的处理均实现增产，57% 的处理蔗糖含量有所提升。其中，新植蔗增产 11% ~ 59%，蔗糖含量增加 0.4 ~ 1.0 个百分点；宿根蔗增产 9% ~ 13%，蔗糖含量增加 0.7 ~ 0.8 个百分点。2022 年北山镇双塘村新植蔗示范区虽经历涝灾减产，但 2023 年甘蔗出苗明显优于对照区，产量达 100.5 t/hm^2，增产 12%，估算产投比为 6。

在内蒙古赤峰市约 134 hm^2 甜菜种植区，也开展了生态安全种植示范试验。2022 年，翁牛特旗和林西县甜菜示范结果显示，处理区平均产量为 64.5 ~ 91.5 t/hm^2，比对照增加 15% ~ 25%；处理区平均含糖率为 15.6% ~ 16.7%，比对照增加 0.5 ~ 0.8 个百分点。2023 年，翁牛特旗处理区产量为 94.5 t/hm^2，比对照区增产 18%；含糖率为 13.1%，比对照区提高了约 0.1 个百分点。

糖料作物生态安全种植技术是一项集作物品种与栽培、优化土壤微生态、农业废弃物资源还田、养分增效及绿色植保为一体的综合技术。甘蔗养分增效组合技术与当地抗性强且含糖高的甘蔗品种、病虫鼠害防治及机械化条件相结合；甜菜养分增效组合技术与当地甜菜品种、纸筒育苗、甜菜叶粉碎还田、病虫草害防治及水肥一体化相结合。该项技术简便易行，不额外增加过多劳动成本，产出潜力大，与当地种植管理相结合，易被种植户接受，便于操作和推广应用。

第四节　适宜推广区域和国家

我国广西、云南、广东等甘蔗种植区域多为丘陵坡地，土壤比较贫瘠，与国外相比，甘蔗生产成本偏高，单产和糖分含量还有差距。我国甘蔗品种主要包括桂糖、云蔗和粤糖系列，主栽品种及种植区分布如下：桂糖 42 号分布于广西、广东，桂柳 05136 分布于广西、云南和广东，桂糖 44 号分布于广西，桂糖 49 号分布于广西和广东，桂糖 55 号分布于广西和广东；云蔗 081609 分布于云南、广西，云蔗 0551 分布于云南；粤糖 93-159 分布于广西、云南和广东，粤糖 00236 分布于广西、云南和广东，新台糖 22 号分布于云南、广西和广东。首先应选择适宜的高产高糖且抗性强的甘蔗品种，再根据土壤及当地生产条件制定养分增效组合技术。对于不具备机械化播种条件的区域，可选择底肥和追肥拌肥的方式，具备机械化播种、喷施等条件的区域，则可选择播种时将养分增效液喷淋在蔗种上并拌肥，结合农药喷施。

我国新疆、内蒙古甜菜种植区主要面临重茬问题，重茬导致土壤条件恶化、病虫害加剧、产量和收益降低等。我甜菜种子主要依赖进口，国外品种占有率高达 95% 以上。甜菜主推品种一般包括高糖型（如 KWS1197，德国 KWS 公司）、丰产型（如 HI1003，瑞士先正达公司）、标准型（如 IM1162，荷兰安地公司）。首先选择适应性、抗逆性好的甜菜品种，因地制宜采取纸筒育苗移栽。结合轮作（甜菜 - 马铃薯 - 玉米或其他轮作方式），采取拌种拌肥、水肥同步、药肥同步等组合技术；若不进行轮作，在 2 ~ 3 年重茬地上可增加土壤改良剂喷施或滴灌处理，增强土壤生态活力，减轻连作障碍，仍能获得较高的产量和收益。

项目中的糖料作物生态安全种植技术在国内已经很成熟，既能改善土壤生态环境，又能提高产量和糖分含量，降低成本，增加收益，在极端气候事件频发、中低产田地区的效果尤为明显。该技术同样适用于印度等甘蔗主产国和俄罗斯等甜菜主产国推广。

印度产糖量位于全球第二，种蔗从业人员高达 5 000 万人。印度各邦宿根蔗种植面积占总植蔗面积的 40% ~ 60%，但宿根蔗缺乏科学管理，产量较低，仅占总产量的 30% ~ 35%；热带蔗区如马哈拉施特拉邦、卡纳塔克邦等受到严重干旱天气的影响，甘蔗种植后成活率低。结合印度等国家甘蔗品种、土壤状况、施肥用药、机械化及农业有机废弃物资源等条件及甘蔗种植管理水平，通过蔗种处理、拌底肥、喷施、滴灌等方式，尤其是针对宿根蔗施肥管理，优化甘蔗生态安全种植技术，可提升土壤微生态环境，提高单产，增加收益。

俄罗斯尤其是东西伯利亚和远东南部地区的气候条件更适宜种植甜菜，据中华人民共和国商务部网站报道，2020 年俄罗斯甜菜种植面积约 95.6 万 hm^2，但甜菜产量和含糖量均较低。结合俄罗斯等国家甜菜品种、土壤状况、施肥用药、机械化及农业有机废弃物资源等条件，尤其针对甜菜重茬等问题，以合理轮作为基础，通过拌底肥、喷施、滴灌等方式，优化甜菜生态安全种植技术，可改良土壤，提高甜菜产量。

此外，举办农民田间学校，以甘蔗 / 甜菜种植管理问题为切入点，从选择甘蔗 / 甜菜品种、改良培肥土壤、利用当地农业废弃物资源快腐还田、科学施肥用药等方面培训当地推广人员和种植户，确保土壤生态与糖料作物产能及种植户、糖厂效益协同提升。

第五节　小结及启示

中国兼具甘蔗和甜菜种植的双重优势，《中国统计年鉴 2024》数据显示，甘蔗播种面积和产量分别占糖料作物的 89% 和 92%。糖业在保障国家食糖供给、助力脱贫攻坚和乡村振兴中发挥重要作用。该项目覆盖甘蔗和甜菜两类作物，跨越南北两个自治区，摸索出一套符合中国特色、因地制宜的科学种植体系和资源循环利用模式，传递了先进的糖料作物生产管理理念，为当地培养了一批技术骨干，对广西和内蒙古糖业发展贡献显著，是“藏糖于技”科技服务产业落地的典范。

本项目所采用的糖料作物生态安全种植技术，以及在广西甘蔗和内蒙古甜菜种植区形成的提质增效技术模式，经过验证，有效改善了土壤微生态环境，优化了养分管理，提高了产量和含糖量，减少了对化肥的依赖，降低了种植成本，增加了经济效益。该项目还构建了与当地糖料作物品种、栽培方式、病虫草鼠害防治及管理措施等相结合的提质增效技术模式。通过该项目，积累了培训农业技术人员的经验，储备了提高糖料作物产量品质的技术与模式。该技术与模式既可在中国糖料作物优势种植区推广应用，让更多的种植者和糖厂受益，提升了中国食糖产业的竞争力，也可在国外糖料作物主产区推广应用。

首先，政策扶持与解决问题联动，促使国内糖料产业降本增效可持续发展。

中国甘蔗种植区主要分布在广西、云南、广东等省（自治区），由于种植甘蔗经济效益低，产量和含糖率偏低，导致面积逐年萎缩，糖厂面临着生产原料不足、产能利用率低、综合效益降低的问题，发展乏力。甘蔗种植区域多为旱坡地，坡度大、土壤肥力低、土壤酸化问题日趋严重，化肥用量偏高且施肥不均衡，蔗叶还田利用率低。中国甜菜种植区主要分布在内蒙古、新疆、河北等省（自治区），由于甜菜重茬对地力耗损大，缺乏科学的轮作生产方式，难以实现高产出效益。糖厂运营困难主要受甜菜种植产业影响。近年来，玉米作为粮饲作物在内蒙古、新疆大面积种植，对甜菜种植冲击大，导致甜菜种植面积严重萎缩。

解决上述糖料产业发展的问题亟须相配套的产业政策支持与拉动，继续加大稳定优势区域糖料种植面积，加大降本增效、生态友好可持续发展的政策扶持力度，将糖料作物生态安全种植技术与模式优先在广西甘蔗主产区整县推广，陆续向云南、广东甘蔗主产区及内蒙古和新疆甜菜主产区辐射。根据当地机械化条件，利用农业废弃物资源（蔗叶、甜菜叶及畜禽粪污、秸秆等）快速腐熟还田，改良土壤生态环境，提高糖料作物单产和糖度，降低成本，提高种植户和糖厂收益。

其次，搭建国际合作平台。

该项目已被纳入“第五届全球减贫案例征集活动”最佳减贫案例，并收录于南南合作减贫知识分享网站——中外减贫案例库及在线分享平台，从而获取了一个对外展示和交流技术的窗口，为国际合作奠定了基础。此外，可通过南南合作、“一带一路”项目等途径建立国际合作平台，走出国门，为糖料作物主产国培训技术人员，结合当地资源，提供降本增效的实用技术，提高种植者收益。

第八章
品种培育与层进推广：辣椒科技赋能多产区减贫的实践探索

案例概要：辣椒作为全球及中国的重要经济作物，扮演着不可或缺的角色。在国家级科技项目和中国农业科学院科技创新工程的长期资助下，研究团队以科技创新为基础，通过原始创新，培育出 40 余个新一代多抗、品质优异、丰产的中椒系列辣椒新品种。依托国家、农业农村部和中国农业科学院的产业服务项目，团队构建了“平台 + 联盟”与“产业服务”相结合的模式，并推行“育 - 繁 - 试验 - 示范 - 推广 - 服务”的层进式推广体系，长期奔赴生产一线推广新品种和新技术。有力推动了贵州遵义、西藏朗县、湖北咸丰、山东潍坊等地的辣椒产业发展，使新品种成为当地的主导品种，累计推广面积达 500 万 hm^2，新增经济效益 26.03 亿元。产业科技帮扶有力促进了脱贫地区辣椒产业提质增效，大幅增加了农民收入。据不完全统计，已帮助贵州遵义、西藏朗县、湖北咸丰 3 000 多户农民致富。此外，多抗品种的推广减少了农药使用，对生态环境保护起到了积极作用，为科技减贫事业作出了重要贡献。

第一节　项目简介

辣椒作为全球重要的蔬菜作物，在中国更是占据首要地位，全国播种面积约 200 万 hm^2（约占全国蔬菜面积的 10%），占全球辣椒面积的 38.6%。辣椒在我国

作者：王立浩，中国农业科学院蔬菜花卉研究所研究员；毕洁颖，中国农业科学院海外农业研究中心办公室主任。

山区、偏远地区广泛种植，是乡村振兴和农民致富的重要产业。然而，辣椒生产中病害一直是制约产业发展的重要因素。辣椒疫病和病毒病的严重为害，造成减产 20% ~ 40%，甚至绝收，对产业发展构成了严重威胁。

由中国农业科学院主导、王立浩研究员领衔的项目团队，长期围绕辣椒产业，依托国家和农业农村部等项目支撑，持续开展创新工作，显著提升了辣椒抗病育种水平。团队在精准鉴定和挖掘辣椒抗病种源的基础上，探究遗传原理，构建了辣椒高密度遗传图谱，精准定位了抗病、优质等性状基因；开发了多个抗病、优质基因紧密连锁的分子标记，创建了常规育种和分子标记聚合技术相结合的高效育种技术体系，提高了性状选择效率。创制出多抗、优质的优异辣椒种质自交系，实现了辣椒抗病和品质育种亲本材料的重大突破。育成了中椒 105 号等 40 余个多抗、品质优异的新一代辣椒新品种，获植物新品种保护权 11 项，授权发明专利 17 项，发表论文 44 篇。其中，中椒 105 号和中椒 107 号被农业农村部推荐为主导品种。新品种在全国大面积推广应用，社会、经济效益显著。于 2020 年荣获中国农业科学院杰出科技创新奖，2021 年获得神农中华科技进步奖一等奖。

为了更好地推广技术，项目团队依托中国农业科学院的产业服务团项目，深入云南墨江、安徽和县等地的辣椒产业；借助中国科协的产业服务项目，分别对接了河北望都、河南睢县、山东潍坊的辣椒产业；根据农业农村部的扶贫帮扶任务，分别对接了西藏朗县、湖北恩施、贵州雷山县的辣椒产业；团队还自主对接了贵州省的辣椒产业及甘肃甘谷县的辣椒产业；依托公司实现了全国大面积品种推广。2022 年荣获中国科协优秀产业服务团，并接受《学会》杂志 2023 年第一期专访。

在推广过程中，团队建立了“品种 – 区域”高效栽培技术规范，促进了农民增收。创新组织措施，形成“平台 + 联盟”联合推广模式。构建了以市场为导向、公司和推广部门相结合的“育 – 繁 – 试验 – 示范 – 推广 – 服务”递进式推广模式。经过推广，集成和熟化出“品种 – 栽培 – 新型推广模式”的新型科研成果推广模式。支持了贵州、西藏朗县、湖北咸丰、山东潍坊等甜椒产业发展，新品种占南菜北运甜椒面积的 80%、占华中高山蔬菜微辣辣椒面积的 70%；占华北早春和秋延设施栽培甜椒面积的 60%，成为北方设施栽培的主栽品种，累计推广面积达 500 万 hm^2，实现增产 350 万 t，为保障“菜篮子”供应和乡村振兴作出贡献。2022 年荣获中国农业科学院成果转化优秀团队。此外，大幅增加农民收入，据不完全统计，帮助贵州遵义、西藏朗县、湖北咸丰、甘肃甘谷等 3 000 多户农民致富，新增经济效益 26.03 亿元。

第二节　技术、路径及特色

一、关键技术

（一）探究遗传原理，创建了常规育种结合分子标记设计的高效育种技术体系，创新出抗病优质种质，提高了行业育种水平

1. 建立资源精准鉴定方法，评价出抗病且优质种质

自 2001 年以来，团队从国内外收集和引进甜、辣椒种质资源共计 1 900 余份，新增加了 7 个种类。建立了完善的辣椒多抗性鉴定筛选技术（TMV、PMMoV、CMV、疫病、青枯病、炭疽病等），并将其应用于资源和品种的抗性鉴定评价与筛选，广泛应用于辣椒育种领域。通过系统鉴定和评价，筛选出 125 份不同类型的优异育种材料。这些材料具备抗病毒病、抗疫病、抗白粉病、抗蓟马等特性，以及果大、皮薄、优质、光泽度好等优良性状，涵盖了一年生及远缘辣椒材料。

2. 创建了常规育种结合分子标记设计的高效育种技术体系，创制出优质、多抗的 0516 等优异辣椒种质自交系

构建了辣椒高密度遗传图谱，精准定位了抗 PVY、根结线虫、炭疽病、辣椒红素等性状基因；创建了辣椒抗 TMV、TSWV、PVY、根结线虫、炭疽病、辣椒红素等抗病和优良性状的 12 个基因的分子标记选择技术。单一分子标记用于辅助育种准确率达 90% 以上，提高了选种的准确性和聚合效率。技术在育种中大量应用，为种质创新提供了技术支撑，已成功向企业转化。

创制多抗、优质的椒新种质 0516。利用多抗鉴定技术和分子标记辅助选择技术，实现了疫病和 CMV 多抗性聚合。2005 年，结合分子标记辅助选择，历经 6 代筛选，从 2 430 余单株中选择得到稳定的优良株系“200316-0-14-17-1-3”（即 0516）。

通过种间杂交和分子标记辅助选择技术创制出优质、多抗甜椒新种质 0516Tsw。通过种间杂交和连锁的分子标记辅助回交选育，将抗性基因 *Tsw* 转育至甜椒自交系 0516 中，创制出近等基因系材料 0516Tsw。0516Tsw 的果实比

0516 略长，单果重相当，其他园艺性状相似，且生长势和连续坐果性增强。

（二）以 0516 等不同类型优异自交系种质育成了系列中椒新品种

中早熟甜椒品种中椒 105 号。适合华南地区冬季栽培的甜椒一代杂种。植株生长势强，节间较短，植株整体结构紧凑。连续结果性好，中早熟，第一朵花着生在第 9 ~ 10 叶节，定植后 35 天左右开始采收。其优点在于中后期仍能维持较高的结果率和商品性。果实呈灯笼形，拥有 3 ~ 4 个心室，纵径约 10 cm、横径约 7 cm，平均单果重 100 ~ 120 g。果色浅绿，果面光滑。抗逆性强，兼具较强的耐热和耐寒性，抗烟草花叶病毒，中抗黄瓜花叶病毒。主要在华南的广东、广西、福建、海南、云南等地冬季种植，是该区域甜椒的主栽品种；同时也在北方的山东、河北等地推广，累计种植面积 210 万 hm^2。2020 年，该品种种子出口埃及 7 kg。

抗 TSWV 的中早熟甜椒品种中椒 115 号。定植后 30 ~ 35 天可以采收。果实呈灯笼形，果面光滑，果色浅绿，肉厚约 0.5 cm，单果重 100 ~ 150 g，耐贮运。抗烟草花叶病毒［TMV（P0，1，2）］、抗番茄斑点萎蔫病毒［TSWV（P0）］，中抗黄瓜花叶病毒、耐疫病。丰产性好。2018 年开始示范推广，累计推广面积 3 000 hm^2。

高山微辣红椒品种中椒 106 号。适合高海拔地区栽培的微辣型辣椒。杂交优势强，生长势强，分枝多。连续结果性好，始花节位在第 9 ~ 11 节，定植后 30 ~ 35 天即可开始采收。果实呈粗牛角形，纵径约 15 cm，横径约 5 cm，单果重 50 ~ 60 g，大果可达 100 g 以上，果色绿，生理成熟后亮红色。味微辣，品质优良，耐贮运。田间抗逆性强，耐热，抗病毒病（TMV、PMMoV）。累计推广面积 13 万 hm^2。

北方设施早熟、薄皮优质甜椒品种中椒 107 号。果实商品性与品质性状、抗病性互补育成。早熟，定植后 30 天左右开始采收。果实呈灯笼形，3 ~ 4 个心室，平均单果重 150 ~ 200 g。果色绿，果肉脆甜。抗烟草花叶病毒，中抗黄瓜花叶病毒。主要在山东、河北、北京、辽宁、山西等省份推广，属早春和秋延早熟甜椒的主栽品种，累计推广面积 14 万 hm^2。

北方露地甜椒品种中椒 108 号。中晚熟品种，定植后 35 ~ 40 天可以采收。主要适合露地种植。果实呈方灯笼形，果面光滑，果色绿，肉厚约 0.6 cm，果大，3 ~ 4 心室，典型单果重 150 ~ 200 g，耐贮运。抗烟草花叶病毒、中抗黄瓜花叶病毒。在云南、福建、海南、北京、山东、河北等地推广，累计推广面积 4 万 hm^2。

北方设施栽培甜椒品种中椒 1615 号、中椒 220 号、中椒 182 号。中椒 1615 号：定植后约 35 天可以采收。果实呈方灯笼形，果面光滑，果色绿，肉厚约 0.6 cm，果大，3 ~ 4 心室，典型单果重 150 ~ 200 g，耐贮运。抗烟草花叶病毒［TMV（P0，1，2）］、中抗黄瓜花叶病毒、耐疫病。累计推广面积 1 万 hm^2。

设施螺丝椒新品种中椒 409 号。适合设施栽培，中早熟品种（定植到收获约 35 天），生长势强，连续坐果性好，丰产性好。果实呈羊角形，果面有坑凹、螺旋，果皮薄，品质优良，果色由绿变红。单果重约 100 g，肉厚约 0.3 cm。抗烟草花叶病毒、中抗黄瓜花叶病毒、耐疫病。适宜保护地和露地栽培。累计推广面积 1 万 hm^2。

中椒 0812 号。中早熟，果实呈长羊角形，始花节位 11 ~ 12 节，单果重 80 ~ 100 g，果色浅绿。抗病毒病，产量高。适宜保护地（大棚、温室）栽培。

（三）建立了三个“品种 – 区域”高效栽培技术规范

在品种推广过程中，构建并优化了“中椒 105 号 – 南菜北运”高效栽培技术、“中椒 106 号 – 华中高山蔬菜”高效栽培模式以及“中椒 107 号 – 北方设施”高效栽培模式。系统总结了品种选择、播种时间、育苗技术、栽培模式、水肥管理、病虫害绿色防控等方面的经验，并制定了相应的技术规范。通过因地制宜，凸显特色，将品种特点、区域特色与栽培模式有机结合，挖掘品种潜力，实现了效益最大化。

二、技术路径

（一）“产学研”一体化、“育繁推一条龙”的利益共享机制与市场推广模式

建立以研发优势（技术品牌）为支撑，市场需求为导向，依托农业农村部的技术产业体系和推广平台，以企业联盟为基础的“产学研”一体化、“育繁推一条龙”的利益共享机制与市场推广模式。通过全国多点布局、直接面对基层，优化推广时间和推广环节，确保品种推广在适宜地区、采用适宜方法，实现快速推广和及时反馈。以研发优势为支撑，以科技“产品”为核心，树立中椒优势品牌。将品种优势、种子质量优势和“中椒”品牌优势高度融合。中椒系列品种的研发依托国家级科研团队的雄厚实力，在抗病性、丰产性、优质性等方面展现明显优势。团队积极响应工厂化育苗对高质量种子的现实需求，加强对制种环节的

监管和采后种子加工处理技术的研究，研发种子消毒处理技术，使中椒品种在中国种子行业中享有极高的威望和美誉度。上述优势是“中椒”系列品种广泛推广的重要保障。

（二）“平台”模式，以国家现代农业产业技术体系为平台，建立“育－繁－试验－示范－推广－服务”递进式推广模式

通过大宗蔬菜产业技术体系，多点开展试验与示范工作。以县、乡镇农业推广部门为终端平台，全面负责品种推广和技术服务。中椒系列品种选育成功后，团队依据品种特性，有针对性地在山东、内蒙古、河北、宁夏、湖北、广东等省份的辣椒主产区进行中试试验，同时，提高潜力新组合的商业转化效率，边示范边推广，极大地缩短了新品种市场的导入周期。团队每年安排行程，深入国内主要辣椒产区，开展公益服务和技术培训，提升团队的社会影响力，并通过科技宣传与服务，推动成果转化。

（三）“市场”模式，发挥企业在市场经济中的作用

在中蔬种业科技（北京）有限公司的统筹组织下，通过加强与青州市天成农业发展有限公司、赤峰和润农业高新科技产业开发有限公司、荆州市恒彩农业科技有限公司等10余家企业的紧密合作，与9家企业签订了合作协议，研究“产、学、研”与“用”这一关键因素的高度耦合和良性互动。完善市场导向机制，充分发挥市场在科研方向、路线选择方面的导向作用，探索“产、学、研、用”一体化工作模式，提升成果转化效率，充分发挥市场在配置科技创新资源中的关键作用。

（四）“产业服务”模式，构建“服务产业”的效益联合体

依托中国科协、农业农村部、国家乡村振兴局、中国农业科学院等产业服务项目，以发展和服务“辣椒产业”为公益性目标，团队开展技术服务，助力企业和地方辣椒产业发展。通过与经销商建立灵活高效的合作方式，如品种包销、区域代理、联合推广等多种方式，团队在品种研发和技术领域的核心优势与经销商在销售渠道方面的核心价值得以高效融合。这种联合体模式成功构建了团队、企业、农户多方共赢的局面，推动了省域、县域特色辣椒产业发展，促进了农民收入的增加。

（五）培训

通过技术培训方式，推广先进的育种技术和优良品种。近年来，在中国农业科学院国际合作局的支持下，团队借助一些国际培训项目和国际留学生项目，向海外积极培训和宣传育种技术及品种，收到良好效果。自 2019 年以来，联合举办各类培训班 30 余期，团队专家线上线下亲自授课，累计培训椒农 25 000 余人次。

三、项目特色

（一）技术创新是核心

建立核心技术，利用远源杂交、辣椒多抗性鉴定筛选及抗新型流行病害分子标记辅助育种的聚合技术手段，培育出中椒系列新品种。与当前国内外同类研究和技术进行综合比较，展现出显著的先进性。

（二）高效推广是关键

建成从“品种”到“配套良法”再到“区域产业服务”的集成与熟化推广技术体系，形成了我国现阶段以科技创新为基础、政府平台加市场机构协同的高效推广模式。以研发优势为支撑，市场需求为导向，依托农业农村部的技术产业体系和推广平台，借助企业联盟的力量，构建了“产学研”一体化及“育繁推一条龙”的利益共享机制与市场推广模式。通过全国多点布局、直接对接基层，优化推广时间和环节，确保品种推广在适宜地区采用适宜方法，实现快速推广与高效反馈。

第三节　减贫成效

一、贵州省延链增效，做好“辣椒”土特产文章

贵州省地处我国中部山区。自 2020 年起，王立浩研究员担任贵州省辣椒产业顾问，致力于为该省的辣椒产业发展提供专业咨询，努力做好“土特产”这篇

文章。近年来，贵州省的规模化种植面积、总产量和总产值均居全国首位。2024年，全省辣椒种植面积达44万 hm^2、产量约为750万t、三产总产值约800亿元。贵州省大力推广“龙头企业+合作社+农户”的组织模式，椒农通过土地流转、基地务工、入股分红等多种途径增加收入，辣椒已成为农民增收的重要产业之一。“十三五”期间，据行业数据统计，辣椒产业年均种植面积为44.7万 hm^2，年均产量为606.2万t，年均种植产值为196.40亿元，年均带动人口超过420万人，其中，年均带动建档立卡贫困人口72.79万人，椒农年人均收入4 700余元。全省累计带动285万椒农增收，其中曾建档立卡贫困人口65万人。为了进一步延长产业链，贵州省支持卓豪农业科技股份有限公司成立食品板块，加快推动辣椒加工产业发展，提高辣椒产品的附加值。贵州辣椒产业的蓬勃发展，不仅促进了经济高质量发展，还有效解决了农村劳动力就业问题，为按时高质量打赢脱贫攻坚战作出了贡献。

在贵州遵义推广品种（上：黄杨镇；下：卓豪农业科技股份有限公司试验基地）

二、山东潍坊、聊城，河北唐山等地以高效设施辣椒产业带领农民致富

辣椒轻斑驳病毒病已成为辣椒生产中的重大威胁性病害，在全国 20 多个省区市均有发现，尤其在山东、江苏、河北等保护地尤为严重，检出率高达 60%。在我国辣椒轻斑驳病暴发之际，团队成功培育出抗烟草花叶病毒、番茄花叶病毒及辣椒轻斑驳病毒病一系列辣椒品种，如中椒 1615、中椒 409 等优良品种，及时遏制了病害蔓延。团队研发的中椒 107 号、中椒 1615 号、中椒长福、中椒 409 号、中椒 220 号等品种，因其高产、抗病、优质等诸多优点，联合青州天成农业有限公司在潍坊地区进行示范推广，目前，年推广面积达上万亩，山东潍坊、聊城及河北唐山等地的农户种植效益显著提升，据估算，亩增收可达 3 000 元以上，青州天成农业有限公司也因此发展成为行业龙头企业。

中椒 1615 号推广给农民带来收获和喜悦（左：河北省唐山市；右：辽宁省马鞍山市）

三、湖北宜昌、恩施，高山蔬菜为致富铺路

自 20 世纪 90 年代起，团队在宜昌、恩施地区推广中椒系列新品种已达 30 多年。2016 年，在恩施咸丰县，楚城农业合作社流转 200 余亩土地，建成了高山蔬菜基地，其中 80% 种植的均为王立浩团队推广的中椒 6 号、中椒 106 号等辣椒品种。“我们一直是他们团队的忠实用户，这些辣椒的光泽度等外形更好，在市场上颇受欢迎。”2022 年底，合作社的李云楚致电课题组表示，“我非常感谢他们研究员培育出如此优质的种子，即便高温也能扛过去，今年产量特别高，

过段时间一定要亲自去拜访他们。”李云楚向中青报、中青网记者透露，截至10月9日，“我们已经发货近20车、200 t（辣椒）。”他估计，当年的收益“总的来看，200多万元应该没问题”。近年来，楚城农业合作社中椒公顷收益已超过90 000元，且经过种植技术培训，当地产量和商品品质显著提高，并辐射带动周边40 hm^2以上的区域。长阳县资丘镇的天河坪田家湾农户覃远平，因种植中椒而换得新房，并供两个孩子上了大学；咸丰清坪镇比西坪村11组杨再斌，也因种植中椒品种实现脱贫致富。

中椒系列品种在湖北高山地区推广给农民带来收获和喜悦
（上：宜昌市长阳县；下：恩施土家族苗族自治州咸丰县）

四、西藏朗县——高原上的特色辣椒产业，带领藏族人民致富

朗县属于我国西藏南部边境县。目前，全县辣椒种植面积达2 000多亩。洞

嘎镇滚村由 5 个自然村组成，共有农牧民 221 户，人口 805 人，其主导产业为农业，主要收入来源包括种植业、养殖业、虫草采挖及交通运输等。自 2020 年起，团队提供技术和品种支持，推广现代化和生态种植技术，并进行新品种的试验筛选与推广。团队在朗县设立专家工作站，每年定期前往指导工作。至 2023 年，农牧民人均纯收入近 2.63 万元。2024 年，滚村种植辣椒面积 615.9 亩，预计户均增收超过 4 000 元。调研组走访的一家农户表示，其辣椒种植面积为 0.13 hm^2，产量约 6 000 kg，收入约 1.5 万元，成为家庭收入的重要来源之一。滚村诺组依靠温室大棚种植反季节辣椒，每千克售价 60 余元，预计户均增收 2 万元，增收效果显著。

王立浩研究员在朗县培训藏族农民种植辣椒（上）；朗县诺村生态辣椒种植（下）

第四节　适宜推广区域和国家

中椒 105 号

适合在埃及、伊朗、巴基斯坦等国家和地区推广。目前，该品种已在埃及成功试种多年，并形成稳定的销售市场。

中椒 107 号

适合在巴基斯坦、北欧等国家和地区推广。该品种已在巴基斯坦成功试种多年，并形成稳定的销售市场。北欧地区的设施栽培需要早熟品种，该品种也可以广泛推广种植。

中椒 182 号与中椒长福

适合在北欧、亚洲的巴基斯坦、北美等国家和地区推广。该品种已在巴基斯坦完成多年试种，并形成了稳定的销售市场。2025 年，该品种在国外市场的推广规模扩大，展现了更广阔的发展潜力。

中椒 0812 号、中椒 409 号等辣椒品种

具有向东南亚、中东、欧美等国家出口的可能性。

中椒 115 号等一些抗番茄斑萎病毒品种

在欧美地区具有推广潜力；中椒 107 等早熟品种在欧洲、北美和东南亚具有推广潜力。此外，近年来还推出了中椒彩椒系列品种，计划在全球范围进行更广泛的推广，助力国外部分地区农民实现增收致富。

第五节　小结及启示

中国农业科学院蔬菜花卉研究所辣椒遗传育种团队，始终以产业需求为导向，坚持原始创新，育出多抗、品质优异、丰产的中椒系列辣椒新品种。该团队以服务产业为目标，长期深入生产一线推广新品种和新技术，支持了贵州、西藏朗县、湖北咸丰、山东潍坊等全国多个区域的辣椒产业发展，累计推广 800 万亩，新增经济效益 26.03 亿元，产业科技帮扶有力地促进了脱贫地区辣椒产业的

高质量发展，大幅增加了农民收入，成为我国农业科技减贫的典范。然而，仍需进一步扩大产业服务和成果转化的覆盖范围。其主要启示如下。

一以产业为出发点和目标，赋予农业科学研究重要意义。坚持始终不渝地进行原始创新工作；科技是支持农业产业发展的重要法宝。团队帮助西部和山区农民减贫，依托的是优质的新品种和先进的新技术。在国家项目和中国农业科学院科技项目的支持下，在抗病性、品质等性状上开展大量原始创新，并研发育种新技术，推动了育种行业的发展。这些创新成果也是新品种大面积推广和给农民增收的源泉。

二合作共赢是未来辣椒品种走向国际市场的重要原则。合作共赢意味着在成就事业的同时，首先考虑为对方带来益处，推广品种和技术的目标是助农增收。在品种的推广过程中，积极与公司合作；在开拓国际市场时，也保持与国外企业的合作关系，共同帮助当地农民致富。甜辣椒新品种的推广对中国农民致富作出了贡献。

三甜辣椒育种技术走出去具有重大需求。目前，我国在甜辣椒的抗病性和品质育种方面均表现出显著优势，可在全球范围内开展合作与联合育种，服务世界辣椒产业。重点是与发展中国家合作，将育种技术推广至当地，提升当地企业的育种水平，促进共同发展。

四品种走出去具有广阔空间。甜辣椒作为全球重要的蔬菜作物，种植范围广。从近年来推广情况看，新品种不仅在国内助力农民致富，也高度适于向国外推广。我国甜辣椒品种在品质、抗性、产量方面表现优异，在东南亚、中东、中亚、欧美等地均有广阔的推广空间，助力更多发展中国家走向共同富裕。在中国农业科学院国际合作局的推动下，借助国际合作项目和国外企业的合作，快速实现品种的全球化推广。

第九章
高效绿色食用菌技术的减贫实践与推广

案例概要：脱贫攻坚以来，中国农业科学院农业资源与农业区划研究所以食用菌全产业链技术体系为支撑，积极开展科技扶贫工作。项目构建“良种－良繁－良法－良制”技术路径，提供适配不同条件的食用菌技术模块，从产业发展规划到全产业链技术培训，带动以平泉为首的9个贫困县因地制宜发展食用菌产业，实现科学种菇与规模化生产，带动菇农增收致富。食用菌富含高蛋白，可高效利用农林废弃物，且生产方式灵活，能够根据不同国家市场和产地经济社会条件进行灵活安排，在东南亚高海拔区、中亚山区、非洲部分国家均具备推广潜力。

第一节　项目简介

中国农业科学院农业资源与农业区划研究所（以下简称资划所）以食用菌全产业链技术体系为支撑，自2015年起深入全国14个连片特困地区，调研食用菌产业发展和技术需求，梳理重点问题，提供适宜不同条件的食用菌技术模块，构建了“良种－良繁－良法－良制”的技术路径，从产业发展规划、市场信息、品牌建设到全产业链技术培训指导，全力推动食用菌产业扶贫攻坚。

在此期间，体系团队全资源配合，直通县主管领导，抓住“技术经济明白

作者：张金霞，中国农业科学院农业资源与农业区划研究所研究员；李若昕，中国农业科学院海外农业研究中心项目官员；毕洁颖，中国农业科学院海外农业研究中心办公室主任。

人"的联合扶贫攻坚模式，先后对接全国110余个贫困县，承担9个县的扶贫工作，提供全天候指导服务。2016年以来，开展试验示范技术160多项，示范推广新品种、新技术累计2.93亿棒（袋）、技术培训519场、发放技术资料2.72万份。资划所还先后投资3 500万元，在河北承德平泉建设国家食用菌改良中心、国家食用菌育种创新基地、北方食用菌标准化示范基地，并与平泉市政府共建河北省食用菌产业技术研究院。通过多平台高效合作，开展"种质资源－育种－菌株维护－优质种源－菌种良繁－良法栽培－培训指导"全生产链技术研发和推广服务，极大提升了平泉食用菌生产科技水平。

第二节 技术、路径及特色

一、关键技术

食用菌，俗称蘑菇，作为一类食用、药用或食药两用特性的大型真菌，主要以伞状肉质品种为主，还包括胶质菌类（木耳、毛木耳、银耳、金耳等）和木栓质品种（灵芝、云芝、桑黄等）。食用菌能够将人类不能直接食用的富含木质纤维素的农林副产品转化为营养美味健康的食物——蘑菇和耳类，从而增加食物供给，尤其是经济实惠的优质蛋白来源。采用农法生产，投资小、见效快，且科学种菇效益高。

食用菌种植技术具备广泛的应用性，适用于不同区域、种类、规模及生产方式，从而形成不同的技术模式和生产模式。食用菌种植业既可作为庭院经济，在房前屋后零星栽培，也可连片生产，形成产业集群式发展。其栽培不需要占用耕地，可在有洁净水源的山地、坡地、沙地、林地、盐碱地等非耕地上建立园艺设施，进行立体高效生产。在生产季节方面，可根据当地气候条件进行季节性栽培或不同种类交替的周年生产。

在栽培地区方面，凉爽的山区尤其适合发展食用菌产业。中国幅员辽阔，气候和自然资源禀赋多样，因地制宜地种植食用菌是经过科学论证的选择。虽然在标准化的设施农业条件下也能够培育出优质的蘑菇，但是与山区相比，平原地区的温度较高，需要增加额外的设施投入来降低温度，从而导致生产成本上升。而山区由于气候冷凉、温度较低，选择适宜的季节进行食用菌栽培，无需过多的设施投入，便能充分利用自然气候条件生产出优质的食用菌。这种小气候优势不仅有效降低了生产成本，而且由于优质菇的市场价格较高，为山区食用菌产业扶贫带来了独特的市场优势。此外，如果山区的路网发达，其交通成本基本可以与平原地区的成本持平，进一步增强了山区发展食用菌产业的竞争力。

在良种良繁方面，选择适宜种类和品种后，需选用育种家提供的纯正健壮的种源。应用严格质量控制的良繁技术体系，生产性状稳定、个体健壮的菌种，为良法良制的高效栽培奠定基础。

在良法良制方面，需实施适宜当地综合条件且经济适用的生产设施、原料和技术，确保设施与生产要求配套，良种与良法配套，栽培措施与市场要求配套，形成科学合理的栽培模式，而非照搬已有的技术措施和栽培模式。

在生产管理方面，菌种低温保存技术与无菌操作是关键技术。杂菌污染是食用菌生产中最常见的障碍。对于习惯粗放式务农的农民来说，制种、培养、出菇各阶段均面临细菌、霉菌等杂菌侵害的威胁。一旦杂菌污染批量发生，菇农往往颗粒无收，损失惨重。因此，食用菌对生产管理技术要求高，需严格按微生物学的原理操作。

二、技术路径

人类对食用菌的认知远远不如农作物和家禽家畜，从“有种（zhǒng）有种（zhòng）有管有预期收获”的近代生产至今仅百年历史，类似科学种田的现代技术应用在食用菌种植上仍需普及，且需实现技术的区域性配套。

食用菌产业脱贫需全产业链各环节技术因地制宜，优化集成，形成区域化技术体系，精准实施。具体来说，应根据当地自然资源禀赋和人文特点，以市场为导向，因地制宜提供适宜不同条件的食用菌技术模块，构建“良种－良繁－良法－良制”的“四良”配套生产体系。

资划所在河北承德平泉开展了无菌操作的重点培训，从无菌概念、环境清洁与消毒、准备工作、操作程序、注意事项等方面逐一讲解和示范；为平泉引进了菌种超低温保藏技术，引入一批育种家种子的优良品种，建立了菌株维护技术体系和良种繁育质量控制体系，指导菌种企业向“育－繁－推”一体化发展，构建了菌种保存、种源质量控制、生产过程、质量检验、操作规范等菌种生产技术体系，建立了质量控制和可追溯体系。

自 2019 年以来，资划所在河北承德平泉联合举办培训班 22 期，线上线下亲自授课，培训菇农 21 000 余人次，显著提高了平泉菇农的科学素养，实现了“通风富氧养菌、先检测后上架、计水测水再补水”全程科学管理。平泉由此成为全国首个养棒无烧菌、上架先检测、适时上架、夏季无烂棒、优质高产高效的香菇产区，实现了从经验种菇到科学种菇的转变。2019 年，协助平泉争创了国家区域性良种繁育基地，引入北京华蕈生物科技有限公司投资成立平泉华蕈生物科技有限公司，实现了栽培种的标准化生产。在张金霞研究员的技术指导和支撑下，平泉华蕈生物科技有限公司已经发展为河北省最大的专业化菌种厂。

三、项目特色

在食用菌技术方面，资划所食用菌团队深入调研、分类施策。开展帮扶工作前，技术团队与当地决策者和实施方分析全国食用菌产业分布、不同社会和生态条件下的生产方式及技术模式的优劣，以追求最佳社会和经济效益为目标，协助当地确定适宜的种类、规模、生产方式和技术模式。在种类和品种选择上，根据当地的气候条件和市场需求，选择适宜的食用菌种类和品种，如在运输距离较远的山区，选择耐贮存的香菇、木耳等品种；在热带区域，则选择耐高温的毛木耳、灵芝等品种。在生产模式上，根据当地的资源条件和劳动力状况，发展庭院经济、设施农业等多种形式的食用菌生产，既充分利用了当地的资源，又提高了农民的参与度和收益。

在河北承德平泉，食用菌技术团队提出以产品质量和经济质量的提高为目标的发展策略，指导平泉食用菌产业从规模型增长转向提质增效型增长。在全国规模化、专业化、工厂化的产业转型升级背景下，建议平泉不走工厂化转型和快速扩张路线，而是利用当地冷凉气候，坚持农法栽培，推行单元适度的规模化生产夏季菇。技术团队在平泉积极开展夏季香菇优质增效的技术集成示范，通过推广优良品种、良种良繁、富氧养棒、科学管菇、低温采收等系列技术，着力打造夏季香菇优质菇产区。

全产业链推进是该项目的另一大特色。资划所的专家们不仅关注食用菌的栽培环节，还积极参与菌种研发、产品加工、市场销售等全产业链各环节的技术指导和服务。通过建设标准化示范基地、引进加工企业、开展技术培训等方式，构建了完整的产业体系，实现了从菌种到产品、从田间到市场的无缝对接，提高了整个产业的附加值和竞争力，为菇农创造了更多的就业机会和收入来源。例如，在河北承德平泉，资划所协助当地政府创建了国家区域性良种繁育基地，并引入企业实现栽培种的标准化生产，推动当地食用菌产业向规模化、专业化方向发展，使平泉成为全国知名的优质香菇主产区。

第三节　减贫成效

目前，全球范围内能够人工栽培的大型真菌只有 100 种左右，而在中国，成功栽培的大型真菌种类已达 70 多种。通过科学方法人工栽培真菌的历史最长仅有 100 多年，部分种类更是仅有几年的栽培经验。尽管食用菌的栽培历史短，但其投资小、周期短、见效快的特点，使其成为贫困山区农民快速脱贫的经济作物。

在“决胜脱贫攻坚，全面建设小康”战役打响后，诸多贫困县将食用菌产业作为重要抓手。根据产业新区技术基础薄弱的特点，食用菌技术团队设计了企业集约化生产菌种和菌棒、菇农分散出菇的专业化生产模式。技术基础扎实的企业有效避免了杂菌污染和发菌期烧菌风险，而菇农分散出菇管理充分利用了农民劳动力，实现了菇农风险规避和就近就业增收。该模式已成功在湖北十堰、河南三门峡、贵州黔西南、宁夏固原、甘肃庆阳等地推广，实现规模化生产。

在平泉，以家庭经营模式发展的食用菌产业减贫成效尤为显著。该产业已经成了平泉的支柱产业和脱贫产业，2018 年占农民收入的 46%，2023 年占比提高至 49%，香菇成为平泉农民收入的首要来源。

资划所在长期指导燕山与太行山区贫困县平泉的食用菌生产过程中，与当地多部门紧密合作，共同努力，建设了国家区域性食用菌良繁基地、优质菇出口免检生产基地。平泉因此成为了中国最大的优质香菇主产区，香菇价格从过去的平均 4 ~ 6 元 /kg 提高到 8 ~ 12 元 /kg，产品远销海内外。

正是得益于食用菌产业的健康发展，食用菌成了农民的“钱袋子”，助力平泉 2018 年实现脱贫摘帽。2023 年，75% 以上农户（6 万 ~ 20 万棒 / 户）售菇价格每棒达 8 元以上，扣除物料和雇工成本后，每棒收入 3.5 元以上，年总收入 21 万 ~ 70 万元 / 户，投入产出比高达 1 ∶ 1.78 以上。技术掌握更好的农户，每棒产出可达 9 ~ 10 元，扣除物料和雇工成本后每棒收入 4.5 ~ 5.5 元，生产规模 6 万 ~ 20 万棒 / 户，年总收入达到 27 万 ~ 110 万元 / 户，投入产出比 1 ∶（2 ~ 2.22），远超全国平均水平的 1 ∶ 1.5。

第四节　适宜推广区域和国家

食用菌富含高蛋白，能够高效地利用农林废弃物转化为优质的食物蛋白，这对于增加发展中国家民众的蛋白质摄入具有重大意义。在东南亚国家的高海拔区域、中亚的部分山区、东亚的朝鲜以及非洲的南非、中非、赞比亚、坦桑尼亚、肯尼亚等地，食用菌栽培技术具有很大的推广潜力。

在气候条件方面，无论是亚热带、温带、寒带的平原地区，还是山区，均适宜开展食用菌生产。适宜品种和栽培季节选择上需根据当地气候、生产原料及目标市场，种植不同的种类和品种。较为炎热的区域或季节，要选择高温品种，如草菇、鲍鱼菇、灵芝等种类；而冷凉地区和季节，则应选择中低温种类，如木耳、平菇、滑菇、香菇等。

食用菌生产规模灵活，生产方式可工可农，能够根据不同国家市场和产地经济社会条件进行灵活安排。食用菌栽培需要一定的生产设施，如发菌棚、出菇棚和产品冷藏库。作为一种劳动密集型产业，在发展中国家，食用菌生产既可以采用手工劳动，也可以实现半机械化生产。一家一户的小农户生产相较于工厂化生产有特殊优势。工厂化生产的食用菌种类与农业栽培的种类不同，满足的市场需求也不同。目前，工厂化生产主要集中在以菌柄为主要食用部分的种类，如金针菇、杏鲍菇、斑玉蕈等。市场对食用菌种类和商品的需求多样化，工厂化生产种类有限，商品规格较少，为小生产者留下了广阔的市场空间。以菌盖为主要食用部分的种类，由于生长需要更多的氧气，能耗高、周期长、成本高，目前还不适宜工厂化生产，如平菇、香菇等大众化品种。尽管这些种类多由小农户生产经营，但多年的发展已形成产业集群和稳定的市场渠道。

第五节　小结及启示

食用菌栽培种类多，生产技术模式多样。应根据产地的综合条件（气候、资源、运输距离、市场需求等），选择适宜的种类和品种，建构建适宜当地的生产技术模式（设施、方法、组织方式、生产方式），吸纳众多农业人口就业。这不仅有助于增收减贫，还能增加优质蛋白食物供给，提升民众健康水平。

40余年来，食用菌在农民增收中发挥了重要作用，成了中国农民脱贫减贫的重要产业。中国的实践证明，食用菌是一个惠及众多贫困人口的减贫产业，也是大众健康不可或缺的绿色产业。在人口众多，食物匮乏，特别是蛋白质供应不足的发展中国家，食用菌作为脱贫减贫和生产高蛋白食物的可持续发展绿色产业，对推动其健康发展具有重要意义。

第十章
科技赋能 传统茶产业托起山区脱贫梦

案例概要：陕西省安康市地处秦巴山区，受复杂地形制约，经济曾发展缓慢。然而，作为传统老茶区和富硒土壤集中分布区，茶产业发展潜力巨大。自2002年起，中国农业科学院茶叶研究所进驻安康市，开展科技帮扶，推动当地茶产业实现质的飞跃。通过引育并重优化品种、推进标准化建园与茶园分类管理、实现加工机械化、创新制茶工艺、防控茶园害虫等多措并举，构建了完整的茶产业技术体系。历经23年的持续帮扶，产业成效显著，截至2024年末，安康市茶园面积、产量、产值均大幅增长，紫阳县茶产业成为县域首位产业，助力12余万茶农脱贫致富。该项目凭借长期帮扶，形成了全方位的技术帮扶体系，革新了产业观念，将三季采茶改为一季采茶，显著提升了地方产品品质。相关成果在秦巴山区广泛推广，也为国内其他山区茶产业发展提供了借鉴。

第一节　项目简介

茶产业作为中国传统优势农业产业，在脱贫攻坚阶段，凭借其增加农民收入、创造就业机会、助力发展特色产业的多重优势，成为贫困地区脱贫的利器；步入乡村振兴时期，茶产业更是推动产业兴旺、促进生态宜居、助力乡风文明建设，持续为乡村发展注入强大动力，在实现乡村全面振兴进程中发挥着不可替代

作者：曾建明，中国农业科学院茶叶研究所研究员；张帅，中国农业科学院国际合作局国家合作处副处长。

的作用。农业农村部数据显示，832 个国家级贫困县中有 337 个县依靠发展茶产业实现脱贫，其中以茶叶为主导产业的有 150 多个县，先后带动了 1 000 多万贫困地区人口致富增收，累计带动 260 多万贫困人口脱贫致富。

秦巴山区是中国最早茶树栽培和生产贡茶的地区之一，也是中国最古老的茶区之一，地域广袤，横跨陕西、四川、重庆、湖北、河南和甘肃五省一市，地处南北气候的过渡带，域内山峦连绵起伏，峰岭高耸入云，沟谷幽深纵横，地形地貌复杂，垂直气候差异显著。长期以来，复杂的地理环境严重制约着秦巴山区的经济发展，秦巴山区曾是国家集中连片贫困区和国家脱贫攻坚主战场。

中国农业科学院茶叶研究所开展技术帮扶

陕西省安康市位于秦岭和大巴山脉的交汇区，是中国传统的老茶区；这里是中国最大的土壤富硒集中分布区之一，是中国首个经过科学论证的富硒茶产区。

然而，在过去漫长的岁月里，茶叶种植仅是山区人民补贴家用、换取零用钱的副业，规模小且分散。依靠茶叶产业实现致富，一直是地方政府和山区人民心底殷切的期盼。2002 年，中国农业科学院茶叶研究所（以下简称茶叶所）怀着助力脱贫攻坚的决心，深入安康市紫阳县开展科技帮扶工作。以曾建明为首的一批茶叶所专家毅然扎根安康这片土地，在国家茶叶产业技术体系、中国农业科学院创新工程、国家重点研发项目，以及陕西省、安康市、紫阳县各级科技计划和项目的大力支持下，以安康市紫阳县为核心样板，开启了艰难而伟大的探索征程。不断摸索创新山区茶产业的发展路径，构建完善的科技支撑体系，尝试产业化应用模式，以紫阳县这一“点”的成功经验，带动整个区域茶产业的发展，为区域茶产业提供了全方位、体系化的技术支撑。

23 年来，安康茶产业经历了从零星栽培到规模化、标准化种植，从手工作坊加工到现代工业化生产，从摊贩式农副产品到特色名品的跨越式发展；由“副业”发展为紫阳县农业五大支柱产业之首，成为全市覆盖面最广，带动增收能力最强的农业产业，为打赢脱贫攻坚战筑牢了坚实根基。截至 2024 年末，安康市茶园面积从 2002 年的 1.47 万 hm^2 发展到 7.37 万 hm^2，产量从 2 779 t 增长到 47 900 t，产业综合产值达到 340 亿元人民币；培育茶叶生产企业 567 家，其中国家级农业龙头企业 2 家、省级龙头企业 44 家；市级公共品牌“安康富硒茶”连续 5 年跻身全国 20 强。紫阳县更是先后于 2018 年和 2021 年被中国农业科学院列为院脱贫攻坚和乡村振兴科技示范县。

第二节　技术、路径及特色

茶叶作为中国传统的经济作物，是最早实现商品化的农作物之一。自 20 世纪末以来，茶产业进入了“政府培育引导，市场主导竞争”的全面商品化阶段。在这一过程中，塑造核心特质和提升市场竞争能力成为保持产业健康发展的关键因素。自 2002 年以来，安康茶产业相继经历了“培育现代产业基础、激发产业活力、增强市场化能力”三个发展阶段。每一阶段，其产业发展目标、所面临问题以及科技需求侧重点各不相同，因此，科技帮扶的着力点也随之有所区别。然而，每一次技术革新都始终围绕着塑造核心竞争力的主旨。

一、关键技术

茶产业具有产业链长、产业环节多的特点。在安康帮扶过程中，所应用的关键技术涵盖了茶树品种选育、栽培管理、产品加工和质量安全等多个领域。通过这些技术整合，各项技术相互依托，构建了一个较为完善的安康茶产业技术体系。

（一）引育并重，优化品种结构

秦巴山区茶树育种工作相对滞后，尽管主栽的紫阳种拥有深厚的历史底蕴，但由于茶园种性混杂，导致茶叶品质参差不齐、商品性差，严重制约产业发展。在帮扶期间，专家团队秉持“引育并重”的理念，多措并举优化地方茶树品种结构。一是推进紫阳种提纯复壮工作，通过短穗扦插对优异单株进行无性扩繁并推广，从而提升整体品质；二是积极引进中茶 108、中白 1 号等特早生、优质、高抗新品种，经适应性试验种植后，融入当地生产体系，以调整品种结构；三是全力指导开展地方资源育种，利用当地茶树资源，经多年选育，育成陕西省首个无性系茶树新品种——陕茶一号，并建立完善的良种繁育体系，助力推广。此外，团队还聚焦于高聚硒茶树新品种的选育，结合现代生物技术与传统方法，育成了硒茶 1 号等系列品种，利用当地土壤富硒优势，丰富产品种类、提升附加值，为富硒茶产业发展奠定品种基础。

引进茶树新品种中茶 108

引进茶树新品种中白 1 号

（二）推进标准化建园，奠定现代茶产业基础

在老茶区，传统的“丛栽”栽培方式曾长期占据主导地位。然而，该栽培方式存在诸多弊端：土地利用率极低，大片土地未能得到充分合理的利用；生产劳动效率水平低下，耗费大量人力却难以获得与之匹配的产出。此外，丛栽茶园极易杂草滋生，与茶树争夺养分、水分和阳光，还为病虫害的滋生提供了温床，严重影响茶树生长和茶叶品质。为改变这一现状，推广坡改梯、陡坡茶园高条植以及台地 / 缓坡茶园双行双株条植等先进技术在新茶园建设中的应用成为必然趋势。这些技术能够有效防止水土流失，改善茶园的地形条件，为茶树生长创造更稳定的环境；通过科学的植株配置，提高土地利用率，便于茶园机械化作业和日常管理，极大地提升了劳动生产效率。这些技术的广泛应用，为现代茶产业的规模化和高效化发展奠定了坚实基础。

（三）开展茶园分类管理，提高茶园经济性能

秦巴山区茶园立地条件（坡度）总体较差，其中相当比例的茶园坡度超过 25°，部分甚至达到 80° 左右。在传统的“三季采茶”生产方式管理下，坡地茶园普遍存在茶树生长势弱、鲜叶质量差和产量低以及经济效益低等问题。为提高茶园经济效益，建立了依据园地坡度进行茶园分类的标准方法，将坡度超过 25° 的茶园定义为陡坡茶园，坡度 25° 以下的茶园定义为台地 / 缓坡茶园，并针对

不同类型茶园构建相应的生产模式。陡坡茶园采用“一季采茶，三季养树”的生产模式，该模式下鲜叶采摘期为 3 月中旬至 5 月上旬，春茶结束后立即进行重修剪养树，直至第二年春茶开采前，新模式有效提高了春茶产量和质量，茶园效益平均增长 46% 以上；台地 / 缓坡茶园采用“三季采茶，采养结合”的栽培模式，该模式结合手工采茶与鲜叶机采，动态平衡经济产量与生物产量的关系，实现了产量、质量和节本的三者统一，新模式下单位面积茶园产值较传统方式提高 15% 以上。

陡坡茶园和台地 / 缓坡茶园

（四）推进加工机械化，实现名优茶量产

实现机械化是推进茶产业可持续发展的关键所在，也是实现名优茶量产的核

心要素。安康茶区依据自身不同的发展阶段，积极探索并大力推广适宜的技术。先后推动名优茶加工单机作业和连续化清洁化加工技术，成功助力安康茶区实现了从“老、大、粗”的传统陕青大宗茶向“精、细、美”的名优茶转变。机械化加工成为安康茶区名优茶实现量产的关键驱动力，不仅提升了茶叶品质，更推动了整个茶产业的蓬勃发展。

（五）传统与现代结合，创新复原传统风味

规模化生产与传统风味保持是茶叶机械化加工中长期存在的一对矛盾。团队在深入研究“温度、时间、水热对流”等工艺参数与品质形成关系的基础上，对制茶工艺进行优化创新，开发创制了“硒香茶”新产品。该产品外形细紧卷曲，栗香明显，滋味醇厚甘爽，具有典型的传统手工名优茶风味特征，得到了广大消费者的高度认可，成为紫阳高品质绿茶的代表。依托“硒香茶”的卓越品质和良好口碑，紫阳县焕古庄园富硒茶业科技有限公司在市场上不断拓展业务版图，实现了营业收入的稳步增长，2024 年，营业收入达 6 141.96 万元。

（六）茶园主要害虫的绿色防控技术

在深入研究紫阳茶园主要害虫发生规律的基础上，构建了针对茶小绿叶蝉和茶网蝽等主要害虫的绿色防控技术，推广应用了茶园小型害虫捕捉仪、红黄双色诱虫板、性诱剂等系列物理和生物防治新技术，优化了化学农药应急防治技术。新技术体系实现了茶网蝽等主要害虫绿色防控，保障了产品质量安全。

病虫害绿色防控技术设备

病虫害绿色防控技术设备（续）

二、技术路径

产业科技帮扶重点在于根据应用场景（产区特点、产业需求）构建符合特定需求的技术体系，着重实效性。因此，安康茶产业科技帮扶始终坚持市场需求导向和产业问题导向，强调集成创新和原始创新相结合，坚持示范和产业化联动，兼顾守正与创新。

（一）需求导向确定帮扶重点任务

自 2002 年以来，安康茶产业科技帮扶工作历经三个主要阶段。第一阶段（2002—2012 年）旨在培育现代产业基础：一是推进标准化建园，扩大产业规模，实现从零散栽种向标准化生产的转变；二是推动茶叶加工从手工锅炒向机械化转型。2012 年底，全市茶园面积达 3.2 万 hm^2，较 10 年前增长 1.2 倍，茶叶加工基本实现机械化。第二阶段（2013—2020 年），着重增强竞争能力，实现产业增效、茶农增收，激发内生活力，实现产业脱贫。主要工作包括：协助政府建立适合山区特色的产业组织模式，实现鲜叶到产品、产品到商品的转化；研究构建具有秦巴山区特色的技术体系，提升产业竞争力和效益，激发企业和茶农积极性。2019 年底，茶产业覆盖全市 10 县区 108 个镇（街道办），茶园面积达 7.15 万 hm^2，从业人数突破 40 万人，产值 282.08 亿元。全市 315 个行政村 3.9 万贫困户以茶脱贫，茶产业被安康市委、市政府确认为脱贫覆盖度最广、增效能力最强的脱贫产业。第三阶段（2021 年至今），面对新冠疫情冲击和产能过剩的双重压力，茶产业面临消费习惯和营销方式深度转型带来的产业组织方式变革和竞争力重塑。新形势下，推进产业组织从“小、多、散”向“有组织、规模化、标准化”发展，建立兼具“活力”和“标准化”双重特质的集约化发展模式，成为巩固拓展脱贫攻坚成果的必然选择和首要任务。

（二）任务导向开展靶向技术支撑

在初始阶段，因产业基础薄弱，企业和茶农科技意识和创新意识淡薄，技术支撑以成熟技术导入为主，将标准化建园、优良品种引种、名优茶机制加工等成熟单项技术直接应用于新茶园建设和名优茶开发，短期内快速形成产业技术底盘，实现从传统经验型向科技引导型的转型。第二阶段，产业基础初步形成后，科技支撑从单纯的技术导入转入技术导入与靶向创新相结合，通过集成创新逐步实现产业技术的地方特色化和体系化。此阶段，通过原始创新研发了“硒香茶”生产技术、培育了陕茶一号新品种等一批原创性成果，提出了陡坡山区“一季采茶，三季养树”和台地 / 缓坡“三季采茶，采养结合”的高效栽培模式。第三阶段，建立兼具“活力”与“标准化”的集约化发展模式，离不开经营主体的多元化和产品标准化。为此，团队提出以产品标准为导向，推进从鲜叶原料生产到初制加工的规范化，实现初制加工主体多元化、精制加工集约化和终端商品标准化。为推进标准化，制定了《紫阳富硒茶生产技术规程综合体》，规范鲜叶原料生产过程、初制加工场地（车间）、加工工艺和设备，并联合紫阳县政府推进初制加工企业的对标改造，为初制产品质量统一奠定了基础。

（三）培育科技样板，引领产业发展

身边人、身边事是最具说服力，帮扶团队重视培育“看得见，可模仿”的样板。在紫阳县的不断探索，逐步形成了“茶农 + 企业 + 示范村 + 示范镇”四级示范体系。示范茶农是最小也是最基层的科技示范单元，通过对栽培模式变革和栽培措施优化，将张仁贵、袁仁发等一批建档立卡贫困户和普遍户发展成了年鲜叶收入超过 30 万元的标杆户，有效激发了广大茶农发展茶产业的内生动力。企业是联接农民与市场、实现叶子变商品的关键节点，其发展水平直接影响产业效益。帮扶期间，团队通过生产工艺改进、新产品创制、产品营销体系建立、联合开展科研攻关等全链条的技术支撑，将陕西省紫阳县焕古庄园富硒茶业科技有限公司等 5 家企业（作坊）培育为省级农业龙头企业，2 家企业被认定为省级高新技术企业。焕古镇大连村是一个陡坡山区茶专业村，通过整村推进“一季采茶，三季养树”栽培模式，培育龙头企业和产业社会化专业服务，实现了坡度 30°以上的茶园平均鲜叶亩产值超 1 万元的高产水平，成了省、市闻名的茶叶重点村。焕古示范镇在帮扶团队的支持下，茶产业高速发展，现有茶叶企业 102 家，销售企业 160 余家，3 万亩茶园产值达到 6 亿元，先后获评国家产业强镇、全国“一村一品”示范村镇（绿茶）和陕西省乡村振兴示范镇。

（四）技术产业化应用推动产业高质量发展

技术产业化应用作为推动产业高质量发展的核心驱动力，在区域经济增长与产业升级中起着关键作用。为深度践行帮扶技术的产业化落地，在市、县两级政府全力扶持下，帮扶团队以示范基地为依托，联动市、县各产业主管部门及专业技术人员，通过创新采用技术培训、现场实操指导与线上远程答疑等多元方式，全面开展技术进村入户行动。23 年来，帮扶团队精心协同举办各类专业培训班近 500 场次，包括 2 次跨秦巴山区五省一市的大规模现场示范观摩会，搭建起区域间技术交流的重要平台；12 次地市级专项培育活动，有效提升了当地技术应用与产业发展水平，累计吸引近 3 万人次参与，极大地提高了技术在基层的普及度与应用能力。凭借示范基地的引领以及培训辐射效应，有力推进了技术的产业化应用，助力紫阳县茶产业在效益、企业规模与质量上领先秦巴山区各产茶县（区），截至 2024 年末，紫阳全县茶业综合产值近 70 亿元，多年稳居全国 30 强，拥有 1 家国家级农业龙头企业、7 家省级龙头企业、143 家 SC 认证企业，形成极具竞争力的产业集群，为县域经济发展注入了强劲动力。

技术培训会

三、项目特色

一是长期持续帮扶，铸就坚实根基。依托长达 23 年的持续帮扶，不断优化完善产业基础，逐渐构建涵盖技术支持、人才培养、产业规划等全方位的帮扶体系。推动紫阳茶产业从最初的田边地角零星种植的 5 万亩左右发展到 25.9 万亩，从“副业”蜕变为首位产业。23 年来，在紫阳县委、县政府的支持下，茶叶所科技人员扎根山区，坚定不移地支撑产业发展，充分掌握与了解了紫阳县的切实需求，确保每一项帮扶行动都能精准落地，真正惠及民生，为项目的成功实施奠定了无比坚实的基础。

二是产业观念革新，引领质量升级。紫阳茶区长期遵循三季采茶模式，虽产量可观，但茶叶品质参差不齐，难以在高端市场立足。项目团队经过深入研究与分析，果断提出将三季采茶转变为一季采茶的创新性理念。这一转变并非简单的采摘次数减少，而是从源头对茶叶生长周期进行科学调控。一季采茶使得茶树有更充裕的时间积累养分，茶叶的内含物质更为丰富，口感更加醇厚，香气更为浓郁。同时，在种植、采摘、加工等各个环节，严格执行高标准的质量管控体系，引入先进的技术与设备，确保每一片茶叶都能达到高品质标准。产业观念的革新，不仅提升了产品附加值，增强了市场竞争力，更为当地产业可持续发展注入了新的活力，引领产业高质量发展。

第三节　减贫成效

安康市曾是秦巴山区深度贫困集中区，2011 年前，贫困发生率高达总人口的 1/3。在此严峻形势下，安康市委、市政府精准施策，将茶产业选定为重点脱贫产业全力扶持。脱贫攻坚期间，安康全市 10 县区 108 个镇办积极投身茶产业，成绩斐然，据 2020 年 6 月 1 日中央电视台报道，全市 315 个贫困村、3.9 万贫困户和 12.3 万贫困人口，依托茶产业成功脱贫。安康“富硒茶”一跃成为全市覆盖范围最广、带动增收能力最为强劲的农业产业，撑起脱贫攻坚的一片天。

紫阳县作为安康市昔日有名的特困县，2013 年时贫困人口占比仍高达 30%。历经数年拼搏，2020 年 2 月，这座山区县成功实现脱贫摘帽，茶产业在其中厥功至伟。数据显示，2020 年紫阳县 175 个行政村中，有 140 个村大力发展茶产业，茶园总面积拓展至 25.28 万亩，涉茶农民超 12 万人，茶产业收入在全县农业总收入中占比达 40%。脱贫之后，紫阳县委、县政府高瞻远瞩，将茶产业确定为县域首位产业，持续深耕。截至 2024 年末，紫阳县茶产业发展态势愈发强劲。茶园面积稳健维持在 26 万亩，年综合产值飙升至 70 亿元。全县布局现代农业茶叶产业园区 66 个，其中国家级 3 个、市级 27 个。茶叶加工企业数量多达 441 家，涵盖 2 家全国茶业百强茶企、31 家市级“规上”茶企，1 家全省茶产业链链主企业、11 家全市茶产业链链主企业以及 17 家全县茶产业链链主企业，茶产业集群效应凸显，为巩固脱贫成果、推动乡村振兴注入源源不断的动力。

第四节　适宜推广区域和国家

该项目集成的创新技术，现阶段已在秦巴山区的 50 个产茶县区实现全面推广应用，从海拔较低、气候相对温和的区域，到海拔较高、气温稍低的山区，技术均能稳定发挥作用，帮助茶农有效提升茶叶产量与品质。其中引进的中茶 108 为国家级优良茶树品种，适合中国所有茶叶产区引进种植；生产加工技术因其先进性和可控性，同样适宜推广至中国各产茶区；项目集成的栽培技术针对山区茶园适应性强，适宜在山地茶区予以推广。

长期实践充分证明，该项目所构建的产业发展思路极具前瞻性与可行性。这一思路并非局限于秦巴山区特定环境，而是拥有强大的普适性，完全能够为国内其他山区的茶产业发展提供极具价值的借鉴与参考。无论是西南山区、东南丘陵山区，还是其他具备相似地理特征、气候条件以及产业基础的山区，都能依据自身实际情况，灵活运用本项目的产业发展思路，探索出契合当地茶产业的发展路径，从而推动国内山区茶产业整体实现高质量发展。

第五节　小结及启示

该项目根据区域生态资源、产业特色和发展阶段，通过集成创新与定向研发相结合，建立起与紫阳茶产业相适应的技术体系，通过政府、科研院所、企业和茶农的整体协作，以高效示范基地为样板辐射带动产业技术的全面推广应用。

该项目启示包括以下 3 点。一是钉钉子精神。一个地区的产业培育，特别是多年生作物产业培育，是一个较为漫长的过程，无论是地方政府、企业还是科技支撑单位，都需要有锲而不舍的精神、持之以恒的坚持。二是与时俱进。在产业发展的历程中，社会经济发展水平、产业发展阶段、消费需求更迭等都会不断发生演变，这需要科技支撑单位具有较强的洞察能力，因时因势推进产业技术的变革，以适应新的形势，打造新的产业优势，增强产业活力，克服产业周期律。三是各方同心。发展农业产业不仅是政府、企业、农民或科研单位某一方或几方的责任，而是全社会关联方共同的责任。因此，发展产业需将所有关联方进行资源整合，统一发展思路，明确发展方向，形成向心力和合力，为高效发展提供良好的环境氛围。

第十一章
良种兴棉 助推棉花产业蝶变升级与富民增收

案例概要：中国、乌兹别克斯坦两国在农业领域，尤其是棉花产业方面，展现出显著的优势互补性。中国农业科学院棉花研究所联合乌兹别克斯坦棉花研究所建设的“河南省‘一带一路’棉花技术合作国际联合实验室”，促进了棉花技术输出与科技人才交流，提升了乌兹别克斯坦的棉花产能和科研水平。该实验室聚焦于优势互补产业领域，以标准推广、产能合作和人才培训为主，致力于实现双方互利共赢。通过推动棉花品种和技术“走出去”以及原棉“引进来”，联合实验室促进了中国 - 中亚棉花产业的一体化发展，不仅实现了双方共赢，更构建了国际棉花全产业新格局。

第一节　项目简介

为深入贯彻落实共建“一带一路”倡议，推进中国 - 中亚棉花科技及产业合作，自 2017 年起，中国农业科学院棉花研究所（以下简称中棉所）依托相关中亚项目，在乌兹别克斯坦等中亚主产棉国家多点、大面积建设了“棉花科技示范园区”，着力示范推广中国植棉技术，取得显著成效，赢得了当地政府的高度认可和重视。

2020 年 2 月，河南省科学技术厅发布《关于同意培育 2019 年度河南省国际

作者：马雄风，中国农业科学院棉花研究所研究员；张帅，中国农业科学院国际合作局国家合作处副处长。

联合实验室的通知》(豫科〔2020〕23号),正式批准并决定培育41家省级国际联合实验室。其中,中棉所与乌兹别克斯坦棉花研究所申请建设的“河南省‘一带一路’棉花技术合作国际联合实验室”(以下简称联合实验室)获得批准。

种质资源引进与新品种培育。联合实验室成立以来,从乌兹别克斯坦、西班牙、津巴布韦、美国等国家共引进种质资源1 087份,极大地扩充了中国种质资源存储量,丰富了中国棉花种质资源的多样性,扩充了中国棉花育种基因库;实验室培育的中棉所49、中棉所65和中棉113三个棉花品种经农业农村部审定,成功获得进出口种子经营许可证和海关报关登记证书,带动了中亚棉花产业发展,提高了棉农收益。中棉所44、中棉所46、中棉所49、中棉所77和中棉所59通过吉尔吉斯斯坦审定。

配套栽培技术推广。中棉所在乌兹别克斯坦锡尔河州、纳曼干州、费尔干纳州、安吉延州建立了4个示范基地,推广应用棉花覆膜栽培技术、配方施肥技术、半精量棉花覆膜播种机、棉花化学调控技术等,使产量较当地水平提高1倍以上,棉花全生育期耗水仅为原来的1/3。

技术培训。中棉所举办了乌兹别克斯坦棉花春播大会,并组织培训当地植棉技术人员、植棉大户及棉农近千人,起到了良好的示范和带动效应。中棉所的节水灌溉植棉技术受到乌兹别克斯坦国家电视台《24小时》采访和报道。中国棉花领域从资源、育种、栽培植保技术到示范推广培训,全方面开拓国际市场。

联合实验室取得的成果辐射带动“一带一路”共建国家。开展棉花全产业链科技创新合作,并将成熟技术、产品和服务输出至乌兹别克斯坦、塔吉克斯坦、巴基斯坦、埃及等“一带一路”共建国家。这些成果为中棉所研发的棉花品种及植棉技术进一步走向国际奠定了坚实基础,极大地提升了中国棉花基础研究和应用基础研究在国际上的影响力。

第二节 技术、路径及特色

一、关键技术

联合实验室依托中棉所和乌兹别克斯坦棉花育种、种子生产和农业技术研究所等国外单位优势科研力量，联合开展棉花种质资源的搜集、评价、新品种培育、配套栽培技术集成、区域试验和成果转化等多项研究。

在种质资源方面，中国与乌兹别克斯坦、巴基斯坦、津巴布韦等国家深化种质资源合作，中棉所培育的 6 个棉花品种获准出口至乌兹别克斯坦和塔吉克斯坦。其中，中棉 113 品种通过塔吉克斯坦国家审定，推动了当地棉花品种的升级换代。

在技术集成方面，中棉所在乌兹别克斯坦按“1+3”模式（即以锡尔河州为主，纳曼干州、费尔干纳州、安吉延州为辅）建立了“中国棉花科技示范园”，合作开展技术培训和示范宣传，通过输出实验室植棉技术，示范园的产量达到当地的 2 倍以上，而耗水量仅为当地水平的 1/3，取得的显著成效受到国内外相关部门高层领导的高度关注，乌兹别克斯坦政府颁发总统令，要求引进推广中国植棉技术。

在实验室建设方面，向乌兹别克斯坦农业机构捐赠实验室设备、种子加工设备、农机设备，共计投资超过 1 500 万元，为实验室在国外顺利开展工作奠定了良好基础。

二、技术路径

联合实验室根据双方产业发展现状和需求，主要聚焦于优势互补产业领域，以标准推广、产能合作、人才培训为主，同时根据乌兹别克斯坦棉花种质资源的优势，开展优势资源互补等部分工作。主要围绕科技创新、成果示范和转化、人才培训和政策支持等方面开展，共设立 6 个专业实验室。

（一）科技创新

生物技术实验室。将棉花基因组研究成果与现代生物技术充分结合，开展纤维发育、抗旱耐盐碱、早熟等基因克隆和分子机理研究，并开展遗传转化等相关研究，创制新种质。

资源与育种实验室。结合当地气候条件，通过种质资源交流，发挥现代生物技术的优势，研发不同生育期、品种类型良种，遴选出适合当地自然条件和生产栽培水平的品种，为良种良法配套和大面积推广应用奠定基础。

（二）成果转化和示范

病虫草害防治实验室。开展重点病虫害监测预报，深入研究重点病虫害发生规律及防控技术，科学指导病虫防控。通过农业、物理、生物农药和化学农药等病虫害防治技术示范，总结提出适合当地的棉花病虫综合防控技术体系，提高了防治水平，减少了产量损失，降低了农药污染，保障了棉花质量安全。

水肥利用与化学调控实验室。制定测土配方施肥推荐方案，解决土壤肥力低、肥料效益不明、盲目施肥乃至后期脱肥等问题，优化有限肥料资源的配置，为推广应用测土配方施肥提供技术支撑。同时开展棉花滴灌栽培技术研究，通过精确控制灌水量和施肥等田间管理措施的综合应用，提高水肥利用率，增加棉花产量。

主产棉区综合试验站。根据各种试验数据和研究成果，将先进实用技术与当地传统农艺相结合，筛选各主产棉区适宜品种，以高产为目标，探索高产栽培规律，总结高产栽培技术规程，为大面积推广应用提供技术储备。

（三）人才培训和政策支持

信息与培训中心。负责主产棉区各类棉花产业相关数据的收集、整理和共享。组织相关地区专家学者进行学术交流，针对棉花主产区需求，开展棉花重大成果及配套技术的培训交流。实验室多次承办商务部、科技部援外培训，举办国际交流会，累计培训人员 300 多人次。联合实验室负责人纳玛佐夫·沙德曼（Namazov Shadman）先生，于 2023 年被评为乌兹别克斯坦科学院院士。

（四）期望发挥的重要作用

一是合作研究的平台。联合实验室将成为棉花科技创新、新品种培育及配套综合技术研发的平台；同时亦作为向国际社会及相关地区寻求资金的桥梁。二是培训与科学交流的中心。联合实验室通过举办或协助开展国际、国内和地区性的培训，推动棉花产业领域的科学交流及合作项目的实施，成为双方培训和科学交流的基地。三是成果示范与转化的基地。联合实验室将作为成果示范与转化基地，推广品种、栽培、植保、机械等先进的生产技术，短期内大幅度提升了乌兹别克斯坦的棉花生产水平。四是咨询服务的机构。联合实验室将为农业农村部提供政策咨询，并就中国与乌兹别克斯坦及全球在棉花产业领域的合作提出相关建议。

三、项目特色

中亚是传统的植棉地区，棉花在中亚五国的农业生产中仍占据重要地位，但其科技力量薄弱，生产水平与技术远落后于中国。目前，中亚部分国家希望引进中国棉花品种和种植技术，以提高本国棉花产量，激发棉农积极性，这为双方开展棉花产能合作提供了重要契机。实施该项目不仅有助于中亚国家恢复棉花生产，增加当地农民收入，进而促进当地局势稳定，而且契合中国与周边国家发展睦邻友好合作关系的战略方针。此外，该项目还带动中亚生产的原棉及纺织品回流国内，有利于南疆纺织服装业的发展，为少数民族地区创造就业机会，提高当地人民收入水平，加快新疆地区人口聚集，促进当地社会稳定。

同时，实施“一带一路”中亚棉花产学研一体化技术合作项目，是满足加强与中亚国家国际合作人才培养需求的必然选择。国家主席习近平在“一带一路”国际合作高峰论坛开幕式上明确指出，未来 5 年内将安排 2 500 人次青年科学家来华从事短期科研工作，培训 5 000 人次科学技术和管理人员，并投入运行 50 家联合实验室。鉴于中国农业现有国际合作人才不足，该项目的实施将充分发挥国家棉花产业联盟在“科研生产－加工流通－纺织服装”全产业链一体化的优势，带动中国棉种、农机具、植棉技术及人才的输出，并培训境外学员，构建境外农业开发人力资源库，为企业“走出去”提供人力支撑。此举将推进中国棉花先进科技成果在中亚各国的转化和产业化，进一步提升中亚棉花生产水平，促进中国农资、农机装备出口，推动低价原棉进口贸易，为“费尔干纳盆地大棉区”的建设奠定基础，打造世界级棉花产业经济区，助力构建棉花“丝绸之路经济带”。

第三节　减贫成效

2024 年，由院士组成的测产专家组对新疆维吾尔自治区昌吉回族自治州老龙河基地种植的中棉 113 进行了田间测产。结果显示，百亩示范田平均籽棉亩产高达 750.3 kg，千亩示范田平均籽棉亩产则为 637.7 kg。中棉 113 由中棉所与甘肃省农业科学院作物研究所联合选育，并于 2020 年成功引种至新疆进行示范种植。该品种生育期 110 天左右，具有早熟、优质、长势稳健、抗逆性强、吐絮畅、稳产高产、适宜机采等特征，有效打破了传统棉花生产中产量与纤维品质之间的负相关关系，实现了双增长。其纤维长度 31.3 mm，断裂比强度 33.6 cN/tex，马克隆值 4.4，衣分 45% ~ 48%，综合品质优异，已成为确保新疆北疆地区高品质棉花稳定供应的优良品种。

乌兹别克斯坦等中亚国家作为世界传统植棉区，曾占据全球棉花总产量的70%。然而，由于农业科技的落后，其棉花单产不足中国的 1/3。乌兹别克斯坦对中国棉花品种及生产技术需求迫切，2018 年，中棉所联合乌兹别克斯坦棉花研究所、乌兹别克斯坦锡尔河州鹏盛工业园区，制定了“1+3”科技示范园建设模式，并制定了棉花绿色节本增效植棉试验方案。最终，实测产量达到 5 000 kg/hm^2（为当地水平的 2 倍以上），全生育期每公顷耗水量只有 1 500 m^3（为当地水平的 1/3）。乌兹别克斯坦总统颁布总统令，全国推广（中棉所）“鹏盛”示范区植棉技术，要求全国 10% 的棉田（150 万亩）从 2019 年开始使用中棉所植棉技术，并指示乌兹别克斯坦创新部牵头，联合农业部、经济部、石油部、科学院、农业大学组成引进中国植棉技术委员会，专门从事中国植棉技术引进工作。

至今为止，通过建立“中国－乌兹棉花联合实验室”和“中国棉花科技示范园”、举办技术培训班、派遣专家指导等方式，将先进的植棉技术、高产优质棉花品种、节水灌溉技术、精准施肥技术、病虫害综合防治技术推广至乌兹别克斯坦。中棉所栽培技术累计推广面积超过 2 万 hm^2，覆盖小农户数量超过 7 000 户。该技术在乌兹别克斯坦推广应用后，棉花单产平均提高 70%，有效提升了当地棉花产量。生产成本降低，棉花增产带动了农民收入增加，种植中棉所棉花品种的农户，水资源利用效率提高 33%，农药使用量减少 25%，化肥使用量减少 20%，平均每公顷增收 200 ~ 300 美元，有效改善了当地农民生活水平，并减少了环境污染。

乌兹别克斯坦农业部致信中国农业科学院，就双方农业领域的紧密合作表示感谢，对“中棉所鹏盛现代植棉技术示范园区”的工作表示肯定，并期待未来与中国农业科学院的进一步联系与合作。在乌兹别克斯坦农业节期间，乌兹别克斯坦农业部部长考德加耶夫鉴于中棉所所长李付广“对乌兹别克斯坦共和国农业科研领域所做的工作、所给予的支持和所作出的宝贵贡献”，为其颁发了最高嘉奖，且乌兹别克斯坦棉花所所长拉夫山诺夫专为此致信祝贺。

中亚地区普遍缺水，水资源的高效利用是各国关注的重点。中国在膜下滴灌、微灌、喷灌、渗灌等技术方面相对成熟。在农产品种植的水资源利用方面，中国的节水灌溉技术为中亚地区的种植产业提供了有力支撑。2021 年，中国援助吉尔吉斯斯坦的灌溉系统改造工程竣工。该项目位于吉尔吉斯斯坦伊塞克湖州和巴特肯州的 3 个灌区，涉及农业灌溉渠和附属结构的新建、维修和改扩建。项目建成后，为吉尔吉斯斯坦增加了 2 310 hm^2 灌溉面积，提高了 1.11 万 hm^2 灌溉土地的供水保证率，受益人口达 2 万人。此外，项目还促进了“一带一路”共建国家种植业和畜牧业发展，提高了当地居民生活水平。

第四节　适宜推广区域和国家

中棉所 44、中棉所 59 均已通过吉尔吉斯斯坦审定，基于中国的品种和技术推广面积已超过 15 万亩，有效提高了当地棉花单产，增幅达 60% 以上。

农业是塔吉克斯坦的支柱产业之一，但长期以来技术水平不高始终是其发展瓶颈。中棉 113 通过塔吉克斯坦的审定，为中棉所与中亚国家开展“一带一路”棉花科技合作打开了新局面。中国技术人员精心选种，引进铺膜播种等先进技术，并制定了详细的农业技术规程，明确了播种、施肥、打药的时间点和操作规范。多年来，他们坚持与当地农户共同劳作，把当地的棉花亩产从原来的 100 多千克提高到 200 kg。施肥量、播期等因素对棉花产量影响很大，必须因地制宜。近年来，已将 67 个适宜当地种植的优质棉花、小麦、玉米品种引入塔吉克斯坦。

目前，合作或接受技术帮扶的农田超过 3 万亩，受益农户近 500 户。“在示范地播种时，当地农户会同步进行。打药时，只要经济条件允许，当地农户也会跟进。”当地农户说：“中国企业带来的技术效果如何，四处走走就能一目了然。长势最好的棉田，采用的都是中国技术。”

第五节　小结及启示

棉花在中国不仅是重要的经济作物，更是纺织工业原料。长期以来，中国一直是全球最大的原棉生产国、原棉消费国、原棉进口国及棉纺织品出口国。然而随着纺织工业的发展，中国棉花消费量持续攀升。自 2004 年起，中国平均每年需进口原棉约 200 万 t，供需矛盾日益凸显，预计到 2030 年，棉花需求量将达到 100 万 ~ 1 300 万 t，而国内自给率仅能维持在 40% 左右。目前，棉花已跃升为中国继大豆和食用油之后的第三大进口农产品。其中，从美国和澳大利亚进口的棉花占到中国进口原棉的一半以上。由于美国等出口国的巨额补贴，价格优势显著的进口原棉对中国棉花产业造成了严重冲击，导致中国纺织业产业链日趋脆弱。

面对中国原棉进口量居高不下、进口渠道单一；粮、棉争地矛盾日益加剧；国内棉区水资源相对匮乏，影响棉花产业可持续发展；国家棉花安全及纺织业可持续发展前景堪忧等严峻挑战，中国棉花产业亟须多措并举。一方面，应继续加强科技创新、提升自身研发能力、拓展新棉区、提高原棉自给率；另一方面，借助国家“一带一路”倡议的东风，若能将棉花生产布局至水资源、土地资源、劳动力资源相对丰富，但种植技术落后、纺织业产业链不完善的中亚地区，深化与中亚各产棉国的科技与产业合作，必将推动中亚棉花产业实现质的飞跃，促进中亚农业经济长足发展，充分发挥“一带一路”倡议的示范效应。同时，此举也有助于拓宽中国原棉的进口渠道，打破中长期依靠单一国家的局面，实现棉花进口来源多元化，确保中国原棉的稳定供应和纺织业的可持续发展。此外，通过引进和应用乌兹别克斯坦丰富的棉花种质资源，也必将推动中国棉花科技的进步。

第十二章
花卉科技
助力特色产业地区脱贫攻坚

案例概要：花卉产业作为一项美丽产业，已成为满足人民日益增长的美好生活需要，助力脱贫攻坚和推动乡村振兴的重要途径。中国农业科学院蔬菜花卉研究所长期开展花卉种质资源与遗传育种、繁育栽培技术研发与推广。针对全国特色花卉产区存在的关键性产业问题，该所围绕重要野生花卉资源的保护与利用、优质高抗新品种的选育、绿色高效繁育栽培技术、高附加值精深加工技术研发等多个方面开展了大量工作，获得了一系列花卉新品种和新技术成果。这些成果在特色花卉产区进行示范推广与应用，推动了当地花卉产业发展的高质量可持续发展，为我国打赢脱贫攻坚战作出了重要贡献。

第一节　项目简介

我国已经成为世界上最大的花卉生产国、重要消费国和贸易国。据中国花卉协会的统计数据，全国花卉种植面积高达 138.99 万 hm^2，拥有近 22 万家种苗花卉企业，年产值超过 5 200 多亿元，花卉产业从业人员超过 534 万人，其中花农近 180 万户。同时，我国也是世界上重要的花卉贸易国。2024 年，我国花卉进出口贸易总额达 7.82 亿美元，其中出口额达 5.16 亿美元，同比增长 17.78%。作为一项美丽产业，花卉产业越来越成为满足人民日益增长的美好生活需要、推动

作者：杨树华，中国农业科学院蔬菜花卉研究所研究员；毕洁颖，中国农业科学院海外农业研究中心办公室主任。

乡村振兴和实现中国梦的重要途径。

中国农业科学院蔬菜花卉研究所（以下简称蔬菜花卉所）长期致力于开展月季、百合、兰花、牡丹、菊花等中国起源重要花卉种质资源保存、评价与利用，以及遗传育种技术研发与新优品种选育、高效繁育栽培技术研发及产业化推广等工作。先后完成兜兰、百合、牡丹、玫瑰等野生花卉资源的遗传多样性评价、保护与利用，选育出月季、菊花、百合、牡丹、兰花等观赏、食用或加工兼用新优品种选育，并研发出组织培养、种苗（种球）生产及高效栽培技术。研发的新品种与新技术在河南省南阳市、湖南省龙山县、贵州省兴义市、山东省菏泽市、山东省平阴县、江苏省东海县等全国各地示范推广与应用，推动了当地特色花卉产业的高质量发展，促进了农民增收致富，为夺取全国脱贫攻坚的全面胜利贡献了重要力量。同时，通过一二三产业深度融合，加速形成新质生产力，为当地乡村振兴注入新动能，取得了良好成效。

第二节　技术、路径及特色

一、关键技术

（一）特色野生花卉资源保护与利用技术

加强野生动植物的保护已成为全球共识。1975 年 7 月 1 日，《濒危野生动植物种国际贸易公约》（CITES）正式生效，旨在通过限制某些物种的贸易来防止物种灭绝。中国是世界上植物种类最为丰富的国家之一，是许多名贵花卉的世界起源中心和野生花卉资源的宝库。例如，我国拥有全球近半数或超过半数的月季、菊花、百合、牡丹、绣球等重要花卉的野生种，以及兰科植物 194 属 1 300 余种（包括约 500 个特有种）。但是，随着经济发展，自然植被受到人为干预或破坏，许多野生花卉资源因高昂的经济价值而频遭盗挖盗采，甚至濒临灭绝。

为了更好地保护这些优良野生花卉资源，蔬菜花卉所依托国家公益性行业（农业）科研专项“国家重点保护野生花卉人工驯化繁殖及栽培技术研究与示范（201203071）”等项目，开展了兰花、百合、牡丹等珍稀野生种的高效繁殖及栽培技术研发，攻克了野生兰花组织培养无菌播种、野生百合种球鳞片扦插繁殖、野生牡丹种子上胚轴休眠快速解除等关键技术，实现了上述花卉种类的规模化人工培育，使其成为现代花卉产品。随着稀缺程度的降低，交易价格大幅下降，盗挖盗采行为显著减少。通过将扩繁种苗在原生境条件下进行野外回归，有效延缓了稀有或濒危的速度，实现了野生花卉资源的持续保护与永续利用。

（二）优质高抗花卉新品种选育技术

随着经济飞速发展和生活水平的显著提高，人们对花卉产品的需求增长，不仅追求种类的新颖、奇特与多样化，还对传统花卉的花形、色彩和香味及抗逆性等方面都提出了更高要求。目前，国内市场流行的商品花卉品种多源自国外育种企业，由于国内外气候、设施和栽培条件的差异，许多品种在生产中易感病、冬季产量低、退化严重。因此，开展适应我国气候环境和栽培条件的优质高抗花卉新品种选育具有重要意义。

在国家 863 计划课题“月季、菊花、百合分子育种与品种创制（2011AA100208）”、国家重点研发计划项目“花卉高效育种技术与品种创制（2019YFD1001000）”等科研项目的资助下，蔬菜花卉所组织科研力量开展优质高抗花卉新品种选育攻关。充分利用我国优良野生花卉资源，如抗寒性极强的新疆弯刺蔷薇（*Rosa beggeriana*）、具有明亮黄色花瓣的黄牡丹（*Paeonia delavayi* var. *lutea*）等，进行远缘杂交授粉，并结合辐射诱变和分子标记辅助选择等技术，育成一批花色新颖、花香馥郁、抗逆性强的具有中国特色的自主知识产权新品种，在河南省南阳市、山东省菏泽市等特色花卉产区进行示范推广，取得了良好的经济效益和社会效益，促进了农民增收致富，为当地的扶贫攻坚作出了重要贡献。

（三）绿色高效花卉繁育栽培技术

目前，我国花卉生产仍以经验式粗放管理为主，主要表现为大多数花卉多采用自留母本无性繁殖，种源退化严重；生产设施条件落后，种苗种球繁育效率和标准化程度低；缺乏花卉生长发育与品质精准调控技术，以及机械化、智能化生产管理技术。导致花卉产品产量、质量欠佳，良品率仅为 30% ~ 50%，效益偏低。因此，开展绿色高效花卉繁育栽培技术研发，对于实现我国花卉产业高质量发展至关重要。

针对上述产业问题，蔬菜花卉所花卉专家通过组织培养技术进行种苗脱毒复壮，并配合绿色环保的土壤消毒技术研发，解决了菊花和百合生产中面临的植株和土壤复合感染多种病毒、种苗或种球严重退化的连作障碍问题；通过研发适宜的组织培养配方及其技术流程，解决了铁筷子、矾根、蓝盆花、桔梗、风铃草、绣球、蝴蝶兰等新优花卉的高效标准化种苗繁殖问题；通过设施光照、温度及湿度的精准调节，配合水肥一体化灌溉技术，研发出盆栽微型月季种苗及成品高效工厂化周年生产技术体系；通过牡丹种苗低温冷藏结合激素复合处理，建立了牡丹花期精准调控的周年生产技术体系；通过开发丛枝菌根真菌接种玫瑰种苗和老株复壮修剪技术，结合玫瑰色香特征代谢物的时空鉴定分析，建立了玫瑰绿色高效生产与精准采集加工技术体系。这些绿色高效花卉繁育栽培技术分别在湖南省龙山县、江西省万载县、海南省东方市、内蒙古自治区呼和浩特市、云南省玉溪市、山东省菏泽市、山东省平阴县等全国各地推广应用，取得了良好成效，有力推动了当地脱贫攻坚工作。

二、技术路径

（一）产业需求定方向

我国花卉产业经过 30 余年的发展，已基本形成了良好的全国性产业结构与布局。国家林业和草原局、农业农村部联合印发的《全国花卉业发展规划（2022—2035 年）》，进一步明确指出了我国花卉产业的发展目标和方向。近年来，蔬菜花卉所根据花卉学科现有的研究基础，针对全国花卉产业及地区特色花卉产业的发展特点，结合贫困地区脱贫攻坚的实际需求，有条不紊地推进花卉新品种选育和繁育栽培技术的研发工作。例如，在月季种苗主产区河南省南阳市开展优质高抗月季新品种的选育及推广、在食药用百合主产区湖南省龙山县开展百合种球退化与连作障碍克服技术研发与应用、在内蒙古自治区呼和浩特市开展耐寒宿根花卉选育与繁殖技术研发及示范等。此外，根据当地政府和脱贫攻坚的需要，蔬菜花卉所还在江苏省东海县培育特色花卉种苗产业，为当地农民增收致富开辟了新途径。

（二）技术研发强产业

围绕花卉产业顶层规划与区域特色发展相结合的总体需求，蔬菜花卉所依托国家多年生草本花卉种质资源圃（北京），开展中国原产特色花卉资源的保存、评价与鉴定工作，并重点开展了珍稀濒危野生花卉的保护与利用技术研发，发掘出一批优异种质资源及其关键基因，通过远缘杂交和品种杂交授粉，选育出花色新颖、花香馥郁、花型独特、抗逆性强的花卉新品种80余个，月季、菊花、牡丹等新品种已在河南、海南、山东等特色花卉产区推广应用。着力开展百合和菊花连作障碍、耐寒宿根花卉种苗高效繁育、牡丹花期精准调控的周年生产、玫瑰绿色高效生产与精准采集加工等技术，获批国家发明专利、行业或地方标准10余项。相关技术在湖南、内蒙古、山东等特色花卉产区完成示范推广与应用，取得了良好的经济效益。此外，蔬菜花卉所密切跟踪花卉育种与繁殖技术前沿，积极开展前瞻性科学研究，加强分子标记辅助育种、转基因育种以及工厂化生产技术，同时储备全基因组选择育种、基因编辑以及智能化生产技术，为花卉产业发展发掘新质生产力，持续增强产业竞争力，赋能全产业链升级。

（三）产研协同助扶贫

项目研发的花卉新品种和新技术主要依托特色花卉产区的龙头企业进行示范推广。通过与当地政府及生产企业的互动合作，蔬菜花卉所将花卉新品种提供给企业试种繁殖或生产，将繁育栽培新技术在企业进行消化吸收或改进提升，使企业形成稳定的生产能力，并产生持续的经济效益。事实上，许多研发成果是研究团队与龙头生产企业紧密合作的结果。一方面，花卉龙头企业需要大量技术人员和工人开展生产，解决当地剩余劳动力的就业问题；另一方面，龙头企业形成的良好生产模式，可通过技术培训的形式推广至普通农户，并通过产品包销解除农户生产经营的后顾之忧。在这种“科研院所＋龙头企业＋农户”的产业模式下，各方利益都得到了良好体现和保障，形成了稳固的产研协同机制，产生了良好的经济效益，促进了农民增收致富，在我国脱贫攻坚中发挥了重要作用。

三、项目特色

（一）生态保护与开发利用相得益彰

花卉，作为自然界的瑰宝，不仅具备精神产品的特质，满足人民对美好生活的需要；更蕴含经济价值，能够创造显著的经济效益。在全球气候变化加剧的大背景下，生态环境面临前所未有的挑战，众多野生动植物正经历着栖息地缩减乃至濒临的危机。蔬菜花卉所花卉团队通过野外调查和科学研究，翔实地分析了众多珍稀野生花卉的遗传多样性，制定了科学严谨的保护策略，为这些宝贵资源的保护提供了科学依据。同时，团队攻克了珍稀野生花卉资源的高效繁殖技术，通过种苗繁育的野外回归，扩大原生境的种群数量。此外，通过与企业开展产业化合作，实现野生花卉资源的产品化转化，从源头上遏制了人为盗采盗挖行为，做到了资源保护与产业发展的和谐统一，成为生态保护与开发利用相结合的典范。

（二）核心技术攻关护航产业链升级

针对各地花卉产业中面临的实际问题，蔬菜花卉所研究团队在深入调研的基础上，准确分析并提炼出产业问题中的关键技术难题，组织力量开展核心技术攻关，从而补齐产业链条中的短板，为特色花卉产业的高质量健康发展提供坚实保障。例如，针对湖南省龙山县食药用百合生产中病虫害频发、种性退化、连作障碍、产量品质下降等突出问题，团队研发了病毒检测及脱毒原种生产技术，提供优质脱毒种苗，并开展土壤绿色高效消毒技术培训，挽救和支撑了当地数亿产值的百合产业。

（三）三产融合发展提升产业附加值

花卉兼具多重功效，既可以作为观赏植物推动第一产业发展，部分种类亦可以加工成食品或提取功能性成分，应用于药用、日化等领域，形成高附加值的第二产业。此外，花卉产业作为美丽经济的代表，还可以有效地带动文化旅游产业和服务业，促进第三产业的繁荣。以山东省平阴县为例，其玫瑰种植历史悠久，现有种植面积近 6 万亩，拥有玫瑰加工企业 40 余家。通过每年举办的玫瑰节活动，吸引大量游客，形成了良好的文旅产业。目前，平阴玫瑰品牌价值达到 32.36 亿元，全产业链综合产值达到 60 亿元。“十三五”以来，蔬菜花卉所与当地政府和龙头企业紧密合作，在玫瑰种质资源圃建设、新品种研发、功效成分精准鉴定及高附加值加工产品研发等方面取得明显成效，有力推动了当地玫瑰产业的蓬勃发展。

第三节　减贫成效

“十二五”以来，蔬菜花卉所围绕花卉种质资源与遗传育种及其配套繁殖栽培技术研发，育成了一批花卉新品种，部分替代了国外同类品种，相关新技术在全国各地的花卉特色产区得到示范与推广，为当地脱贫攻坚作出了重要贡献。现列举部分案例如下。

一、贵州省兴义市

贵州省兴义市地处黔西南地区，属典型的锥状喀斯特峰丛地貌，自然资源极其丰富，分布着许多珍贵野生花卉资源。自 19 世纪 30 年代以来，黔西南地区陆续发现和鉴定了大量的兜兰属野生种，但多年来因严重盗采盗挖，这些物种已濒临灭绝。尽管当地政府和科研部门积极开展保护和繁育工作，进展却较为缓慢。2012 年，依托国家公益性行业（农业）科研专项的资助，蔬菜花卉所专家在云南、贵州和广西等兜兰属植物分布省份开展了野生资源调查与遗传多样性研究，利用组织培养技术成功实现兜兰种苗的快速高效繁殖，并获批国家发明专利 6 项。通过与贵州省兴义市兰花龙头企业开展种苗繁育合作，建立兜兰产业博览园，实现 20 余种兜兰属植物的市场化繁育，每年种苗繁殖量达到 200 万株，经济效益超过 8 500 万元，带动周边 200 多户农民脱贫致富，户均年增收 2 万元以上。同时，将生产的兜兰种苗在云南、贵州和广西等原生境点大量回归野外，极大地恢复了当地种群数量，成为我国野生花卉种质资源“以利用促保护”的典型案例。

二、河南省南阳市

河南省南阳市是全国最大的月季种苗生产基地，享有“中国月季之乡”和“世界月季名城”的美誉。全市现有月季花卉企业 600 余家，其中省级以上龙头企业 5 家，月季种植面积 15.5 万亩，年出圃苗木 16 亿株，年产值 30 亿元，从业人员超过 15 万人。月季苗木远销德国、荷兰、日本等 20 多个国家和地区，出口量占全国的 70%，国内市场供应量占 80%。目前，当地广泛种植的月季品种有 800 多个，包括丰花、藤本、树状等八大类型。但是绝大多数品种来自国外公司，自主知识产权品种占比极低。蔬菜花卉所作为国内最早开展月季育种的科研单位，持续利用新疆弯刺蔷薇等野生资源与月季品种进行远缘杂交，结合辐射诱变和品种杂交，选育出一系列花色新颖、花香馥郁、抗逆性强的新品种，获批省级良种审定证书 12 个、植物新品种权 10 个。其中，燕妮、绿野、哈雷彗星等品种于 20 世纪 90 年代最早引种至南阳市繁殖，累计种苗繁殖量超过 1 亿株，销售额超过 2.6 亿元；近年来带动受益农户超 1 万户，实现年户均增收 2000 元以上。这些优质高抗月季新品种先后在 2019 年北京世界园艺博览会、2021 年南阳月季博览园获得国家最高领导人的关注，并荣膺 2020—2021 年度农业农村部神农中华农业科技奖科学研究类成果奖一等奖。

三、山东省菏泽市

山东省菏泽市的牡丹栽培历史至今已有 1 500 余年，享有“曹州牡丹甲天下”的美誉，是世界上栽培面积最大、品种最多的牡丹生产加工基地。目前，菏泽市牡丹生产、加工、出口企业达到 120 余家，牡丹年宵花销量突破 60 万盆、芍药鲜切花年销量 1.2 亿支，开发出牡丹籽油、日化品、药用产品等 260 余个。牡丹产业带动就业超 50 万人，2024 年实现总产值 130 亿元。蔬菜花卉所专家长期致力于牡丹新品种选育、繁育栽培与深加工技术研发，育成一系列优异花色牡丹远缘杂交新品种，入选中国农学会 2021 年中国农业农村重大新技术新产品新装备；通过优化低温冷藏与激素处理，形成高效牡丹花期调控技术，并深入开展牡丹代谢产物精准鉴定评价及深加工技术研发，获批国家发明专利 8 项；并通过国家重点研发国际合作项目“中塞原产濒危功能性植物资源保护与高效利用”（2021YFE0110700），与塞尔维亚贝尔格莱德药用植物研究所开展芍药等功能性植物资源交换、发掘与利用合作，取得显著研究进展。牡丹新品种与繁育及加工综合技术在山东菏泽等地推广应用，不仅实现了人们在国庆、元旦和春节各季节观赏牡丹的美好愿望，还创新出牡丹啤酒等深加工产品，深受大众喜爱，累计创造经济效益超 1 亿元。

四、湖南省龙山县

湖南省湘西土家族苗族自治州龙山县曾属于国家级贫困县，当地百合产业是龙山县农民脱贫致富的第一大特色产业，年产值可达 30 亿元。但由于常年采用自留种进行扩繁，加之潮湿炎热的气候条件，导致种球携带大量病毒、种性严重退化，形成严重的土壤连作障碍，百合产量和品质逐年下降，严重阻碍着龙山县百合产业的健康发展。2020 年，蔬菜花卉所专家围绕龙山百合产业的“卡脖子”关键问题，长期开展试验研究和技术推广。一方面，通过组织培养技术对自留种球进行脱毒复壮处理，获得无毒原种球，并在当地龙头企业建立百合组织培养实验室，对技术人员进行组织培养技术培训，大量繁殖优质无毒百合种球应用于生产；另一方面，采用棉隆土壤熏蒸消毒技术，灭杀土壤中的有害细菌及病虫卵，克服了连作障碍问题，减少了除草剂等农药的使用，显著提高了龙山百合的产量和品质。近 5 年来，先后示范推广土壤消毒技术、脱毒种球复壮技术、病虫害绿色防控技术等关键技术 10 项，培训指导基层农技人员和种植户 6 000 余人，新技术示范推广 2 万余亩，辐射带动面积 10 万亩，每亩平均增产 250 kg、增收 3 000 元，累计产生经济价值约 15 亿元，受益农户超 1 万户，有力推动了龙山百合产业的提质增效与高质量发展。

五、江苏省东海县

江苏省连云港市东海县是全省最大的鲜切花产业基地，被誉为“中国花木之乡”，全县花卉苗木总面积近 10 万亩，主要种植百合、郁金香、玫瑰、非洲菊、菊花等种类，鲜切花种植户 2 000 多户，年产值超 15 亿元，带动 10 万余人增收致富，鲜切花种植已经成为当地农民增收致富的主要途径。其中，切花菊栽培面积约 1 万亩，年销售切花菊成品花超 8 亿支，是北方地区重要的切花生产基地。但是，切花菊种苗几乎全部从外地采购，质量参差不齐，加上花农栽培技术水平普遍偏低，导致成品花质量普遍不高。中国农业科学院东海农业综合试验站是中国农业科学院与东海县人民政府联合成立的全国唯一县级试验站点，建有大型植物组培室及生产车间，拥有年生产组培种苗超 100 万株的能力。依托农业综合试验站，蔬菜花卉所花卉专家对产区主栽的 6 个切花菊品种开展种苗脱毒技术研发，并成功建立脱毒菊花种苗母本园，每年免费为当地种植户提供切花菊脱毒种苗超过 100 万株，节约生产成本 150 万元以上。同时，这些种苗具有抗病毒能力强、生长周期短、盲花率低的特点，通过农户种植与示范推广，显著提升了切花菊的产量和品质，产品销售价格随之大幅提高，实现亩均增收 3 000 元以上，并远销日韩等国家或地区。

六、山东省平阴县

山东省济南市平阴县具有悠久的玫瑰种植与加工历史，被誉为“中国玫瑰之乡”，也是国际知名的玫瑰主产区之一。全县玫瑰种植面积6万亩，玫瑰生产加工企业40余家，年产鲜花超2万t，形成了花茶、细胞液等八大系列140余种产品，并结合打造文化旅游，实现全产业链综合产值约60亿元。多年来，蔬菜花卉所与当地政府和企业密切配合，作为副理事长单位加入当地主导的“玫瑰产业国家创新联盟”，并联合成立了平阴玫瑰合作研发基地，指导当地政府部门开展玫瑰种质资源圃建设、玫瑰新品种选育和标准化栽培生产等工作。此外，山东华玫生物科技有限公司作为子任务单位连续参加“十三五”和“十四五”国家重点研发计划课题。通过上述合作，收集保存国内外玫瑰类种质资源300余份，完成了山东省玫瑰种质资源库建设；开展新优玫瑰品种选育，申报国家植物新品种权2个；完成丛枝菌根真菌（AMF）接种玫瑰种苗繁育技术研发，合作编写《平阴玫瑰标准化管理技术操作手册》，培训玫瑰种植人员2 000余人；协助企业开发精深加工产品6个。通过玫瑰全产业链条的科技赋能，建成千亩玫瑰标准化种植基地2个，玫瑰加工省级重点企业3家，玫瑰种植专业村3个，成立玫瑰种植合作社43个，玫瑰花平均每亩产量提高到45 kg，每亩增收超过2 000元，为平阴县玫瑰种植户增产增收、脱贫致富提供了强有力的科技支撑。

第四节　适宜推广区域和国家

花卉作为种植业中经济效益最高的作物，在推动地方特色经济发展和实现农民脱贫增收方面发挥着重要作用。根据不同地区的气候环境条件，结合当地的栽培种植历史传统，可以选择适宜的花卉作物种类开展示范推广与应用。具体而言，月季种苗生产适宜在我国华北平原广大地区开展，而切花月季则主要在云南等西南地区生产；牡丹适合在河南洛阳、山东菏泽以及甘肃临夏等传统种植区进行生产；切花百合可以在云南、辽宁凌源、江苏连云港等地种植，食用百合则主要在甘肃兰州、湖南龙山、江西万载等地区生产；切花菊主要在云南、海南等地进行示范推广；景观小菊类则在华北和华东地区均有大规模应用；玫瑰产业主要在山东平阴、甘肃苦水、云南晋宁等地进行种植和加工生产；兜兰主要在贵州、云南、广西等地进行生产扩繁。

上述花卉种类可继续在国外进行示范推广。例如，兜兰等野生兰花保育技术可以在老挝、缅甸、越南等东南亚原产地国家进行示范推广，通过传授我国野生兰花资源保护与利用的相关技术，将兜兰属植物“以利用促保护”的经验延伸到老挝、缅甸、越南、泰国、菲律宾、柬埔寨、印度尼西亚等东南亚国家；在国家重点研发国际合作项目的基础上，可以将牡丹、芍药新品种和新技术推广至欧洲东南部国家；月季、百合等切花或盆栽生产可以在哈萨克斯坦、塔吉克斯坦、吉尔吉斯斯坦、巴基斯坦等中亚国家开展新品种与新技术的示范推广与应用；切花菊和景观小菊的相关品种和技术可以在东南亚、东欧等国家进行示范推广与应用；玫瑰种植加工相关技术可以与保加利亚、土耳其、伊朗、摩洛哥等玫瑰生产传统国家进行品种和技术交流，并开展深加工合作。

第五节 小结及启示

花卉为经济作物中附加值最高的作物类型，新品种和新技术研发等科技赋能手段，促进了各地花卉特色地区的产业繁荣与发展，显著推动了我国脱贫攻坚的伟大进程，也必将在我国乡村振兴战略中发挥更加重要的作用。上述花卉科技助力特色产业地区脱贫攻坚的案例与经验，为我国乃至全世界农业科技减贫实践提供了深刻的启示。

第一，科学技术是第一生产力。科技创新是花卉产业发展的原动力，从早期对国外优良品种和先进技术的消化吸收，到如今大量新品种的选育以及繁殖栽培与加工技术的大幅提升，全国花卉产业在30余年时间内，生产面积和产值均增长近10倍，成为全球花卉第一生产大国和重要消费国。第二，因地制宜发展特色花卉产业。花卉产业的发展既取决于农业气候环境条件与花卉种类选择的匹配度，也依赖于当地历史文化传统的底蕴和熏陶，纵观国内成功的特色花卉产业发展案例，基本上都离不开这两方面的支撑和影响。第三，做精做细做强与全产业链思维并举。产业发展成功的路径有千万条，但关键在于两点：一是将产业的某一个关键环节做精做细做强，例如，南阳月季产业主要抓住了种苗这一重要生产要素，把这一看似不起眼的产业做成了全国最大的月季苗木生产基地；二是贯通全产业链条，例如，平阴玫瑰产业围绕资源、品种和技术，通过一二三产业融合，充分发掘全产业链各个环节的创新潜力，实现经济利益最大化。

习近平总书记指出："中国梦最根本的是实现中国人民的美好生活"。花卉作为人们追求美好生活的最直接象征，承载了花卉产业助力我国脱贫攻坚、推动乡村振兴、实现中国梦的重要使命。未来，在习近平主席提出的共建"一带一路"倡议和构建人类命运共同体理念下，我国花卉产业也一定能实现漂洋过海，在世界各地生根开花，结出丰硕的果实，最终实现与世界各国人民的合作共赢。

第十三章
科技助力宁陵梨产业振兴

案例概要：66 年来，中国农业科学院郑州果树研究所与地方合作不断接力，4 代专家薪火相传，将宁陵梨产业持续发展壮大，历经“能产梨”“多产梨”到“产好梨”的三个阶段，其种植面积和年产量在河南省均位列第一（面积占比 1/4、产量占比 1/2），在全国分别排名第四位和第五位。放眼全球，种植梨的国家和地区共有 85 个，其中日本种植面积（22.9 万亩）和韩国种植面积（22.6 万亩）分别位居第九和第十；年产量方面，日本（3.1 亿 t）和韩国（2.9 亿 t）分别位居第十和第十一。而宁陵的种植面积相当于日本或韩国，年产量更是超过两国之和。科技服务已从产中拓展至产前、产后，覆盖了从第一产业到第二产业、第三产业的广泛领域，实现了从产品到商品、品牌的全面升级。

第一节　项目简介

宁陵县作为中国重要的酥梨产区，于 2008 年入选国家梨产业技术体系首批示范县，并于 2020 年荣膺国家梨产业技术体系“一县一业”示范样板县的称号。在国家梨产业技术体系的有力支撑下，宁陵梨产业迅猛发展，种植总面积已扩展至 22 万亩，年产量高达 6.5 亿 kg，品种从最初的单一酥梨，丰富至如今的 140 多个新品种；发展模式也从传统种植转型升级为农文旅深度融合的新模式。梨深加工产品线亦不断拓展，从单一的梨膏拓展至梨糖、梨酒、梨醋、梨酵素等多品类，成功实现一二三产业的融合发展。

宁陵酥梨的高质量发展得益于中国农业科学院郑州果树研究所（以下简称郑

作者：李若昕，中国农业科学院海外农业研究中心项目官员；杨健，中国农业科学院郑州果树研究所研究员；王苏珂，中国农业科学院郑州果树研究所副研究员；张帅，中国农业科学院国际合作局国家合作处副处长。

果所）4 代专家历时 60 余年的接力奋斗。自 2018 年以来，河南省梨产业科技特派员服务团筹建了中国农业科学院郑州果树研究所宁陵梨试验站，针对品种结构不合理、栽植模式落后、产量高但品质低等问题，通过顶层设计、搭建平台、破解难题等一系列措施，引进新品种（系）157 个，集成新技术新模式 30 余项，累计推广面积达 10 余亩，成功擦亮了“宁陵酥梨”的金字招牌。

第二节　技术、路径及特色

一、关键技术

梨作为中国三大水果树种之一，其种植面积和产量均占全球的 70% 左右，成为主产区的重要支柱产业。

先进栽培技术、病虫害防治与品种改良是宁陵酥梨高质量发展的三大关键技术。在宁陵酥梨的发展历程中，郑果所先后派出 4 代科技专家支援宁陵酥梨，逐步突破技术障碍：第一阶段是 20 世纪六七十年代的起步期，围绕“能产梨”的使命，科技专家主要传授基础栽培管理技术；第二阶段是 20 世纪八九十年代的壮大期，围绕“多产梨”的使命，科技专家致力于提升梨果产量；第三阶段是 21 世纪的提升期，围绕“产好梨”的使命，科技专家主要推广优质、绿色、高效生产技术。

宁陵种植酥梨的历史可追溯至 700 余年之前。然而，在郑果所科技团队入驻之前，当地农民缺乏梨树管理技术，不谙自然授粉、修剪及病虫害防治之道。梨树品种的老化问题，导致宁陵梨树频现“只见花开不见果”的现象，即使树木挂了果，其口感也往往不尽如人意。

为解决酥梨人工授粉、主要病虫害防治以及产量低且不稳的问题，郑果所选派的首批专家崔致学、黎彦、高德良、余旦华等，长期驻扎在宁陵县石桥乡梨花桥村。在无房屋、无土地、无科研设备的“三无”艰苦条件下，他们积极召集果农，开展技术培训，深入田间地头传授关键技术操作要点。

在专家的引领下，宁陵县涌现出郭超峰、刘静学、刘先照等一大批科技示范户和科技能人。他们不仅掌握了丰富的梨树管理技术，还联合发起成立了宁陵县果业商会和种植合作社，如同良师益友般，免费向当地梨农传授专业知识。随着懂技术的农民日益增多，果树管理水平显著提升，果品产量也逐渐增加。至2000年前后，“宁陵梨”已在豫鲁苏皖4省交界地带声名鹊起。

梨园面积扩展到一定规模后，最令人担忧的是梨树大面积遭受病虫害侵袭，如黑星病、腐烂病、轮纹病等。郑果所的梨树病虫害防治专家周增强成功解决了酥梨大规模病虫害治理的难题，打破了农民为了控制病虫害而过度使用农药，导致果品和环境污染及病虫抗药性增加的恶性循环。据周增强介绍，2008年，全国梨园炭疽病暴发，某梨产业大县酥梨总产量锐减约90%，而宁陵梨产业的炭疽病发生率几乎为零。

以杨健为代表的第三代专家团队，致力于酥梨产业的高质量发展，展开重点攻关。这支科技特派员队伍长期承担“河南省科普与实用技术传播工程”项目，在宁陵县成功引进并推广红香酥、中梨1号、早酥蜜等优良新品种，累计种植面积达3万多亩。通过不懈努力，他们持续提升梨果实的品质，并有效改善了梨园的生态环境。

红香酥是郑果所推广时间最久的优良品种。该品种以库尔勒香梨为母本，鹅梨为父本，通过杂交选育而成，其特点包括结果早、产量高，且果实耐贮运。此外，红香酥的适应性较强，对梨黑星病、黑斑病具有较强的抗性。中梨1号（绿宝石）则是郑果所于1982年以日本梨新世纪为母本，中国梨早酥为父本，通过人工远缘杂交技术，历经23年精心培育而成。该品种成熟早、外观美、适应性强，且可自花结实，其综合性状超越日本的水晶梨及中国广泛栽培的早酥梨。早酥蜜则是郑果所培育的新一代极早熟优质梨品种，适合在中国华北、西北及渤海湾等酥梨种植区作为主栽早熟梨品种大面积推广种植。

继红香酥梨之后，红酥宝等新品种相继问世。红酥宝是由新世纪 × 红香酥杂交培育而成的中熟红皮梨新品种。其果实长圆形或圆柱形，果面约60%着红色，平均单果重约300 g；肉质细脆，汁液多，石细胞少，可溶性固形物含量约13%，口感甘甜味浓郁。在郑州地区，该品种8月中下旬成熟，具有较强的耐贮藏性，货架期较长。该品种树姿开张，树势中庸，易于成花，早果且丰产；适应性和抗病能力均较强，栽培管理简便，适合密植省力化栽培，广泛适用于华北、西北等中国主要梨区种植。

宁陵梨试验园中试验的“Y”形新树种植模式园，是国内领先的种植模式，能确保所有果实得到均匀光照，同时也便于在收获时进行割草、施肥、病虫害防治、采摘等机械化作业，节省人工达 90% 以上。梨树下栽培的紫花苜蓿是经航天育种技术培育而成的新草种，它不仅可以给梨园增肥保墒，净化梨园空气，还能自发产生梨树害虫的天敌，让梨农省心省力，显著提高梨园经济效益。

在郑果所 4 代专家的引领下，宁陵的梨园不仅在品种上不断更新，栽培技术也持续优化，面积更是连年扩大。果树专家为宁陵县酥梨的优质丰产和持续发展提供了坚实的科技保障与支撑。

二、技术路径

宁陵酥梨的高质量发展，遵循强化顶层设计、创新体制机制、深化科技服务与合作的整体路径。

（一）顶层设计

郑果所专家首先诊断出宁陵梨产业存在的突出问题：品种结构不合理；依赖人工授粉，导致生产成本增加；采用稀植大冠栽培法，不利于机械化作业；氮肥施用过量，有机肥和微量元素施肥不足。针对这些突出问题，郑果所专家提出了“一稳定两提高”的优化品种结构方案和“三转四化”的优化栽培制度方案。同时，制定了《绿色食品宁陵酥梨生产技术规程》，编写了《宁陵酥梨绿色高效关键技术集成》《河南宁陵试验站田间基础设施改造可行性研究报告》《梨的春季晚霜危害及其防治补救措施》《宁陵智慧果园建设方案》《宁陵县大力发展梨产业打造“一县一业”示范县样板县实施方案》等系列文件，通过顶层设计，明确了宁陵梨产业发展的方向。

优化品种结构和提升栽培技术是宁陵酥梨实现高质量发展的核心目标。“一稳定两提高”的品种结构优化策略旨在稳定酥梨的面积，同时增加早中熟梨和特色梨的种植比例，力求酥梨占比达到 50%～60%，早中熟梨和特色梨占比达到 40%～50%。此外，严格控制酥梨的亩产量在 0.4 万～0.5 万 kg，以提升酥梨品质，确保可溶性固形物含量超过 12%。同时提高效益，力争亩收益达 1.5 万元以上。而“三转四化”栽培方案则包括：三转，即将清耕制转变为生草制、人工授粉转为自然或机械授粉、以化肥为主转变为以有机肥为主；四化，即实现标准化、省力化、机械化和品牌化。

（二）机制创新与平台搭建

郑果所围绕顶层设计方案，历经4代科学家的接力奋斗，致力于梨树管理技术、病虫害防治及品种改良的研究。2018年，郑果所与宁陵县政府携手共建宁陵梨试验站，成功打造了“科研院所+地方政府+试验站+龙头企业+果农”“五位一体”的科技创新与成果转化平台，全面推进新品种、新技术、新模式、新装备、新产品的研发示范与推广工作。宁陵酥梨试验站于同年3月签约挂牌，站内配备温室大棚1 900 m^2，定植苗木1.3万株，涵盖早中晚熟品种130余个，并引进省力化、标准化技术5套。科研团队以宁陵酥梨试验站为创新基地，持续进行优良品种的研发、示范与推广。已建成梨高标准示范园100余亩，引入丹霞红、红酥蜜等新品种150余个；广泛应用宽行密植和高光效树形、行间绿肥和树下覆盖、水肥一体化、病虫害绿色防控等新技术30余项；配备自走式喷药机、转盘式除草机等新型机械装备20余台。此外，郑果所专家联合国家梨产业技术体系，积极开展机械液体授粉示范推广，有效解决了人工授粉费时、费力、成本高的难题。

（三）优化科技服务

郑果所牵头组建的科技特派员服务团，重点对接宁陵梨试验站、商丘国家农业科技园区管委会、商丘国家农业科技园区四基地、赵村乡明昌专业种植合作社、赵村乡宏盛农业科技发展有限公司等受援单位，积极开展集中培训、田间指导、电话微信咨询等活动，致力于培养乡土科技人才和新型农民，推广新品种、新技术、新模式、新产品、新装备、新理念。自成立以来，服务团已前往宁陵100余次，每年有1/3的时间扎根当地；组织举办大型技术培训12场次，惠及果农3 000余人次。针对品种结构不合理、栽植模式落后、产量高品质低等短板，团队通过顶层设计、搭建平台、破解难题等措施，成功引进新品种（系）157个，集成新技术、新模式30余项，累计推广面积达10余亩。

三、项目特色

宁陵酥梨产业的振兴离不开4代农科专家的倾力支持，而宁陵酥梨试验站的顺利落成，进一步推动了科技人才深入基层、科技资源有效下沉。该产地已成为科研基地和人才孵化基地，为宁陵酥梨可持续发展提供了科技和人才保障。

2018年3月，郑果所与宁陵县政府签署了“宁陵酥梨试验站”合作共建协议，旨在打造集品种培育、成果转化、人才培养、观光旅游等“七位一体”的国际一流试验站，让“看得见、摸得着、学得会”的科学技术扎根宁陵大地。2019年，试验站建成后，在新品种、新技术、新模式、新产品的研究与推广领域，日益展现出不可或缺的重要作用。

依托优质梨树品种，发展农产品全产业链，为乡村全面振兴筑就坚实基础。如今，酥梨产业已经成为宁陵县的拳头农业和标志性产业，种植面积扩至22万亩，总产量高达6.5亿kg，产值突破10亿元大关。此外，该县还开发出了梨汁、梨糕、梨酒、梨罐头等一系列精深加工产品，有效带动了旅游、餐饮、物流等相关产业的快速发展。

第三节　减贫成效

郑果所以酥梨试验站为依托，围绕制约宁陵20万亩酥梨产业转型升级的核心难题，积极开展协同攻关，全力助推脱贫攻坚。宁陵县立足酥梨特色产业，与郑果所展开深度合作，坚定贯彻科技兴农战略，推动农产品加工业落地。同时，因地制宜地发展乡村旅游、休闲农业等新产业新业态，贯通产加销，融合农文旅，推动乡村全产业链发展壮大，确保农民能够更多地分享产业增值带来的收益。

近年来，宁陵县先后被认定为“中国特色农产品优势区”“现代农业产业园”，擦亮了“宁陵酥梨”的金字招牌。宁陵梨种植面积稳定在22万亩，总产值超20亿元，居河南省首位、全国第四。自2020年被确定为全国两个“一县一业”示范县之一后，宁陵县的梨产业科技顾问团共汇集了15位国家级梨产业权威专家。他们致力于让22万亩梨园“产好梨”，有效带动了梨农脱贫致富，使宁陵县成为一座果香四溢之城。

在宁陵，新品种种植面积超过3万亩，梨果采摘期能有效延长2个月，售价是普通酥梨的3倍以上；通过绿色提质增效技术的集成、示范、推广，宁陵的两个基地成为农产品质量安全追溯点。经专家鉴评，亩均产量达到4 223 kg、省工37.2%、增收2 410元，辐射种植面积达10.3万亩。此外，梨园生草（绿肥）面积超过 5 万余亩，化肥和农药的使用量减少 25%以上。

2022 年，宁陵酥梨市场价最高每千克卖到 9.6 元，全县梨农直接增收近 5 亿元。至今，宁陵酥梨亩产近万斤（2 斤 =1 kg），梨农仅梨一项人均收入便可高达 2 万余元。当地梨产业龙头企业全年销售额更是突破 2 000 万元。酥梨产业的高质量发展在脱贫攻坚中发挥了至关重要的作用。

同时，宁陵县充分发挥农业的多功能性，推动形成辐射式产业体系，全面提升整体功能效益。该县进一步延伸梨产品产业链，大力发展农产品加工业。除了鲜果销售外，宁陵县陆续推出梨汁、梨片、梨酒、梨罐头、梨膏、高档酵素、营养梨醋、梨蜂蜜酵素等产品，延长了产业链，实现了就地加工增值。此外，根据生产和市场需求，该县及时注册了"金顶""刘花桥""知德福"等酥梨商标，实行统一包装、统一商标标识、统一产地名称，全力推动品牌带动战略，吸引了来自上海、广州、南京、湖南、广州、扬州、杭州、郑州等地的 20 余家常年客商，基本实现了销售的品牌化。

科技助农有效推动了农民就业增收，从传统种养领域延伸至二、三产业，使农民更广泛地分享增值收益。宁陵县依托梨树特色产业，积极发展乡村特色旅游业。以春赏花、秋采果为主要活动形式，连续举办十九届梨花节和十六届酥梨采摘节，每年吸引 80 余万游客到宁陵观光游玩，带动旅游、物流、加工、餐饮、民宿等综合收入突破 10 多亿元。此外，郑果所专家联合中国农业科学院油料作物研究所，开展梨园套种油菜示范推广项目，实现洁白的梨花与金黄的油菜花同时绽放，吸引了大批游客前去观赏。同时，通过幼苗期采摘菜薹增加收入，花期后旋耕培肥地力，有效抑制了土传病害；与郑果所草莓团队合作，推广大棚种植草莓，使梨花盛开时节草莓成熟，游客在观赏梨花之余可体验草莓采摘，进一步促进了一二三产业融合发展。

第四节 适宜推广区域和国家

梨树是一种抗逆性强、适应范围广的树种，能够在多种不同环境条件下生长，例如，山地丘陵、平原沙滩乃至滨海盐碱地均适宜建立梨园。然而，若要实现高产优质，获得较高的经济效益，还必须了解梨树本身对环境条件的具体要求，选择最适宜的区域和最优的土壤气候环境来建园。

中梨 1 号由郑果所选育，其亲本为新世纪梨与早酥梨，于 1982 年进行杂交，历经 20 年的连续栽培研究、区域试验以及反复筛选，最终选育出这一优良早熟新品种。该品种抗逆性强，能耐高温多湿，且耐盐碱性强，病虫害发生较少。果实于 6 月中下旬成熟，但在树上挂果至 9 月中旬而不脱落，货架期长达 20 天。中梨 1 号适应多种土壤、气候和生态条件，尤其适宜黄淮海地区、西南地区和长江中下游地区推广种植。

红香酥梨是一种红皮梨新品种，由郑果所以库尔勒香梨为母本、鹅梨为父本杂交选育而成。该品种具有品质优良、丰产抗病、适应性强等特征，在适宜种植一般酥梨的地区均可进行栽培。红香酥梨在年均温 8.5 ~ 14.0℃、夏季（6—8 月）平均最低气温 13.1 ~ 23.0℃、年降水量 450 ~ 900 mm 的环境中，尤其是土壤为棕壤、黄绵土、黑垆土、褐土的地区，表现尤为优良，被视为其适宜区。

第五节　小结及启示

自 20 世纪 50 年代至今，宁陵酥梨产业从最初的几千亩扩展至 22 万亩，这一跨越式发展离不开郑果所一代又一代专家们 60 年如一日地接力奉献。

郑果所的专家们把汗水洒在了田野里，最终推动了宁陵酥梨产业的健康快速发展，使宁陵成为黄河故道地区果树发展的典范和旗帜。如今，酥梨产业已经成为宁陵强县富民的关键支柱，更是助力乡村振兴的重要力量。

第十四章
“草果飘香”
中缅合作促进缅甸农业可持续发展

案例概要：罂粟替代种植对促进缅甸北部经济可持续发展，遏制地区毒品生产源头，造福当地民众具有重要意义。自 2021 年起，在亚洲区域合作资金支持下，中国热带农业科学院香料饮料研究所与有关单位合作，在缅甸克钦邦第一特区密支那县示范种植草果超过 2 000 hm^2、1 200 余万株。合作企业累计收购草果超过 800 t，带动当地农民增收约 1 500 万元。此外，企业还设立公益基金，帮助当地改善基础设施和教育卫生条件，助力提升当地农民生产、生活和教育水平。这一举措不仅有助于改变当地的贫穷落后状况，也为地区乃至世界禁毒事业作出了积极贡献。该案例荣获“第四届全球减贫案例征集活动”最佳案例，并被收录进南南合作减贫知识分享网站——中外减贫案例库及在线分享平台。

第一节　项目简介

缅甸北部山区农民常以种植罂粟作为收入来源。2014—2020 年，缅甸罂粟种植面积持续减少，但 2021 年以来，种植面积又有所增加。销毁罂粟田是禁毒的一种方式，但不能从根本上解决问题，需要从保障农民收入的持续性与稳定性入手，提供其他替代方案。

近年来，中缅两国持续开展务实合作，鼓励企业在缅北地区开展罂粟替代种植，用草果、茶叶、咖啡、橡胶等作物替代罂粟，以改善农民生活条件，逐步降

作者：李志刚，中国热带农业科学院香料饮料研究所副研究员。

低当地对罂粟的依赖，进而带动当地经济和社会发展。替代种植不仅有助于增加当地农民收入、改变贫穷落后面貌，还对缓解当地毒品问题及促进本地区和世界禁毒事业具有积极意义。

自 2021 年以来，在亚洲合作资金支持下，中国热带农业科学院香料饮料研究所（以下简称热科院香饮所）与有关单位合作，注重因地制宜地应用农业技术，广泛构建合作伙伴关系。通过投资合作与发展合作相结合的项目实施思路，在缅甸克钦邦第一特区密支那县示范种植草果超过 2 000 hm^2、1 200 余万株；建立了 450 亩草果标准化栽培和水肥高效管理技术示范基地，其中核心技术示范区 100 亩。示范基地的草果长势显著提升，养分管理的人工成本显著降低，效率明显提高，草果产量（干果）由 200 kg/ 亩增至 260 kg/ 亩，产量提升 30%。此外，组织开展线上线下技术指导与培训 4 次，培训缅甸当地生产人员和农民 102 人次，受训人员种植技术水平明显提升，技术示范带动效果显著。合作企业累计收购草果超过 800 t，带动当地农民增收约 1 500 万元。企业还设立公益基金，帮助当地改善基础设施和教育卫生条件，提升当地农民的生产、生活和教育水平，对改变当地贫穷落后面貌及地区与世界禁毒事业发挥了积极作用。

相关工作成果《草果香飘密支那　缅北不见罂粟花——中国与缅甸示范种植草果替代罂粟合作案例》荣获“第四届全球减贫案例征集活动”最佳减贫案例。

第二节　技术、路径及特色

草果是云南省怒江傈僳族自治州（简称怒江州）的特色产业之一。怒江州与缅甸克钦邦密支那县毗邻，双方山区在地理环境与气候方面相似，这为开展草果种植合作提供了基础条件。热科院香饮所的项目团队先后多次赴缅，对当地气候、土壤等资源进行充分调研，了解掌握了当地发展草果产业的基础条件。在此基础上，团队针对缅甸草果种植管理中的技术细节，开展针对性的区域适应性试验。以中国草果生产技术为基础，从种苗繁育、高效栽培、病虫害防控到产品初加工等各个环节入手，研发出适合缅甸的草果高效生产技术。通过指导建立示范基地，集成应用这些技术，并通过线上线下相结合的技术培训方式，提升了当地草果种植户的种植管理技术水平，取得了显著成效。

一、关键技术

经调研发现，缅甸草果种植一直沿用中国云南怒江一带的林下种植经验，管理方式较为粗放，产量不稳定，直接影响草果产量和农民收入。因此，亟须规范草果种植技术，提升草果产品品质。为此，热科院香饮所与怒江绿色香料产业研究院，共同开展种质资源调查、水肥高效管理技术研发、风味物质鉴定及产品开发等工作。在规范中国草果标准化生产技术体系的同时，还在缅甸开展了草果旱季水肥管理等技术的区域适宜性试验、集成示范和推广，有效提升了缅甸草果产业技术水平。该技术以林下种植和养分高效管理为核心。

首先，在草果种植复合带中间，按株距 2 m 种植遮阴树，主要选用桤木（冬瓜树）、楠木（绿干树、黄心树）、西华南桦、水青冈、白克木（鸭脚木）、水杉、毛椿等树种，要求混栽。随着树木生长，逐步间伐，将荫蔽度调整为 60% ~ 70%。此外，可根据实际情况，利用原有树木按间距进行砍伐梳理、补植。同时，根据气候条件，采取立体农业方式种植香蕉等大叶子作物，以调整荫蔽度。

其次，施肥以磷钾肥为主，辅以氮肥，混合施用。施肥时间为每年 11—12 月采收果实后，以促进叶芽、花芽分化。4—5 月追肥一次，促进果实膨大。施肥应浅施，不宜深施。在距植株根尖部位外围 10 ~ 20 cm 处，开 5 ~ 10 cm 的雨淋沟，将肥施入沟内。成龄期草果每丛施腐熟干细农家肥 1.5 ~ 2 kg，普通过磷酸钙 0.4 ~ 0.5 kg、生物复合肥 0.1 ~ 0.02 kg，拌匀堆捂发酵后施用。

最后，采用水肥一体化设施进行草果养分和水分的高效管理，既利于干旱季节灌溉，又能在草果关键生育期提供速效养分，有效促进产量提升。

二、技术路径

一是建立合作团队。在中国农业农村部国际合作司亚非处和澜沧江－湄公河农业合作中心的支持与指导下，热科院香饮所与怒江兰纪生物科技有限公司（以下简称兰纪公司）及缅甸马高瓦基有限公司建立合作关系，联合云南省科学技术协会、云南省怒江绿色香料产业研究院等多家单位，共同推进该项目的实施。

二是明确实施方式。兰纪公司向岗房村、俄友村、俄曲村、克钦村、胆都村等地的农民免费提供种苗，并提供种植技术服务，同时以保底价收购其收获的草果；热科院香饮所则主要负责草果种植的技术支持。通过这种从种植到收购的全链条服务模式，有效激励了当地农民放弃罂粟种植，转而发展草果种植，面积已超过 2 000 hm^2。

三、项目特色

在推动草果替代种植的同时，合作伙伴兰纪公司积极履行社会责任，拿出部分收益设立公益基金，支持合作村的基础设施改善和教育卫生条件的提升。每逢当地节日，兰纪公司向老人、儿童以及生活贫困的种植户提供生活物资和资金援助。在新冠疫情期间，兰纪公司多次无偿地为当地农户提供口罩等防护物资，以及粮油、大衣等生活必需品，累计价值近 10 万元。此外，公司仍坚守承诺，以高于市场价格的保护价收购当地草果。得益于草果种植带来的稳定收入，密支那地区的草果农户得以安心防疫，为维护当地社会与经济稳定作出了积极贡献。

第三节　减贫成效

一是替代种植。自 2016 年在密支那县推广草果以来，该地区草果种植面积迅速扩大。截至 2022 年底，累计带动种植草果超过 2 000 hm^2、1 200 余万株。合作企业兰纪公司累计收购草果超过 800 t，带动当地农民增收约 1 500 万元。通过草果示范种植，成功地为当地找到一项替代罂粟种植的产业。

二是技术改进。依托亚洲合作资金项目和兰纪公司的支持，热科院香饮所在缅甸克钦邦密支那县建立了 450 亩草果标准化栽培和水肥高效管理技术示范基地，其中核心技术示范区 100 亩。示范基地草果长势显著提升，养分管理人工成本显著降低，效率明显提高，草果产量（干果）由 200 kg/ 亩提升至 260 kg/ 亩，产量提升 30%。自 2021 年以来，组织开展线上线下技术指导与培训 4 次，培训缅甸当地生产人员和农民 102 人次，受训人员种植技术水平明显提升，技术示范带动效果显著。

三是农民增收。兰纪公司按保底价 30 元 /kg 收购草果干果，能使当地农民每亩收入约 3 000 元。按一户农户 6 口人，种植 10 亩草果计算，年人均收入可达约 5 000 元，而密支那地区普通百姓的年人均收入约 2 000 元（包含在罂粟种植区打工的微薄收入）。草果种植为当地农民提供了稳定、合法的收入来源，且收益远高于当地平均水平。

四是社会效益。自 2016 年以来，合作伙伴兰纪公司累计投入近 2 000 万元支持密支那地区社会经济发展，为当地农民免费提供 6 200 余万株草果苗，发放生产、生活及防疫物资近 400 万元，带动开垦超过 2 000 hm^2 山地发展林下经济，显著改善了当地农民的生活条件。近几年，越来越多的草果种植农民修缮了自家房屋，稳定的收入来源使当地村容村貌焕然一新。

第四节 适宜推广区域和国家

草果原产于中国，目前中国仍是全球最大的草果生产国，其产量占世界总产量的 80% 以上。目前，越南和缅甸两国草果种植面积合计约 85 万亩。随着中国草果消费量的不断增长，如缅甸、老挝和越南等周边国家预计将进一步扩大种植面积。因此，该技术特别适用于与中国云南省接壤的山区草果种植，包括缅甸、老挝和越南等地的海拔 1 200 ~ 1 800 m 的山区，或具备相似海拔和气候条件的其他地区。

第五节 小结及启示

一是重视因地制宜应用农业技术。经过数年发展，密支那草果产业已具备一定规模，但在优良种苗繁育、田间管理和产品初加工等环节还存在一些问题。为此，热科院香饮所与合作伙伴在详细了解当地种植情况的基础上，对草果种植技术进行了本地化优化与改良，有效改善了当地草果的生产状况。

二是广泛建立合作伙伴关系。建立合作伙伴网络，形成“科研机构 + 政府（协会）+ 企业”的合作模式，在项目实施过程中充分发挥各自优势，形成合力。

科研机构提供技术支撑，政府或者协会负责宣传组织，企业负责技术落地，构建了农业科技研发与应用推广的高效机制。各方通力合作，促进了农业科技成果的转化，农技支农效果事半功倍。

三是投资合作与发展合作相结合。一方面，与企业合作建立技术示范基地，将实用技术的应用效果以更直观、更有效的方式展示给当地农民，带动了农民学习技术的积极性。另一方面，在开展投资合作的同时，企业将部分收益回馈给当地农民，促进项目村教育与卫生条件的改善，取得了良好的扶贫效果，这种人文关怀也在一定程度上坚定了当地农民发展草果产业的信心。

第十五章 香料之王胡椒香飘柬埔寨：中柬技术合作减贫经验

案例概要：柬埔寨贡布胡椒享誉全球，被誉为顶级胡椒，但由于生产技术落后，标准化生产程度低，其种植面积长期徘徊在 400 hm^2 左右。自 2015 年起，在中国政府澜湄合作专项基金的支持下，中国热带农业科学院香料饮料研究所与有关单位合作，在柬埔寨桔井省示范种植胡椒超过 40 hm^2。示范基地的胡椒长势显著改善，黑胡椒产量增幅达 22%。该研究所与合作企业共建“中国（海南）-柬埔寨胡椒标准化栽培示范基地”，成为农业农村部认定的首批境外农业合作示范区建设试点。合作企业帮助当地改善基础设施和教育卫生条件，提升当地农民生产、生活和教育水平，对扭转当地贫穷落后面貌具有重要意义。

第一节　项目简介

近年来，柬埔寨政府实施的“三角战略”和“四角战略”，通过优化农业产业结构，推动了国家经济的稳步增长。贡布胡椒是柬埔寨首个荣获地理标志认证的产品，被誉为世界上最好香料之一，因而在柬埔寨农业产业中占据着举足轻重的地位。然而，由于缺乏专门的科研机构进行系统研究，柬埔寨胡椒产业在技术积累方面明显存在短板，栽培技术、病害防控及产品初加工等生产环节相对落

作者：杨建峰，中国热带农业科学院香料饮料研究所研究员，栽培与农业生态研究室主任，胡椒研究中心主任。

后，标准化生产水平低，种植面积小、单产低等问题已成为制约该国胡椒产业发展的瓶颈。

中国热带农业科学院香料饮料研究所（以下简称热科院香饮所）是中国唯一从事热带香辛饮料作物研究的公益性农业科研机构，自 2015 年起，该所联合在柬中资企业，在柬埔寨桔井、西哈努克、贡布和白马等省市推进胡椒种植项目，致力于技术攻关，构建柬埔寨胡椒标准化生产技术体系。热科院香饮所多次派遣专家团队赴柬开展胡椒产业调研、技术培训、示范基地建设及技术示范推广等工作，以先进技术助力柬埔寨胡椒产业提质增效和农民增收。

第二节　技术、路径及特色

柬埔寨和中国互为亲密友邻和全面战略合作伙伴，也是“一带一路”共建国家，支持其经济社会发展是维护和推动中柬及中国－东盟双边关系的需要。为打破农业结构单一的制约，实现多元化发展，柬埔寨把胡椒作为重要发展农业产业，近年来发展迅速。自 2014 年起，热科院香饮所便为中资企业在柬埔寨桔井省的胡椒种植提供及时支持，调研覆盖了柬埔寨 80% 的胡椒主产区，摸清了柬埔寨胡椒产业的基本情况，并形成了柬埔寨胡椒产业考察报告，为柬埔寨胡椒产业提出发展建议。此外，出版了《湄公河国家重要热带香料饮料作物产业发展报告（汉英对照）》，进一步摸清了产业本底情况，为今后开展深入合作奠定了基础。

通过关键技术区域适应性试验、示范基地技术集成示范和技术培训等多方面努力，研发并推广了胡椒种苗标准化繁育技术、旱季水肥协调促果技术及主要病害综合防控技术；建立了 3 个胡椒标准化种植技术、胡椒 / 槟榔复合栽培和胡椒瘟病综合防控技术试验示范基地，总面积达 40 hm^2，辐射带动了柬埔寨桔井省 320 hm^2 胡椒种植技术水平的显著提升。示范基地的胡椒长势明显改善，根据挂果情况预测，产量从 410 kg/ 亩（黑胡椒）提升至 500 kg/ 亩（黑胡椒），增幅达 22%。

一、关键技术

胡椒作为多年生作物，种植后仅需 3 年即可迎来首次收获，其经济寿命更是长达 20 ~ 30 年。在良好的管理条件下，胡椒园的年产量可高达 1 500 ~ 2 250 kg/hm^2，而管理得当胡椒园年产量甚至能达到 3 750 ~ 4 500 kg/hm^2。柬埔寨凭借其得天独厚的土壤和气候条件，成为胡椒种植的理想之地，其黑胡椒品质世界闻名，尤以贡布省最为著名，堪称世界胡椒消费者的圣地。贡布胡椒品质卓越，荣获了包括欧盟地理标志在内的多项权威认证。

在胡椒种植管理过程中，掌握关键栽培技术是确保高产稳产的关键所在。目前，普遍采用胡椒主蔓为种苗材料，这种种苗称为插条苗。插条苗的质量直接关系植株初期的成活率和抽蔓率，进而影响植株后期的生长、产量及其整体寿命。

（一）胡椒种苗标准化繁育技术

1. 插条苗与修剪

插条苗的质量标准：蔓 5 ~ 7 个节、蔓龄 4 ~ 6 个月、长度 30 ~ 40 cm、直径达 0.6 cm 以上，气根发达且已“生根”，顶端两个节各带一个分枝，片叶 10 ~ 15 张，无病虫害和机械损伤。

插条苗修剪：当胡椒主蔓生长 4 ~ 6 个月时，可以割蔓，以春秋两季为宜，秋季不宜迟于 9 月，并选择阴天或晴天下午进行。高温干旱、低温季节以及在椒园发生胡椒瘟病时，不宜割蔓，以免影响母树生长和育苗成活率，导致病害蔓延。割蔓前 10 ~ 15 天，需去除主蔓顶端 3 ~ 5 节幼嫩部分，同时计算每条主蔓可切取的种苗数，保留每株种苗应带的两条分枝，割除其他多余分枝。此举可抑制主蔓向上生长，使组织充实、老化，提高切取苗成活率，且植后抽蔓快，生长整齐。割蔓时，需按整形要求，使用锋利的枝剪或小刀将主蔓切断，然后解开缚蔓的塑料绳，由下而上地将气根从支柱上拉下，小心取下主蔓，在阴凉处尽快按种苗标准切取插条。切口要平滑，防止破裂，保持湿润，及时进行育苗或定植。

2. 插条种苗培育

苗圃地应选排水良好、土层深厚、砂质、靠近水源且静风的平地或缓坡地。育苗前半个月需垦地，清除树根、杂草、石头等杂物，土壤经充分暴晒后打碎起畦。畦高约 30 cm，面宽 1.2 m 左右，沟宽约 40 cm，畦面要平整，苗圃周围要开排水沟。育苗前应准备好荫蔽物或架设荫棚，荫蔽度 70% 左右。

一般在晴天下午或阴天进行育苗，种苗要按长短和粗壮分级，按约 30 cm 的行距开沟，沟的一面做成约 45° 的斜面，弄平压实，将种苗按约 15 cm 的株距排列，种苗上端两节露出上面，气根紧贴土壤，盖土后压紧，但不可压伤种苗，然后淋足水，若未事先架设荫棚，需插上荫蔽物，若为了补种，可事先用塑料袋育好种苗，以便补种后易于赶上原种植株。

育苗初期半个月内需经常淋水，保持土壤湿润，干旱时更需勤淋水。种苗约7天开始发根，成活后可以逐渐减少淋水次数，注意防控病虫害，种苗培育一个月便可出圃。

（二）旱季水肥协调促果技术

柬埔寨在气候上呈现出明显的旱季和雨季之分，其中5—10月为雨季，11月至翌年4月为旱季。恰逢旱季期间，胡椒正处于灌浆期和果熟期，此时土壤水分匮乏，不仅影响胡椒正常生长和果实发育，还可能导致植株出现落叶、落花、落果，甚至枯死现象。因此，旱季对胡椒的水肥管理至关重要。应对这一问题，可采取以下措施。

一是间作。胡椒与槟榔、橡胶、椰子、菠萝蜜等作物进行间作或复合种植，有利于改善田间小气候，减少旱季太阳直射，从而降低水分蒸发，有利于保持田间土壤水分。二是定植。利用生长中的植物主干作为胡椒攀缘的支撑，如槟榔、橡胶、厚皮树等。此举同样能减少太阳直射，降低水分蒸发，有利于保持田间土壤水分。三是松土。对胡椒园土壤进行松土处理，不仅能改良土壤物理性状，提升通气保水能力，还有利于胡椒的生长。此外，土壤松翻暴晒还能起到灭菌作用，是一项重要的防病措施。四是覆盖。实验证明，覆盖后的土壤更为疏松，结构良好，日温差降低，显著提升了胡椒吸收根的生长效率，促进了植株对水分和养分的吸收。经连续覆盖6年，累计产量比对照组提高24.9%～30.5%，增产效果明显，经济效益突出。五是水肥一体化技术。鉴于干旱季节土壤水分不足对胡椒正常生长的影响，应及时补充水分。对于起垄栽培的胡椒园，可进行沟灌，但水位不宜超过垄高的2/3，以确保水分慢慢渗透。若胡椒园地不平整，可将垄沟分段灌水，使全园土壤湿透。一般不宜采用淹灌方式，以防止水害和病害传播。条件允许时，可采用喷灌，因其启动快，操作简便，效果良好。补水作业宜在上午、傍晚或夜间土温较低时进行。在高温干旱季节，土壤温度较高时，不宜对中小胡椒灌水，以防根系损伤及花叶病发生。

（三）胡椒主要病虫害防控技术

胡椒瘟病、根结线虫等是胡椒主要病虫害，防控原则应遵循“预防为主，综合防治”的植保方针，从种植园整个生态系统出发，针对胡椒大田生产过程中主要病虫害的发生特点及防治要求，综合考虑影响病虫害发生和为害的各种因素，以农业防治为基础，加强区域性植物检疫，协调应用生物防治、物理防治和化学防治等措施，对病虫害进行安全、有效的控制。

一般来说，长期降雨和排水不畅导致胡椒园积水，是造成胡椒瘟病发生和流行的重要因素。因此，采用以控制胡椒园水分为主的综合农业措施，尽早发现病害，及时和适当地使用化学农药，对胡椒瘟病的防治有良好的效果。主要农艺措施包括以下 4 个方面。一是新建胡椒园要搞好规划和基本建设。每个椒园的面积一般 0.2 ~ 0.3 hm^2 为宜，选择排水和透水性较好的土壤。完善排水系统，开设环园排水沟，修筑梯田，等高起畦，椒头培高等。二是加强抚育管理。注意培育和选用无病壮苗，除草松土和施肥时，不要损伤椒头和根系，避免椒头长时间淹水。三是加强病情调查和病区隔离工作。在病害流行季节，特别是在台风雨后，安排专人负责普查病害发生情况。一旦发现病害，应及时施药防治，并立即封锁病区，尽量减少病菌通过水流和人为传播的途径和机会。四是做好园区排水及防风林建设，有效防止或避免胡椒瘟病的发生和流行。一旦发生，可采用摘除病叶，喷施 68% 精甲霜 · 锰锌或 25% 甲霜 · 霜霉威或 50% 烯酰吗啉 500 倍液等方法进行化学防治。病死株需及时挖除，并清除残枝蔓根，集中至园外烧毁。病死株植穴可用火烧或 2% 硫酸铜液消毒，或暴晒至少半年。阳光暴晒和火烧植穴一般半年后才能确保无病菌残留。

此外，胡椒尚未实施机械化耕作，相关研究还处于空白，生产上尚无成熟的技术和配套机械设备，“机器换人”成为胡椒产业可持续发展的迫切需求。宜机化胡椒种植模式及机械施肥是未来的发展方向，可以显著降低劳动强度，保障种植管理水平。热科院香饮所研发的垄内宽行、垄间窄行、主根朝向宽行的诱根宜机化种植模式，松土、肥料深施一体化免回土螺旋式双行智能控制耕作装备，以及机械化耕作配套技术和减施增效复合式控释肥，将使胡椒种植管理端首次实现机械化，解决人力投入最多的耕作环节降本问题，生产效率提高 5 倍以上，综合成本降低 36%，产投比显著提高，农户收入将大幅提升，对促进主产区以胡椒产业带动乡村振兴具有重要现实意义。

二、技术路径

一是开展实地调研，全面了解柬埔寨胡椒产业发展诉求。热科院香饮所先后获得亚洲区域合作项目和海南省重点研发项目的支持，累计 5 次前往柬埔寨实地调研，收集有关资料，深入了解柬埔寨胡椒产业的发展现状及存在问题，掌握当地的气候特征和品种特性，通过小区试验，对优良种苗繁育、高产栽培及主要病害防控等关键技术进行区域适应性研究，优化并集成本地的标准化栽培技术；同时，建立标准化示范基地，进行示范展示和辐射带动。

二是开展技术示范，促胡椒增产帮助农户得实惠。针对柬埔寨胡椒种苗质量不高、旱季暴晒影响胡椒生长，以及雨季胡椒瘟病频发等生产技术难题，热科院香饮所开展了技术研发和示范工作。技术专家亲自指导公司农业技术员，再由技术员传授给种植户，有效提升了当地胡椒生产的技术水平。

三、项目特色

本项目通过产学研深度融合，助力中柬胡椒产业化合作。2015 年，在柬中资企业——绿洲农业发展（柬埔寨）有限公司，结合当地胡椒发展诉求与潜力，有意在其桔井基地开展胡椒种植。热科院香饮所积极响应，并推动产学研合作，为企业提供技术支持，完成基地的种植规划，并为即将开发的超过 1 000 hm^2 胡椒种植基地提出科学规划与技术指导。同时，开展柬埔寨胡椒高产示范基地建设合作，为该基地的建设提供技术支持。

技术团队通过实地调研，明确产业发展方向。调研覆盖柬埔寨 80% 的胡椒主产区，全面掌握了柬胡椒产业的基本情况，形成了柬胡椒产业考察报告，并为柬埔寨胡椒产业提出了发展建议，出版了《湄公河国家重要热带香料饮料作物产业发展报告（汉英对照）》。在摸清产业本底情况后，技术团队开展了针对性技术研发和区域适应性试验，研发了多项关键技术。针对柬埔寨干湿分明的气候特点，结合主产区土壤特性，进行了单项技术试验，并集成了一系列标准化栽培技术，涵盖雨季胡椒瘟病农业综合防控、旱季遮阴抗旱增产及胡椒优良种苗繁育技术等。

第三节　减贫成效

在示范基地带动生产技术水平提升方面，通过开展技术集成示范，项目在桔井省和西哈努克市建设了550亩胡椒标准化栽培示范基地；示范基地的胡椒长势明显提升，最主要病害——胡椒瘟病发生率控制在10%以下，产量提升22%；项目还编写了境外培训技术资料2套，拍摄胡椒生产技术视频2部；开展标准化种植、病害综合防控及分类加工等技术线上指导与培训8次，累计培训309人次。此外，技术应用后，胡椒的增收使当地农户的平均年收入提高1 000美元，相当于当地3～4个月的平均工资。

在科企合作助力柬胡椒输华方面，与企业合作在桔井省共建的胡椒生产示范基地，被中国海南省农业农村厅列为“中国（海南）–柬埔寨胡椒标准化栽培示范基地”，并成为农业农村部认定的首批境外农业合作示范区建设试点。企业无偿提供200亩土地，支持热科院香饮所用于开展热带作物生产技术研发与示范，持续带动当地农业经济发展。在热科院香饮所技术支撑下，柬埔寨胡椒获准输华，目前已有28家公司获得胡椒输华许可。

在重视宣传工作扩大科技减贫影响力方面，项目成果参加外交部澜湄项目成果展2次，项目成效得到相关部委肯定；项目组在柬工作照获得“一带一路”热带农业摄影展一等奖、“锦绣澜湄”摄影大赛三等奖；联合农影中心等媒体拍摄胡椒等生产技术及宣传视频5部。

第四节　适宜推广区域和国家

胡椒受自然气候影响显著，易遭受病虫为害，导致产量极不稳定。20世纪60年代，世界胡椒产量仅为11万t左右，经过近30年的发展，至20世纪90年代初，世界胡椒产量突破20万t。此后，尽管胡椒产量仍有波动，但总体呈快速上升趋势。2000年世界胡椒产量突破30万t，2014年已突破40万t。截至2019年，全球40多个国家种植胡椒，种植面积近50万hm^2，总产量近59.2万t。

其中，绝大多数胡椒种植集中在亚洲，该区域种植面积最广，产量最高，约占全世界总产量的 80%，主要国家包括印度、印度尼西亚、马来西亚、斯里兰卡、越南、中国、泰国、柬埔寨等；其次为南美洲，以巴西为主，产量约占世界总产量的 18%。此外，南美洲的厄瓜多尔及非洲的马达加斯加等国也有少量种植。项目技术适用于上述国家，但需要依据当地气候条件及植株生长特性进行部分调整。

第五节　小结及启示

一是立足本土化需求，实现技术精准适配。跨国农业合作需以深入调研为基础，精准对接当地实际需求。柬埔寨胡椒产业长期受限于生产技术落后和标准化程度低，中方团队通过 5 次实地调研，系统分析了气候特征、土壤条件及病害规律，并针对性地研发出雨季瘟病防控、旱季遮阴抗旱等本土化技术。因此，农业技术输出不能简单“移植”，而需基于实地数据开展适应性改良，确保技术方案的精准性和可操作性。唯有扎根实际，才能实现从“授人以鱼”到“授人以渔”的转变。

二是构建多方协作机制，强化技术转化效能。产学研深度融合是项目成功的关键。中方科研机构、在柬企业与当地农户共同形成了“技术研发－示范推广－产业应用”的闭环链条。热科院香饮所与绿洲农业发展（柬埔寨）有限公司共建示范基地，通过“专家培训技术员、技术员指导农户”的阶梯式传递模式，确保技术落地。此外，企业无偿提供土地支持研发，政府通过政策引导和资金扶持推动合作深化。这种多方协作机制不仅加速了技术转化，还激发了产业链各环节的积极性，为农业国际合作提供了可复制的合作范式。

三是兼顾经济与社会效益，推动可持续发展。农业合作项目不应局限于短期经济目标，而应关注长期社会价值。中方团队在提升胡椒产量的同时，协助改善当地基础设施、教育卫生条件，并帮助农户增收。此外，项目还推动柬埔寨胡椒获准输华，为产业注入市场活力。这些实践表明，农业合作应坚持“发展共享”理念，既要通过技术赋能增强产业竞争力，又要通过民生改善提升社区福祉，最终实现经济效益与社会效益的良性互动。只有将技术合作与民生发展紧密结合，才能为“一带一路”倡议下的农业合作注入持久生命力。

畜牧养殖篇

畜牧养殖篇涵盖3个畜禽类典型案例，系统展示了中国农业科研团队在畜牧养殖领域的技术推广路径与国际协作亮点。牦牛扶贫案例中，中国农业科学院兰州畜牧与兽药研究所培育的大通牦牛和阿什旦牦牛新品种在青藏高原和帕米尔高原地区推广，完成了从制种供种到扩繁推广的“育繁推”一体化进程。华西牛育种案例，北京畜牧兽医研究所成立肉牛联合育种组织，创新“科研单位、种公牛站、核心育种场、育种群”为依托的联合育种创新模式，形成肉牛联合育种机制和市场化推广模式。冻精和种公牛推广覆盖全国，并拓展至老挝等“一带一路”共建国家。白羽肉鸡种业振兴项目，技术团队开发国内首款肉鸡SNP芯片，推动实施肉鸡基因组育种等核心技术。白羽肉鸡品种已经出口至巴基斯坦、坦桑尼亚、塔吉克斯坦等国，促进中国与东亚地区在肉鸡育种领域的交流与贸易合作。

第十六章
“科技牛”
牦牛扶贫模式赋能高原地区减贫

案例概要：“牦牛扶贫模式”从青藏高原到帕米尔高原，加速牦牛产业发展，助力牧区脱贫攻坚和乡村振兴。中国农业科学院兰州畜牧与兽药研究所牦牛资源与育种创新团队，以培育良种为核心，成功培育出大通牦牛和阿什旦牦牛两大品种，完成了从制种供种到扩繁推广的“育繁推”一体化进程。新品种在中国青海、甘肃等省区成功推广，生产性能和综合品质均达到国际同类型生态区牦牛的领先水平。以强产业促转型为重心，制定了牦牛系列国家及行业标准、搭建了牦牛产学研用平台、发展了加工业延伸牦牛产业链。大通牦牛推广的种牛和冷冻精液覆盖了中国牦牛产区的75%，被农业部（现农业农村部）列为2007年、2013年及2023年的主导品种。牦牛已成为高原地区“科技牛”“增收牛”，走出牧区、走向全国。

第一节　项目简介

“十二五”以来，国家高度重视牦牛产业发展，一系列科技项目得以立项实施，为牦牛产业高质量发展提供了资金支持。团队先后获得公益性行业专项、国家科技支撑计划、国家自然科学基金、国家肉牛牦牛产业技术体系、国家重点研发计划等项目立项，累计获得科研经费近亿元。项目由阎萍研究员牵头，联合国

作者：阎萍，中国农业科学院兰州畜牧与兽药研究所研究员；梁春年，中国农业科学院兰州畜牧与兽药研究所主任；褚敏，中国农业科学院兰州畜牧与兽药研究所副研究员。

内多家高校、科研单位及企业，各取所长，协同攻关，共谋牦牛产业发展。

在项目推动下，成功培育阿什旦牦牛新品种1个，挖掘甘南牦牛、帕米尔牦牛、查吾拉牦牛、肃南牦牛、肃北牦牛、美仁牦牛系列遗传新资源6个，创建了甘南牦牛、大通牦牛、阿什旦牦牛高效繁育技术体系，构建了娟犏牛、安犏牛、新疆褐牛等二元、三元高效经济杂交体系，研发出牦牛低成本高效液相育种芯片1套，制定国家标准《牦牛生产性能测定技术规范》，农业行业标准《甘南牦牛》《畜禽品种（配套系）阿什旦牦牛》《牦牛人工授精技术规程》等系列标准10项，主持建成农业农村部青藏高原畜禽遗传育种重点实验室、农业农村部畜产品风险评估重点实验室、甘肃省牦牛繁育工程重点实验室和甘肃省草食畜繁育国际合作基地，牵头成立国家牦牛产业提质增效科技创新联盟，主编《中国牦牛》等著作10余部，培养硕博研究生85人，西部之光访问学者7人，促进了中国动物遗传育种与繁殖学科发展。团队主办第五届国际牦牛大会，与美国、德国、英国、西班牙、新西兰、尼泊尔、埃塞俄比亚、巴基斯坦、塔吉克斯坦等多个国家建立合作关系，先后为坦桑尼亚、埃塞俄比亚、巴基斯坦等发展中国家培养博士研究生5人，与国际山地综合发展中心、尼泊尔农业研究理事会、国际家畜研究所等科研机构建立长效合作机制，对尼泊尔、不丹、塔吉克斯坦等牦牛产区国家开展技术培训和牦牛冻精输出，对喜马拉雅－兴都库什地区牦牛产业振兴产生了积极的推动作用。

第二节　技术、路径及特色

中国是世界牦牛的主产国，牦牛是中国青藏高原和帕米尔高原地区的主导畜种，目前数量约为1 600万头，除中国外，邻近青藏高原和帕米尔高原的其他国家约有130万头。牦牛在当地人民的生产和生活中扮演着重要角色。中国在牦牛品种培育、资源挖掘利用及产品加工领域均处于世界领先地位；在项目实施过程中积累了多项原创技术成果；在大通牦牛培育过程中，首次提出利用同种野生近祖培育牦牛新品种的方法；在阿什旦牦牛新品种培育中，创建了无角性状标记辅助选择技术体系，并创建了牦牛全基因组选择技术体系，为牦牛育种工作提供了理论基础和技术支撑。

一、关键技术

（一）大通牦牛培育技术

在大通牦牛新品种培育之前，育种学家为提高牦牛生产性能进行了大量种间杂交试验，然而，牦牛杂交改良存在明显弊端，由于牦牛与普通牛的杂交后代雄性不育，种间杂交改良牦牛所获得的优良性状和生产性能无法通过横交固定、自群繁育的方式稳定遗传给后代，只能作为经济杂交用于商品生产，从而限制了其进一步利用。此外，不同产地、品种的牦牛因体质差异较小，杂交效果亦不甚理想。

中国农业科学院兰州畜牧与兽药研究所（以下简称兰兽药所）的科研工作者在长期的牦牛育种工作中考察发现，野牦牛是中国现存的珍贵野生牛种之一，具有极好的产肉性能和适应能力，且野牦牛与家牦牛杂交所产生的后代不存在生殖问题。基于此，兰兽药所与青海省大通种牛场合作，利用中国特有野牦牛遗传资源作为父本，家牦牛作为母本，历经 20 年攻坚克难，成功育成了含有 1/4 野牦牛血液的大通牦牛新品种。在育种过程中，科研团队攻克了野牦牛捕获、驯化、采精、冻精研制及人工授精等一系列技术难题，首次在世界上成功将野牦牛驯化为种用公牛，并实现人工采精，首次制作了野牦牛冷冻精液，制定了《野牦牛驯化与饲养管理规范》，建立了世界上第一座公牦牛站和牦牛种畜场，并开创了牦牛育种的先河。

科研团队首次在牦牛育种中大面积地应用人工授精技术，并取得了显著成效，研制野牦牛冷冻精液的制作工艺流程和操作规范，筛选出牦牛、野牦牛冷冻精液专用稀释液配方。这些技术突破不仅成功培育了大通牦牛，也为今后牦牛育种及品种改良提升奠定了坚实的技术基础。

（二）阿什旦牦牛培育技术

牦牛产区生产方式正逐步从传统的四季放牧转向放牧加补饲的模式，越冬补饲已成为牦牛生产的重要方式。除此以外，为提升牦牛肉的脂肪含量和风味，牦牛屠宰前的短期育肥技术也在广泛推广。然而，舍饲、半舍饲养殖体系的建立，逐渐突显出由牦牛角带来的弊端，牦牛本身野性十足，在自然放牧状态下鲜少争斗，而在舍饲环境下，由于活动空间受限，牦牛容易发生争斗，而牛角则成为互相伤害的利器，且有角牦牛更容易对圈舍设施和饲养人员造成伤害。

因此，培育无角、易饲养、易管理的牦牛品种显得十分必要。阿什旦牦牛通过选择育种法，以无角牦牛为父母本，采用测交和控制近交方式，有计划地应用群体继代选育法，建立育种核心群，进行强度选择与淘汰，通过自群繁育、选育提高、推广验证等主要阶段，最终培育出生产性能高，尤其产肉性能和繁殖性能优异、体型外貌一致且无角遗传性能稳定的优良新品种。

阿什旦牦牛培育技术突破了分子标记辅助选择鉴定角性状变异位点的技术瓶颈，缩短了育种周期，提高了育种效率，加速了育种进程。这一成果为牦牛品种培育开辟了新路径，充分展现了牦牛遗传育种研究在国际上的领先地位。

（三）牦牛良种繁育及高效生产技术

以青藏高原牦牛资源为基础，以肉用选育方向为目标，依托中国农业科学院兰州畜牧与兽药研究所的科技实力，借助青海省大通种牛场、海北藏族自治州畜牧科学研究所、甘南藏族自治州畜牧工作站等单位的成熟推广经验，搭建产学研一体化平台，联合攻关。通过牦牛遗传改良、功能基因挖掘利用、科学选种选配、纯种繁育、定向培育以及科学饲养等系统性研究，从体型外貌、体质类型、生长发育、繁殖性能、性状遗传和种用价值等多维度全面开展牦牛良种繁育，牦牛高效生产技术集成与应用。

提高牦牛繁殖性能和生产性能，提升产值收益。按照优中选优、科学选种选配的原则，组建牦牛选育核心群，应用本品种选育、杂交改良技术，结合分子标记辅助选择和功能基因挖掘等分子生物学技术手段，促进优良基因聚合，提高选种效率。大通牦牛、甘南牦牛制种供种能力显著增强，改良牦牛生产性能明显提升。同时，示范推广牦牛营养平衡供给、放牧补饲、强度育肥、适时出栏等系列实用高效生产技术，促使牦牛生长发育加快、体重增加、产肉性能显著提高。整合、集成的综合配套技术在甘肃、青海等青藏高原高寒牧区广泛推广应用，年改良牦牛数量 100 万头以上，有效推动了牧区经济的稳定发展。

（四）牦牛液相芯片高效育种技术

团队研发了 7K cGPS 功能育种液相芯片，突破了传统固相芯片的局限，实现了更大规模的基因分型。通过使用自主研发的牦牛 7K 液相捕获精准定位测序分型芯片，对牦牛功能基因进行筛选和鉴定，筛选出影响牦牛生长发育、奶品质等重要经济性状的候选基因及其变异位点，构建了甘南牦牛、天祝白牦牛、玉树牦牛分子选育技术体系，从而加速了选育进程。利用该芯片，已筛选出与牦牛生长性状、产肉性状、产乳性状、产毛性状等重要经济性状相关的候选基因 20 个，并应用于阿什旦牦牛、玉树牦牛的选育，有效缩短了育种周期，提升了育种效率。目前，该芯片的应用已取得一系列原创性成果，并已申请国家发明专利 15 项，预计在未来的牦牛育种中将会发挥更大的作用。

二、技术路径

项目遵循技术研发至示范推广的技术路径，全面开展牦牛品种培育、选育改良、高效养殖及产品加工等一系列工作。

（一）技术研发

项目组织本领域内最具产业研发和应用示范实力的科研院所、高校及企业，建立产学研一体化的攻关联合体，以牦牛产业为基础，从全产业链创制角度出发，研发牦牛产业发展核心技术，涵盖牦牛品种培育、改良提升、高效牧养到屠宰加工的全产业链过程，通过良种繁育、健康高效饲养、生产智能管控、产品梯次加工等全产业链关键技术的研发，构建起牦牛产业发展的核心技术体系。具体包括：优化牦牛本品种选育技术和牦牛杂交改良技术，创新利用牦牛分子育种技术，构建牦牛良种繁育关键技术；综合利用饲草料提质增效加工贮藏技术、牦牛母牛快繁饲养技术、优质牦犊牛培育技术及牦牛差异化精细饲养技术，集成牦牛饲草料均衡供给与差异化精准饲养技术；研发牦牛行为监测及信息化管理系统，探索牦牛生产现代管控关键技术；研发牦牛肉、乳高值化加工及副产物高效利用的产品加工利用先进技术。

（二）示范推广

培育的大通牦牛、阿什旦牦牛新品种在主产区周边进行示范推广，逐步扩大良种覆盖范围，并进行效益评价，在取得预期效果后，逐步推广至各大牦牛产区。目前，大通牦牛新品已覆盖青海省 39 个县，辐射到新疆、西藏、内蒙古、四川、甘肃等全国各大牦牛产区。每年向贫困落后地区推广大通牦牛种公牛 2 000 头，累计改良牦牛 180 余万头，为贫困牧民年增收 2 万元以上，累计新增经济效益逾 20 亿元。阿什旦牦牛种牛及冻精累计改良当地牦牛 62.07 万头，平均繁活率提高了 11.72%，18 月龄体重比当地同龄牦牛提高 24.71%，新增经济效益 10.83 亿元，显著促进了中国青藏高原和帕米尔牧区的脱贫攻坚。所研发的关键核心技术已在国家及省级农业科技园区示范应用，并逐步推广到全国牦牛产区，形成了可复制、可推广的发展模式。

三、项目特色

项目针对牦牛产业发展中存在的良种缺乏、良繁技术体系不健全、良种供应不足、生产性能欠佳、规模化饲养和加工技术滞后、产业效益不稳等突出问题，从育品种、建体系、强技术、育人才等关键环节入手，开展科研攻关，研发目标清晰明确。通过传统繁育与现代分子选育技术耦合应用，实现精准选育高效扩繁，丰富牦牛品种资源，为产业发展奠定坚实基础；构建良繁技术体系、高效经济杂交体系，扩大良种覆盖度，因地制宜提升牦牛的经济利用价值；研发现代营养代谢调控、草畜平衡调控、疾病防控、产品加工等关键技术体系，弥补产业技术短板，延伸产业链，全面提升产业收益；开展技术培训、资料发放、基层技术人才培养，提高基层技术人员科技水平，增强农牧民科学观念意识，将知识与技术留在牧区，加速推进牦牛产业现代化发展进程。

第三节 减贫成效

大通牦牛种公牛改良后代各年龄段体重比当地家牦牛提高 15% 以上，产肉率显著高于同龄家牦牛，且具有更强的抗逆性。在推广过程中，每年改良牦牛约 30 万头，覆盖到中国牦牛产区的 80%，新增经济效益 15 亿元。目前，大通牦牛已成为牦牛产区广泛推广应用的新品种和新技术。其育种核心群已达 2.5 万头，年供种能力达 2 200 头，年生产冷冻精液 10 万支。每年推广大通牦牛种公牛至牦牛产区 2 000 头左右，为牧民年增收 2 万元以上。阿什旦牦牛以其优良的产肉性能，强抗逆性，高繁殖性能和显著的经济效益，特别是其无角特性便于集约化养殖，深受牧民欢迎。培育期间，已向甘肃、青海、西藏等省区中试推广种公牛 3 950 头，改良了当地牦牛品种。改良后裔在同等饲养条件下，平均繁活率为 59.98%，比当地牦牛提高 11.72 个百分点；18 月龄体重平均为 92.77 kg，比当地同龄牦牛高出 18.38 kg，提高了 24.71%，增产增效显著。创建的牦牛杂交繁育模式，利用娟珊牛冻精对甘南牦牛进行杂交。杂交后代娟犏雌牛初次发情配种年龄 1.5 岁，比牦雌牛提前 2 年，整个养殖期（按 10 年计算）比牦牛多产 4 ~ 5 胎，多 4 ~ 5 个泌乳期；2.5 岁初产娟犏雌牛泌乳旺季日产奶量为 7.5 ~ 10 kg，是当地犏雌牛产奶量的 2 ~ 3 倍，牦雌牛的 5 倍；娟犏牛 2 ~ 3 岁育肥出栏，比牦牛饲养周期缩短 2 ~ 3 年，专业合作社繁育的娟犏雌牛 1 ~ 1.5 岁售价 7 500 ~ 12 000 元 / 头，比同龄当地犏雌牛高出 3 000 ~ 8 000 元 / 头，同龄娟犏牛售价在 4 000 ~ 5 000 元 / 头，比本地牦牛高出 2 000 ~ 2 500 元 / 头。此外，利用安格斯牛冻精授配犏雌牛提高犏雌牛后代生产性能，杂交后代通过补饲培育，全部育肥产肉，安格斯尕力巴初生重比本地尕力巴提高 8 kg，6 月龄体重提高 33 kg，牧民增收效果显著。

挖掘的系列牦牛资源，不仅丰富了中国牦牛种质遗传资源，提升了牦牛种业竞争力，还在资源发掘过程中，促进了科研单位、政府和企业的密切配合，推动了产学研落地实施，通过推广科学养殖、建立合作社、打造品牌等措施，提升了牦牛产业的现代化水平，增强了市场竞争力，进一步促进了牧民增收。“甘南牦牛”“肃南牦牛”等多个牦牛遗传资源已被认定为“地理标志”产品，打出特有的“名片效应”，有效提升了牦牛相关产品的知名度和产品附加值，为牦牛产品打破壁垒，走出牧区，走向全国，进入国际市场奠定了良好基础。

“牦牛扶贫模式”从青藏高原推广到帕米尔高原。多年来，持续引进良种牦牛，对牧民坚持技术帮扶，引进的优良牦牛种牛被分散到边境线上 13 个村的牦牛群中进行品种改良，改良后代基本辐射到塔县边境线 800 多千米的牦牛养殖区域。通过扎实推动牦牛产业扶贫，倾情助力当地壮大牦牛产业，牦牛已成为帕米尔高原的“科技牛”“增收牛”“守边牛”。

综上所述，牦牛产区减贫成效显著，牦牛产业链的延伸，如乳制品、肉制品加工和旅游业的发展，为牧民提供了更多的就业机会，帮助他们实现了多元化的收入。生活上，随着经济收入的不断增加，牧民的生活条件得到显著改善。牦牛产业的发展带动了牧区基础设施建设和公共服务提升，促进了社会进步，牧民安居乐业。此外，牦牛产业与藏族文化紧密相连，其发展不仅保护了传统文化，也促进了民族团结和社会稳定。生态上，随着生态平衡理念的普及深入，加之有效的科技支撑，近些年，在国家、政府、科研工作者及牧民的共同努力下，青藏高原、帕米尔高原生态环境明显改善，高原旅游业蓬勃发展，绿水青山变成了金山银山。

第四节 适宜推广区域和国家

项目所集成的关键技术已经在中国青藏高原及帕米尔高原牦牛产区广泛推广应用，取得良好效果。今后，中国牦牛产区应继续加大良种牦牛推广力度，持续开展科研攻关，让牦牛产业向现代化、智能化方向发展。

畜牧业是兴都库什喜马拉雅地区经济的主体，是当地牧民赖以生存发展的物质基础，对促进世界经济社会的可持续发展具有举足轻重的影响。人口在持续增长，人们的生计需求在不断提高，落后的育养手段，无专门化的品种选育导致牦牛品种退化，生产性能低，牧民增收缓慢等问题更加突出。近年来，尼泊尔、不丹、印度、巴基斯坦、塔吉克斯坦、蒙古国等周边牦牛养殖国家通过中国牦牛新品种改良当地牦牛、引进中国牦牛生产管理系列标准、构建现代化牦牛饲养管理技术体系的诉求日益剧增。因此，今后在国际合作领域与周边牦牛饲养国建立合作，通过品种和技术走出去，对周边牦牛产区国家开展技术转移，拓展国际合作，将中国优良种牛、冻精推广出去，提升毗邻国家牦牛产业发展水平，共同推动国际牦牛产业的可持续良性发展。

第五节 小结及启示

自“十一五”以来，牦牛产业发展势态较好：一是由于国家高度重视牦牛产业，心系藏区、心系牧民，给予了资金保障；二是各级政府充分意识到牦牛产业对产区经济发展的主导作用，及其在牧民脱贫致富中的关键作用；三是产学研各方密切配合，联合科研攻关，科研单位、高校各取所长，提供技术支撑并引领发展，及时推广科研成果，促进了系列成果推广落地生根，开花结果。因此，持续推进基础研究，提升牦牛产业科技水平，科研单位、高校、技术推广部门及企业需进一步加强合作，联合攻关，这是保障牦牛产业长足发展的重要技术支撑。

一是做强基础研究，促进牦牛产业发展。2012 年以来，科研人员构建出牦牛全基因组序列图谱，不仅为牦牛遗传多样性和遗传育种研究提供了有价值的科学基础，也对高海拔地区动物的遗传适应性做出了很好的阐释。基因组测序技术、分子标记技术、基因组选择技术、基因编辑技术、基因芯片研发等分子育种技术的快速发展，使建立牦牛现代分子育种技术平台成为可能，通过早期选种缩短世代间隔，提升育种效率。中国牦牛品种具有丰富的遗传多样性和优良的生产性能，持续推进不同品种牦牛优异性状遗传机制解析，进一步揭示重要经济性状的遗传奥秘，对中国牦牛资源保护利用、精准育种及新品种创制具有重要意义。

二是建立牦牛联盟，促进成果落地。为了更好地促进产学研融合，阎萍研究员于 2018 年 5 月牵头成立“国家牦牛产业提质增效科技创新联盟”，联盟成员包括了中国牦牛产业的主要研究机构、高校、企业以及推广应用单位共 93 家，其中企业 37 家、推广单位 25 家、科研单位 18 家、高校 12 家及协会 1 家。联盟以“共享、分工、协作、绿色、创新”为宗旨，以全面振兴国家牦牛产业为己任，以牦牛遗传育种及资源利用、规范化绿色养殖、标准化加工、现代化销售为抓手，以转变牦牛养殖方式、加工方式和营销方式为主线，解决了全国牦牛科技资源分散的问题，促进了协同创新，突破了青藏高原草畜牧业发展的瓶颈，努力将牦牛产业培育成为中国的区域优势品牌产业，强力助推生态畜牧业发展。联盟致力于优化牦牛产业结构及布局、创建协同高效的新型农业科技创新网络、促进牦牛产品加工标准化、牦牛产品销售现代化与脱贫攻坚协调推进等工作，并努力推动构建中国牦牛产业“一区两翼”发展布局，即以青海、四川、西藏和甘肃为牦牛主产区，同时辐射新疆、云南牦牛产区，建成具有中国特色的现代牦牛产业体系，实现牦牛养殖增效、产品增收、品牌增值的目标。

综上所述，牦牛产业高质量发展离不开国家、政府的长期支持，需要强化科技支撑，整合多方力量，加快牦牛产业科技成果转化，并加强国内外合作交流，实现牦牛科技资源优势集成，共同推进牦牛产业发展，守护青藏高原、帕米尔高原的蓝天绿地，谱写牦牛壮、牧业强、牧民富、牧区美的新乐章。

第十七章
华西牛育种技术的减贫之路：从中国自主创新到全球共享

案例概要：中国自主知识产权肉牛品种华西牛是我国完成肉牛育种技术从“跟跑”到“并跑”最终“走出国门”的成功实践。中国农业科学院北京畜牧兽医研究所在内蒙古乌拉盖地区历经43年精心培育出华西牛品种，打破了肉牛核心种源严重依赖进口的局面，依托“全国一盘棋”联合育种和创新模式，将华西牛品种推广至中国12个肉牛产业优势省份，取得了良好的经济、社会和生态效益。通过创新联合育种机制和示范推广模式，华西牛品种进一步推广到老挝等“一带一路”共建国家，提升了当地肉牛生产水平，优化了“一带一路”肉类供给体系。

第一节　项目简介

中国是世界肉牛生产大国，牛饲养量位居世界第三，牛肉消费量位居世界第二，而进口量为世界第一。立项之初，国内肉牛生产水平低，胴体重仅为美国大型品种同期单产水平的40.6%，良种覆盖率也仅为45%左右，核心种源长期依赖进口，育种技术体系落后，这些因素严重制约了中国肉牛业健康可持续发展。针对上述问题，为保障畜产品有效供给，提升中国牛肉自给率和生产水平，中国农业科学院北京畜牧兽医研究所（以下简称牧医所）李俊雅研究员带领团队，数十年如一日，潜心钻研，在复杂的育种环境中不断攻关，最终成功培育出拥有中国

作者：王泽昭，中国农业科学院北京畜牧兽医研究所助理研究员；张帅，中国农业科学院国际合作局国家合作处副处长。

自主知识产权的专门化肉牛新品种——华西牛。该品种经过系统的性能测定和严格的科学选育，在生长速度、屠宰率、净肉率等关键指标上均达到国际先进水平。在项目实施过程中，团队成功建立并完善了国家肉牛育种数据库，构建了中国第一个肉牛全基因组选择技术平台，实现了从传统育种向现代分子育种技术的升级换代。此外，团队开创性地成立了中国首个实体化肉牛联合育种组织——华西牛育种联合会（北京联育肉牛育种科技有限公司），统一品种登记、性能测定、选种选配、遗传评估和宣传推介，形成了以科研单位为研发和技术支撑、以种公牛站和核心育种场为实施抓手、以育种群为依托的“全国一盘棋”联合育种攻关新模式，为其他大动物联合育种提供了新范式。经测算，截至目前，华西牛新品种推广和肉牛全基因组选择分子育种技术的应用已累计产生经济效益 106.32 亿元。

第二节　技术、路径及特色

中国是世界畜牧业生产大国，肉牛业产值超 5 000 亿元。全球约 10% 的牛饲养在中国，肉牛屠宰头数位列世界第一，牛肉产量居世界第三位。但国内牛肉产量尚不足以满足消费市场的需求，2022 年肉牛消费量达 986.93 万 t，其中进口牛肉 268.94 万 t，进口量位居世界第一。而肉牛良种覆盖率低和生产效率低是主要瓶颈。2017 年《中国肉牛产业——主导品种和主要杂交群体调查报告》显示，西门塔尔牛及其杂交群体占肉牛存栏量的 60% ~ 70%，核心种群的种质供应约 65%依赖进口。因此，打好种业翻身仗，抓紧培育具有自主知识产权的优良品种，提高核心种源自给率，已成为当前畜禽育种工作的重中之重。在国际竞争日趋激烈的背景下，提升中国畜禽种业的竞争力已上升为国家战略，有利于保障国家粮食安全和稳定。

在项目实施前，中国肉牛育种技术体系不健全，育种科学基础研究薄弱，技术相对落后。一是遗传改良的基础工作薄弱。肉牛育种缺乏有效的规划与指导，良种肉牛品种登记、体型鉴定、生产性能测定等基础工作尚未有效开展，积累的育种数据量极其有限。二是缺乏自主供种的高性能肉牛品种。国内种公牛总体性能不高，难以满足良种需求，育种群体规模小，未建立自主良种培育机制，大部分种公牛依赖国外引进。三是育种技术体系落后。受限于育种数据的积累，肉牛育种技术严重落后于发达国家，长期跟随国外新理论、新技术，缺乏原始创新，难以支撑肉牛种业发展。

针对以上问题，牧医所建立了国内首个肉牛全基因组选择参考群体，提出了具有自主知识产权的高效基因组育种值估计新方法，研发了国内首款大规模商业化应用的肉牛育种芯片，构建了肉牛全基因组选择分子育种技术体系，完善了肉牛遗传评估体系，实现了传统育种向现代分子育种技术的升级换代，缩短了华西牛新品种培育的世代间隔，加快了遗传进展。在培育过程中，成立了首个实体化肉牛联合育种组织，创新了联合育种攻关新模式，形成了大动物育种“全国一盘棋”的育种组织模式，育成了具有自主知识产权的专门化高效肉牛新品种华西牛，打破了肉牛核心种源严重依赖进口的局面。项目取得了良好的经济、社会和生态效益，为中国肉牛业的可持续健康发展和种业安全提供了重要保障。

一、关键技术

牧医所成功构建了中国首个肉牛全基因组选择技术平台，实现了从传统育种向现代分子育种技术的升级换代。针对肉牛育种周期长，传统育种技术选择遗传进展慢的问题，建立了我国首个肉牛基因组选择参考群，规模达 4 338 头，是目前国内规模最大、性状最全的参考群体，为全基因组选择技术的研发和应用提供了重要支撑。研发了高效的基因组育种值评估技术，提出了适合中国肉牛群体的优化 Bayes 新方法，使基因组育种值估计准确性提高了 10% 以上；针对贝叶斯方法计算效率低的问题，研发了自适应多链并行计算技术，达国际领先水平；同时开发了基于机器学习的 KcRR 算法，GEBV 准确性提高了 13.09%，运算速度比 GBLUP 和 BeyesE 快 20 ~ 4 000 倍，达国际领先水平；基因组选择技术的应用，使世代间隔缩短了 40%，遗传进展提升了 20% 以上，实现了传统育种向现代分子育种技术的升级换代。

二、技术路径

华西牛品种是中国肉牛自主供种能力显著提升的标志。华西牛具有高生长速度、高屠宰率、高净肉率、适应性强、分布广等特征。该品种于 2021 年获国家畜禽遗传资源委员会颁发的畜禽新品种证书（农 02 新品种证字第 9 号）。目前，华西牛育种群体规模已达 2.28 万头，拥有国家级华西牛核心育种场 5 个，存栏采精种公牛 426 头。该品种已在 12 个肉牛产业优势省份广泛推广，近 3 年累计推广冻精 1 600 万支以上，占全国冻精市场的 19.4%。此外，华西牛优秀冻精和种公牛已成功推广到老挝等“一带一路”共建国家，提升了我国肉牛产业的国际影响力。

（一）全国华西牛育种数据统一采集和管理系统

针对中国肉牛产业现状，项目团队制定了行业标准《肉牛生产性能测定技术规范》，实现了华西牛全国测定“一把尺”标准，开发了数据收集和传输的计算机网络系统，系统化地汇总整理了华西牛育种相关数据，并及时补充和更新了数据库，构建了“繁育场 + 养殖场（企业）+ 规模养殖户”一体化的数据收集模式。通过核准和育种数据采集及管理系统的推广应用，实现了华西牛育种数据的规范收集及高效利用，为华西牛新品种的培育和后期全国范围内的推广打下了坚实的基础。目前，已收集并存储了全国 5.6 万头华西牛的 26 万余条生产性能测定数据，76 万余条配种记录及 6 万余条生产记录。项目利用常规选配和基因组选配相结合方式，制定了育种群体的选种选配方案，并通过华西牛数字信息化平台实现了选配智能化和信息化，使后代育种群体的遗传进展最大化。

（二）以“华西牛走出国门”为契机，提升中国肉牛产业的国际影响力

为提升老挝等“一带一路”共建国家的肉牛生产水平，将华西牛优秀冻精和种公牛引入到老挝，通过培育老挝优质肉牛品种、提升肉牛养殖效率和水平，提高牛肉产量，助力老挝从传统肉牛生产模式向高产优质的现代化肉牛生产体系转变。目前，双方已初步达成协议，将从老挝肉牛品种改良入手开展合作，前期计划向老挝捐赠华西牛冻精 10 万剂及种公牛 10 头。“华西牛走出国门”不仅将完成其在不同气候和环境条件下的适应性试验，验证其优异的生长性能、抗逆性和繁殖能力，同时也为相关国家的肉牛养殖提供高效、优质的种质资源，进一步提升当地肉牛生产水平，助力全球肉类供给体系的优化。更重要的是，这一举措彰显了中国在肉牛遗传育种领域的技术实力，推动了中国自主培育肉牛品种在国际市场上的认可度和竞争力，显著提升了中国肉牛产业的国际影响力，为中国畜牧业“走出去”战略奠定了坚实基础，促进了农业科技合作与全球畜牧业的共同发展。

三、项目特色

创新联合育种机制和示范推广模式，提高了华西牛核心种源自给率，国内冻精市场占有率达 19.4%，为大动物育种提供了典型新范式。

一是形成多部门协同推广模式，提高了核心种源自给水平。华西牛适应性强，易饲养管理，既适应中国牧区、农区以及北方农牧交错带，也适应南方草山草坡地区。随着育种工作的深入，以及联合科研院所、企业和技术推广单位协同推广华西牛新品种，通过"合作协议技术服务 - 基地共建"等方式加大华西牛推广力度，育种群体所在省份从最初的内蒙古、河南、湖北、吉林、云南和新疆 6 省区扩展到全国 12 个省份，实施统一登记制度，开展全国范围的推广应用。构建了国内最大的华西牛育种群，存栏规模达 2.28 万余头，建成国家级华西牛核心育种场 5 个，存栏采精种公牛 426 头，已在 12 个肉牛产业优势省份大面积推广，近 3 年累计推广冻精 1 600 万剂以上，占全国冻精市场的 19.4%，提升了中国肉牛自主供种能力。

二是创新联合育种机制，实现华西牛联合育种"全国一盘棋"。针对肉牛育种企业分散、种群规模小、技术力量薄弱等问题，在项目单位指导下，国内主要肉牛育种企业自发组织，开创性地成立了中国第一个实体化的肉牛联合育种组织——华西牛育种联合会（北京联育肉牛育种科技有限公司），形成了以科研单位为研发和技术支撑、以种公牛站和核心育种场为抓手、以育种群为依托的"全国一盘棋"联合育种攻关新模式。带动国内主要肉牛育种团队和企业开展联合育种，开创了中国肉用种公牛联合后裔测定先河，建立了集生产性能测定平台、大数据信息共享平台、遗传评估平台、分子育种技术平台、育种评价示范平台于一体的良种联合攻关平台，指导全国开展统一品种登记、性能测定、选种选配、遗传评估和宣传推介，为大动物联合育种提供了新范式，实现了大动物育种工作的产学研深度融合。

三是举办全国种公牛拍卖会，创新市场化推广机制，实现优种优价。率先举办全国种公牛拍卖会，充分挖掘优秀种公牛的市场价值，有效促进了肉牛种质优质优价。利用项目建立的国家肉牛育种数据库和全基组选择技术平台，对参拍种公牛进行常规遗传评估和基因组遗传评估，四届拍卖会共 280 余头种公牛参与拍卖，总成交额达 3 500 余万元。第四届全国种公牛拍卖会共有 40 头华西牛参与拍卖，总成交金额 725 万元，占总拍卖额的 48%，其中 1 头 GCBI 最高的华西牛成为标王，成交价 66 万元，是历届最高价的 2.8 倍，创历届全国种公牛拍卖会新高，充分体现了华西牛的市场价值和推广前景，实现了科技成果的快速落地生“金”。

第三节　减贫成效

在减贫成效方面，极具市场竞争力的华西牛新品种的育成，打破了引进品种对中国肉牛品种市场的垄断局面，有效保障了中国肉牛种业安全。这一突破从技术上改变了中国肉牛自主供种能力弱、严重依赖国外引种的历史，预计到 2027 年，年提供优秀种公牛将达到 500 头以上，自主供种率将提升至 80%，实现核心种源自主可控。此外，采用基因组选择技术，华西牛育种世代间隔已从 5 年缩短至 3 年左右，相较于传统后裔测定体系，可节省约 75% 的育种成本，单头种公牛育种成本可从 20 万～30 万元降低至 4 万～7 万元，且有进一步降低的空间。不仅大大节约了育种成本，更标志着我国肉牛育种核心技术从“跟跑”迈向“并跑”，实现了肉牛种业科技自立自强。

由项目单位牵头，华西牛育种联合会应运而生，并指导成立了中国首个由育种者自己出资组建的肉牛联合育种经济实体组织。目前，参与联合育种企业总数达 60 余家，形成了“全国一盘棋”的华西牛联合育种模式，联合体规模持续扩大，进一步加快了华西牛群体遗传进展。在乡村振兴方面，通过积极打造“华西牛”品牌，采取“公司 + 合作社 + 农户”的合作模式，引导农民深度参与育种、养殖、屠宰、运输等肉牛生产的各个环节，构建了稳定的利益联结机制，带动了 3 000 多农户投身肉牛养殖事业。

第四节　适宜推广区域和国家

2019 年，中老两国签署协议，老挝从中国政府获得了 50 万头活牛的出口配额，但老挝肉牛品种的遗传水平低，难以满足出口标准。在“一带一路”倡议和

《中国共产党和老挝人民革命党关于构建中老命运共同体行动计划》（2024—2028年）框架下，为提升老挝肉牛生产水平，进一步深化中老两国在肉牛育种领域的深度合作，2024 年 10 月，华西牛育种联合会代表团与老挝国家农林部领导进行了多次会谈，提出向老挝援助 10 万剂华西牛冻精及 10 头种公牛，旨在提升老挝肉牛群体生产性能。双方计划共建肉牛联合育种实验室、畜牧业技术培训基地，培养肉牛养殖技术人员，特别是繁育技术人员。待条件成熟时，将建设华西牛育种基地，使华西牛在老挝落地生根。此举不仅推动了中国自主培育的肉牛品种在国际市场上的认可度和竞争力，还显著提升了中国肉牛产业的国际影响力。

第五节　小结及启示

中国是世界牛肉生产大国，肉牛业产值超 6 000 亿元。2023 年，肉牛消费量达到 1 027 万 t，其中进口占比 26.25%，进口量位居世界第一，且呈现逐年上升趋势。在品种方面，据统计，截至 2024 年上半年末，中国肉牛存栏量超 1 亿头，其中西门塔尔牛及其杂交群体占 60% ~ 70%，约 70% 的核心种质依赖进口。牛肉和主导品种核心种源的大量进口，不仅加剧了中国肉牛产业对国际市场的依赖风险，也对中国粮食安全构成严重威胁。其根本原因在于缺乏自主培育的高产高效专门化肉牛品种，导致肉牛生产效率低下，难以满足市场对牛肉日益增长的需求。

中国自主知识产权的专门化肉牛新品种——华西牛，打破了中国肉牛核心种源严重依赖进口的局面，大幅提升了中国肉牛自主供种能力。同时，建立并完善了国家肉牛育种数据库，目前参与肉牛品种登记的牛只数量已达到 8 万余头，涵盖 48 个品种，生产性能测定数据累计达到 125 万余条。依托国家肉牛遗传评估中心连续 13 年发布《肉牛遗传评估概要》，健全了肉牛遗传评估体系。构建了中国第一个肉牛全基因组选择技术平台，该平台以基因组选择评估算法和基因分型技术为核心，配套以数据库建设、参考群构建和基因精细定位等技术集成应用，使自主品种遗传进展提升 20%，基因分型成本降低 80%，评估准确性提升 5.4%，评估效率提升 10 倍以上。这一技术缩短了大动物世代间隔，降低了基因型分型成本，加速了肉牛育种进展，实现了传统育种向现代分子育种技术的升级换代。

目前，该技术体系已推广应用到全国 25 家种公牛站和 12 家核心育种场及 12 家肉牛养殖场。2016 年，经中国农业科学院农业经济与发展研究所评估测算，自肉牛基因组选择分子育种技术推广以来，已获得经济效益 13.82 亿元，新增收益 11.48 亿元，科研投资年均纯收益率达到 13.88 元 / 元，项目成果推广的经济效益显著。该技术集成应用荣获 2017 年神农中华农业科技奖一等奖。

在华西牛推广应用方面，发起成立了中国首个实体化肉牛联合育种组织，形成了以科研单位为研发和技术支撑、以种公牛站和核心育种场为抓手、以育种群为依托的“全国一盘棋”联合育种创新模式，创新了肉牛联合育种机制和市场化推广模式。构建了国内最大的肉牛育种群体，华西牛规模达 2.33 万余头。积极打造“华西牛”品牌，育种群体已扩展至全国 12 个省份，实施统一登记制度，开展全国范围的推广应用。2024 年，华西牛种公牛新增 132 头，占全国新增种公牛的 12.1%。近 3 年累计推广种公牛 850 余头，推广冻精 1 000 余万剂，占全国市场的 19.4%，可配种 660 万头母牛，产生的后代可增加 2.34 万 t 牛肉产量，显著提升了中国肉牛核心种源自给率，保障了中国畜产品安全和有效供给。为进一步推广优良肉牛种质，连续 5 年组织举办全国种公牛拍卖会，累计成交 242 头种公牛，总拍卖额累计 4 636 万元，平均拍卖价格为 19.16 万元 / 头，远高于常规形式的种公牛销售价格（5 万元 / 头），实现了优种优价，激发了广大养殖户参与育种的积极性，破解了大动物育种难的问题。采取“公司 + 合作社 + 农户”的方式，引导农民从育种、养殖、屠宰、运输等多种途径参与到肉牛生产的各个环节，形成了稳定的利益联结机制，共带动 3 000 多农户参与肉牛养殖，促进当地乡村产业振兴。

第十八章
“中国芯片”赋能白羽肉鸡育种与产业减贫

案例概要：广明 2 号白羽肉鸡作为首批通过中国审定的白羽肉鸡新品种，实现了国产种源从 0 到 1 的历史性突破。中国农业科学院北京畜牧兽医研究所与佛山市高明区新广农牧有限公司基于国内首款“京芯一号”基因芯片，联合培育了广明 2 号，显著提升了种鸡生产性能，降低了肉鸡育种成本和引种成本，提高了养殖户收益与行业经济效益。在中国，该品种已在 10 个白羽肉鸡产业优势省份广泛推广。面向国际社会，广明 2 号白羽肉鸡品种以其高效节粮优势，在全球食物安全战略中发挥重要作用；白羽肉鸡新品种与育种技术已输出至巴基斯坦、坦桑尼亚、塔吉克斯坦等“一带一路”共建国家，形成优势互补，推动国际白羽肉鸡产业链发展。

第一节　项目简介

中国肉鸡产业经过 30 多年的发展，出栏量已达全球首位，鸡肉已成为全国第二大消费肉类。2024 年，其产量高达 2 637 万 t，约占肉类总量的 27%，为肉类保供稳价作出巨大贡献。中国肉鸡主要分为白羽肉鸡、黄羽肉鸡和小型白羽肉鸡三大类。其中，2024 年白羽肉鸡年出栏约 90 亿只，出肉量占鸡肉总产量的 67% 以上。其料重比低、生长速度快、生产效率高等显著优势，使其成为畜牧业乃至农业中产业化、规模化、市场化程度最高的产业，在保障肉类供应、节约

作者：赵桂苹，中国农业科学院北京畜牧兽医研究所研究员。

粮食和资源方面发挥重要作用。然而，全球白羽肉鸡品种由国际家禽巨头控制，中国每年引进祖代种鸡 80 万 ~ 120 万套用于生产，种源完全依赖进口。20 世纪 90 年代，中国开展了白羽肉鸡育种工作，培育的艾维茵肉鸡一度占国内白羽肉鸡 50% 左右的市场份额。进入 21 世纪，中国白羽肉鸡育种中断，生产中使用的良种全部从国外引进。近年来，在《全国肉鸡遗传改良计划（2014—2025）》的推动下，中国白羽肉鸡在育种技术研究、新品系培育、疾病进化等方面取得了显著进展，为重启中国白羽肉鸡育种工作奠定了良好的基础。中国农业科学院北京畜牧兽医研究所（以下简称牧医所），历经 13 年科技攻关，成功培育出中国首批白羽肉鸡新品种——广明 2 号。广明 2 号白羽肉鸡新品种经过科学系统选育和杂交配套而成，采用了基因组选择等新技术，准确快速提高了遗传进展。该配种生长速度快、料重比低，主要生产性能与国际品种持平，展现出了广阔的推广应用前景。

第二节　技术、路径及特色

多年来，中国白羽肉鸡产业一直依赖进口种源，育种技术研发应用滞后，种业安全和产业发展存在重大隐患。相较于上百年育种历史的跨国公司所拥有的丰富的育种素材和先进的育种技术体系，中国白羽肉鸡育种存在明显的短板和差距。一是高生产性能遗传素材积累不足。国际育种公司通过合并重组，积累了性能优异的素材，而中国白羽肉鸡育种资源培育基础薄弱，优良育种素材数量有限。二是育种新技术研发应用不足。在基因组育种方面，中国起步晚于国际 5 ~ 6 年，应用程度低，快速追赶国际水平尚需时日；在性能测定方面，缺乏表型高通量智能化精准测定技术，数据自动采集和传输应用程度低。三是国产白羽肉鸡品种缺乏针对性的配套营养需要量和饲养技术，养殖技术体系尚不完善。

针对上述问题，即白羽肉鸡育种技术支撑不足，种源受制于人的产业困境，需深入剖析肉鸡饲料报酬、产肉率、抗病力等重要经济性状的遗传基础科学问题，通过研发智能精准的表型测定方法、开发自主知识产权的育种基因芯片、构建大数据的基因组育种体系，支撑精准高效的遗传选育。在此基础上，创制适合国内育种需求的白羽肉鸡新素材，培育具有市场竞争力的白羽肉鸡新种源和新品种。优异的种质素材是基础，育种新技术是支撑纽带，新品种是成果体现，配套的营养技术研发则能充分发挥新品种的遗传潜力。通过构建和完善四位一体的育种新体系，提升育种技术研发水平，落实科技自立自强、创制自主产权新种源的国家战略。

一、关键技术

广明 2 号以科尼什鸡、白洛克鸡等为育种素材，采用现代育种方法培育而成，属于快速型白羽肉鸡配套系。该品种于 2021 年 12 月荣获国家畜禽遗传资源委员会颁发的畜禽新品种证书（农 09 新品种证字 94 号），成为中国首批通过国家审定的白羽肉鸡新品种，打破了国外对中国白羽肉鸡种源的长期垄断。该配套系为三系杂交方式，具有高生长速度、高饲料报酬及高产蛋数等优良特征。截至 2025 年 3 月，广明 2 号白羽肉鸡存栏祖代种鸡已达 10 万套，占全国白羽肉鸡祖代存栏的 10%。目前，该品种已在 10 个白羽肉鸡产业优势省份广泛推广，累计推广父母代种鸡 410 万套以上，显著提升了中国白羽肉鸡的自主供种能力，取得了良好的经济、社会和生态效益。

广明 2 号研发项目成功构建了基于基因芯片的基因组选择技术平台，实现了白羽肉鸡从传统选育向基因组选育的技术迭代。研发出国内首款肉鸡 55K SNP 芯片“京芯一号”，为实施基因组育种提供了核心技术。芯片中新发现 SNP 位点数占比 31%，功能基因位点数占比 26%，位点检出率和重复率超过 99%，具有品种通用性强、经济性状关联度高、检测准确性高的显著优点。在国家级肉鸡核心育种场基因组选育中已应用 11 万张，支撑了广明 2 号白羽肉鸡等 5 个新品种通过审定。芯片获得了美国和中国发明专利以及北京市新产品证书。构建了白羽肉鸡从表型精准测定到智能化、大数据基因组遗传评估体系，使遗传选育进展提高 1 倍以上，选育时间缩短 2 ~ 3 个世代，有效加快了国产白羽肉鸡品种的培育进程。创建了血清酶活预测木质化鸡肉、X 光影像检测腿病等 5 项精准表型测定技术；制定了白羽肉鸡饲料转化效率、产蛋和抗病性状基因组选择方案 3 套。鉴定出影响胸肉率等 5 类经济性状关键变异位点或区间，解释性状遗传变异达 4.4% ~ 13.6%；研制出自动化育种管理系统和基因组遗传评估系统，极大地加速了广明 2 号白羽肉鸡新品种的选育进程。

二、技术路径

广明 2 号白羽肉鸡新品种集成了中国肉鸡育种领域最先进的育种技术，其成功培育打破了我国白羽肉鸡种源依赖进口的局面，有力地保障了中国畜禽种业安全。

一是发明了拥有自主知识产权的国内首款肉鸡 SNP 芯片“京芯一号”，成为推动肉鸡基因组育种的核心技术。“京芯一号”芯片具有品种适用性强、性状关联度高、检测准确性高等优点。目前，“京芯一号”已应用于 13 万只肉鸡育种群的基因组选育，使遗传进展提升 1 倍以上，有效支撑了广明 2 号白羽肉鸡、益生 909 小型白羽肉鸡等 5 个肉鸡新品种的培育。凭借其品种通用性强、性状关联度高、检测准确率高等突出优点，“京芯一号”芯片已广泛应用于地方种质资源分类、亲缘关系鉴定、性状基因组关联分析等研究领域，并作为基因分型的主要技术手段，应用于国家肉鸡核心品种的基因组选育。2018 年，牧医所联合 7 家育种企业，共同成立了“肉鸡基因组选择联盟”，共同推动了基因组育种技术的广泛应用。

二是构建了白羽肉鸡从表型精准测定到智能化、大数据基因组遗传评估体系。建立了 5 项重要经济性状的智能化表型测定技术，包括白羽肉鸡饲料利用效率性状测定技术、胸肌木质化的活体血清检测方法、腿部健康 X 光影像测定技术、胸肌重 B 超仪无损检测技术以及产蛋数性状的电子扫描手持机测定技术。解析了白羽肉鸡饲料报酬、产肉率、肉品质、产蛋数、抗病力 5 类重要经济性状的遗传基础，鉴定出的关键基因组变异位点影响性状的遗传变异达 4.4% ~ 13.6%，并将其作为先验信息应用于白羽肉鸡基因组选择方案。制定了针对不同专门化品系的个性化基因组选择方案。在父系品系中，以生长性能提升为主选方向，确定饲料报酬、体重、产肉率、成活率的加权权重，制定基因组育种值的综合选择指数。在母系品系中，以繁殖性能为主选方向、兼顾生长性能，确定产蛋数、受精率、成活率的加权权重，制定基因组育种值的综合选择指数，实施早期留种、循环选育方案。

三是构建了智能化、大数据肉鸡基因组育种平台，自主开发了“IAS- 肉鸡育种”数据采集管理系统，该系统可实现育种现场测定的体重、产蛋数等原始数据云同步到终端，并将原始记录自动汇总整理成系谱数据，解决了育种中最为重要的系谱档案标准化整合和最烦琐的数据录入纠错等难题。实现了基因组大数据的存储管理和开发应用，累计收集 11 万个肉鸡个体 30 多个表型性状的数据和约

150 TB 的多组学数据，为肉鸡经济性状遗传基础解析和基因组选择方案优化提供了重要支撑。综上所述，通过智能化、大数据基因组遗传评估体系的构建，实现了白羽肉鸡品系遗传进展提升 1 倍以上，节省了 2 ~ 3 个选育世代，实现了国产白羽肉鸡品种在短期迅速达到国际同期水平。

四是创制了自主产权的白羽肉鸡新素材 7 个，培育了国内首批通过审定的广明 2 号白羽肉鸡新品种，突破了白羽肉鸡种源的国际垄断局面。以科尼什、白洛克品种为基础素材，通过杂交导入技术，合成创制了特征突出、性能优异的白羽肉鸡育种素材，其中，2 个品系可用作终端父系，5 个品系可分别用作配套母系中的第一父系或第一母系。通过对白羽肉鸡育种新素材进行测定和筛选，利用基因组选择技术，系统开展了专门化品系的选育工作。历经三系、四系的多元杂交和配合力测定，最终确定形成了广明 2 号白羽肉鸡的配套组合方式。

广明 2 号白羽肉鸡终端父系完成了 9 个世代的选育，重点筛选饲料报酬、产肉率及腿部健康等性状；第一父系和第一母系完成 7 个以上世代选育，主要关注产蛋数、受精率及腿部健康等性状。广明 2 号父母代种鸡成活率为 93.0% ~ 95.0%，60 周龄入舍母鸡产蛋数可达 170 ~ 180 个；商品肉鸡 40 ~ 42 日龄体重为 2.8 ~ 3 kg；料重比达（1.45 ~ 1.55）：1，胸肉率高达 24%，与同期国际品种生产性能持平。2021 年 12 月，广明 2 号白羽肉鸡荣获国家新品种证书，成为中国首批通过国家审定的白羽肉鸡新品种。

三、项目特色

广明 2 号白羽肉鸡新品种的培育历时 13 年，在此过程中，得到了多个上级部门、兄弟院校和企业的大力支持，展现出显著的协作创新特点。

（一）构建了科企深度融合的国产白羽肉鸡联合创新体系

牧医所与新广农牧有限公司签订合作协议，明确了双方职责权利，建立了科企深度融合发展机制。牧医所将自身人才、技术、平台优势与新广农牧有限公司的资金、管理、产业优势进行互补整合，形成了以企业为主体、产学研用高度融合的商业化育种模式，实现了产业链、创新链、资金链、人才链的融会贯通。

广明 2 号的培育是一项涉及多学科协作的系统性工程。在培育过程中，除了依托牧医所鸡遗传育种团队的育种技术，在动物营养和饲料添加剂领域也开展了广泛的技术合作。联合该所鸡营养评定团队，利用单胃动物仿生系统评价饲料原料，确定广明 2 号商品肉鸡具有明显的节能特性。21 ~ 42 日龄饲料配比中可节省 30 kcal/kg（125.58 kJ/kg）的能量。此外，与北京挑战集团合作开发了提升广明 2 号生产性能的菌酶组合添加剂，设计了功能性添加剂酶制剂与益生菌的组合，有效提高了蛋白饲料消化吸收率。广明 2 号商品肉鸡上市体重提升了 3%，成活率从 95% 增至 97% 以上。

（二）建立了产学研一体化的国产白羽肉鸡联合推广机制

2019 年，农业农村部启动了畜禽良种联合攻关计划。在白羽肉鸡育种领域，成立了由国家肉鸡产业技术体系首席科学家文杰研究员领衔，佛山市高明区新广农牧有限公司牵头，牧医所、华南农业大学、山东民和牧业股份有限公司和山东凤祥股份有限公司参与的国家白羽肉鸡育种联合攻关小组。该小组坚持产业需求导向，突出企业主体，围绕产业链部署创新链，构建了完善产学研结合、育繁推一体化的白羽肉鸡育种协作机制，加速了中国白羽肉鸡新品种的推广应用。广明 2 号白羽肉鸡新品种已在山东、辽宁、河北、山西、江苏等地推广应用，截至 2025 年 3 月，已推广父母代种鸡 410 万套。广明 2 号新品种获得中国农业科学院十大标志性科技成就（2012—2022），两次获评中国种子协会 2021 年和 2022 年“中国种业十件大事”，在第二十四届中国国际高新技术成果交易会上获得“优秀产品奖”。“广明 2 号白羽肉鸡新种源创制与基因组育种技术体系构建”成果亦获得 2022 年度北京市科学技术进步奖一等奖。

第三节　减贫成效

在减贫成效方面，广明 2 号白羽肉鸡新品种的育成，打破了国外品种对中国白羽肉鸡种源的长期垄断，彻底扭转了中国白羽肉鸡种源严重依赖国外引种的局面。预计到 2027 年，该品种提供祖代种鸡将达到 40 万套，父母代种鸡 1 800 万套，白羽肉鸡自主供种率将达到 30%，实现核心种源自主可控。在广明 2 号的育种过程中，系统构建了基于基因芯片的大数据基因组遗传评估体系，使白羽肉鸡品系选育的遗传进展提升 1 倍以上，为广明 2 号的培育节省了 2 ~ 3 个世代的选育时间，保障了国产白羽肉鸡品种生产性能的快速提升。基因组选择技术在白羽肉鸡育种中的应用，能够节省约 75% 的育种成本，且基因芯片的价格较几年前有近 50% 的降幅，大大降低了育种成本。广明 2 号白羽肉鸡新品种的推广应用，使白羽肉鸡父母代的平均价格从 60 元左右降至 20 元左右，显著降低了养殖企业的引种成本。优良品种是种业的“金字塔尖”，一只优秀种源母鸡最多可以扩繁至 37 500 只商品肉鸡，种鸡生产性能的提升将大幅提升肉鸡行业的盈利水平。经测算，广明 2 号的推广应用，近 3 年来已实现直接经济效益超 90 亿元。

第四节　适宜推广区域和国家

白羽肉鸡以其高效节粮的特征，在全球肉类蛋白供给和食物安全战略中发挥着重要作用。作为全球广泛养殖的肉鸡品种，白羽肉鸡适合于全球所有国家养殖。广明 2 号白羽肉鸡新品种的育成，是中国畜禽种业振兴取得的标志性进展。面对国家“一带一路”倡议带来的新发展机遇，中国白羽肉鸡种业企业和科研院所应当协同攻关、锐意进取，在新品种培育及生产性能提升等方面取得更大的突破，为开拓国际新市场做好准备。加强与“一带一路”共建国家的产业链合作，实现优势互补，推动产业链的国际化发展，增进“一带一路”共建国家各国人民的福祉。2024 年 8 月，在国家各级农业农村部门的大力支持下，17.28 万枚广明 2 号白羽肉鸡父母代首次运抵巴基斯坦，预计未来可提供超 700 万只商品代肉鸡，即超过 21 000 t 鸡肉。广明 2 号的扬帆出航，标志着国产畜禽品种积极拓展海外市场迈出新的重要一步。

中国白羽肉鸡新品种近年来加大了对国外技术和品种的输出力度，积极拓展海外市场，目前已出口至巴基斯坦、坦桑尼亚等“一带一路”共建国家。2024 年 10 月，中国农业科学院举办了第四届畜禽种业科技创新大会暨白羽肉鸡“中国芯”走向“一带一路”交流会。来自巴西、伊朗、马来西亚、埃及、老挝、巴基斯坦、哈萨克斯坦和乌兹别克斯坦 8 个国家在内的近 400 名中外代表参加了会议。多家国外种鸡企业与中国白羽肉鸡育种企业达成了合作意向。中国白羽肉鸡育种企业将持续深入拓展国际市场，欢迎世界各国，尤其是“一带一路”共建国家引进中国白羽肉鸡新品种和育种技术。

第五节　小结及启示

近年来，中国成功培育了以广明 2 号为代表的国产白羽肉鸡新品种，构建了完整的白羽肉鸡育种技术体系，使得国产白羽肉鸡生产性能和国际主流品种持平。广明 2 号白羽肉鸡等新品种的培育成功，标志着中国在白羽肉鸡领域的自主育种实现“从 0 到 1”的突破，有力地保障了国家畜禽种业安全。面对国际种业巨头的市场竞争，提升国产白羽肉鸡市场占有率成为了当前国产白羽肉鸡新品种培育和推广的重要任务。本案例还建立了产学研紧密协作的推广模式，助力广明 2 号在国内的广泛应用，赢得了市场的广泛认可。截至目前，中国自主培育的白羽肉鸡新品种已占中国市场份额的近三成。此外，借助“一带一路”国际合作平台，广明 2 号还出口至巴基斯坦和塔吉克斯坦等国家。育种团队将以此为契机，加速构建全球合作网络，积极寻求与国内外养殖业者、科研机构及行业协会的深度合作，通过技术共享、市场共拓、品牌共建等多元化合作模式，共同推动全球肉鸡养殖业的创新发展，提升中国肉鸡种业在全球价值链中的影响力。

农产品加工篇

农产品加工篇通过3个典型案例，介绍了中国农业科研团队在农产品加工领域的技术创新与减贫实践。青稞精深加工技术案例，技术团队在西藏开展产业化加工关键技术和专用装备研发、高品质青稞产品及其功能性配料创制，推动青稞加工产业转型升级，建成全球规模最大的青稞米生产线，显著提升青稞产业附加值。玉米高效减损技术案例，创制智能干燥装备和绿色防控技术，解决玉米产后减损和毒素防控难题，推动企业标准化发展。澜沧江－湄公河薯类加工案例，薯类加工技术团队在加工与副产物综合利用领域与老挝、越南开展合作研发、示范基地共建与科企合作，促进薯类加工技术向澜沧江－湄公河国家转移，显著提升当地薯类产业水平。

第十九章
青稞加工助力中国科技援藏

案例概要：2016 年 7 月至 2019 年 6 月，作为中国农业科学院第八批对口援藏干部，王凤忠先后担任西藏自治区农牧科学院新技术引进与开发处处长、农产品开发与食品科学研究所所长及党支部书记。在思想上筑牢“四个意识”，肩负自治区主席援藏“六个一”的要求，即“组建一个研究所、带出一个科研队伍、成立一个产业化平台、开发一批产品、培育一批农产品加工企业、带动一方百姓致富”，全心全意融入雪域高原，积极探索农产品加工科技援藏新模式。援藏任务结束后，回到中国农业科学院农产品加工研究所，继续带领食物营养与功能性食品创新团队开展科技援藏工作，通过创新青稞等特色农产品的精深加工，带动农民增收，取得了显著成效。

第一节　项目简介

青稞是中国青藏高原重要的优势特色农产品，是藏区农牧民的“生命之粮”和“致富之粮”，也是开发营养健康食品的理想原料，在脱贫攻坚和乡村振兴中具有举足轻重的地位。但长期以来，青稞原料特征品质本底不清、加工关键技术和装备落后、高值化产品缺乏等瓶颈严重制约青稞产业发展。青稞原料与加工业比值仅 1∶0.18，加工转化率不足 28%、损耗率却高达 30%，远低于全国农产品加工平均水平。

本项目聚焦青稞品质评价与调控理论、产业化加工关键技术和专用装备研发，以及高品质青稞产品及其功能性配料创制。在国家重点研发专项、西藏自

作者：佟立涛，中国农业科学院农产品加工研究所研究员。

治区重大专项等项目资助下，历经10年的产学研联合攻关，取得了系列重大突破。项目成果包括授权国家发明专利33件，实用新型专利2件；发表论文47篇（SCI 18篇），出版专著2部；获省部级奖2项；制定地方、团体等标准19项。

目前，技术成果已成功应用于青海新丁香、西藏奇正等知名企业，新建和改建青稞加工示范线38条，并在西藏建成全球规模最大、工艺最先进的年产4万t青稞米自动化生产线。2020—2021年，带动应用企业新增销售额11.54亿元，新增利润1.38亿元，新增税收9 468.39万元；促进西藏及四省藏区青稞加工专用品种收购价提升31.6%，原料加工比值从1∶0.18提高到1∶0.36，带动11 371人脱贫，累计增加农民收入5 610.68万元，提供就业岗位5 115个，积极推动了青稞产业高质量发展。

第二节　技术、路径及特色

一、关键技术

一是首创了青稞多维品质评价理论，为青稞加工适宜性原料筛选奠定了理论基础。构建了涵盖“食用/营养/加工”的品质评价体系，创建了国内首个青稞多维品质数据库及青稞酚类化合物分析数据库，挖掘出我国青稞主栽品种的独特品质特征；研建了以破损淀粉含量、冻融稳定性、糊化温度等多维指标为基础的加工适应性评价模型，筛选出天佑德1号等41个适于加工的专用品种；揭示了青稞健康功效的主要物质基础——青稞β-葡聚糖和酚酸，深入阐明了其在血糖、血脂调节作用中的协同效应及其作用机制，建立了青稞β-葡聚糖、酚酸含量与食用、蒸煮特性和降血糖活性关系模型，明确了兼顾青稞营养和食用品质的适宜碾削率应控制在10%以内，为青稞功能性食品研发中优质原料的选取奠定了理论基础。

二是创制了青稞减菌灭酶、柔性碾削核心装备，突破了副产物品质调控关键技术，攻克了青稞品质保持难、加工损耗大的产业化难题。首创谷物粉体连续式蒸汽压差减菌灭酶核心装备，成功实现了初始高带菌量（103 CFU/g）粉体原料的瞬时（8 s）无损灭菌，脂肪酶和脂肪氧化酶的灭活率达到95%以上，青稞全粉保质期从不足3个月提升至10个月以上，填补了国内技术空白；集成创新了青稞籽粒柔性碾削分级制粉装备，实现了不同碾磨度青稞精细加工，碎米率降低20%，β-葡聚糖含量从4.8%提升至6.5%，出粉率由57%提高到79%，解决了青稞米面加工无专用装备的产业难题；突破了青稞麸皮热压蒸汽喷爆、内源性γ-氨基丁酸富集等副产物高值化利用关键技术，实现了麸皮和酒糟中β-葡聚糖、多酚、抗性淀粉等功能因子的绿色高效制备。

三是创制了青稞主食、低GI食品和高附加值配料，显著改善了产品的食用和营养品质，拓展了应用范围。基于专用型酵母发酵菌剂、无麸质凝胶体系构建等青稞主食品质调控关键技术，创制出青稞专用粉以及青稞面包、青稞挂面、青稞饼干等高品质面制品。其中，85%青稞全粉面包的比容接近全麦面包，青稞挂面蒸煮损失率降低20%以上；51% ~ 70%青稞粉含量的挂面达到低血糖生成指数（GI）食品标准（GI<55），断条率低于5%。低GI青稞米β-葡聚糖含量达到6.5%以上，蒸煮时间由50 min以上缩短至不足35 min，可与大米同熟。此外，还开发出高GABA青稞代餐粉、青稞膨化食品、青稞β-葡聚糖功能性饮品、青稞蛋白营养棒等高附加值产品，有效解决了青稞高附加值产品匮乏的产业问题。

二、技术路径

（一）打造特色产业发展模式

从编制《西藏自治区青稞产业扶贫规划》《西藏自治区农产品加工业发展规划》等入手，通过科技创新、人才培养和产业化示范，打造了特色产业助力脱贫攻坚样板。7年间，推动西藏原料与加工业比值从1：0.18提高到1：0.36，推动青海省青稞原料收购价格从2.10元/kg提升到4.20元/kg，实现了四省藏区青稞加工业从小、散、乱向标准化、产业化转型升级。

（二）推动青稞产业走下青藏高原

系统解决了青稞粉体减菌灭酶关键技术与核心装备缺乏的难题，实现了带菌量103 CFU/g的青稞粉体原料的瞬时无损灭菌，且有效降低了内源酶的活性，打破了以往青稞产品难以走出青藏高原的瓶颈。同时，通过系列加工技术开发出了美味与健康兼备的系列新产品，拓宽了青稞产品的消费市场。

（三）培养青稞产业亟须人才

王凤忠同志牵头筹建西藏自治区农牧科学院农产品加工所并任所长，填补了西藏无农产品加工科研机构的空白，培养了优秀援藏干部、“三区三州”人才、中国农业科学院转化英才和青年英才、科技扶贫先进个人等 12 人次。举办各类培训班 70 余次，培训技术人员超过 1 200 人，为中国青稞产业培养了大量人才。

三、项目特色

王凤忠研究员率领科技攻关小组前往拉萨、日喀则、山南、林芝、昌都、那曲、阿里 7 地市的 40 余个县，深入调研青稞、牦牛、藏猪、特色农产品加工产业和科研现状，参与编制完成了《青稞产业发展调研报告》《西藏农产品加工企业调研报告》《西藏青稞产业扶贫发展规划》等多项战略规划。同时，在与企业合作过程中，创新性地提出了“飞地扶贫”的产业扶贫新模式，得到国务院扶贫办主任刘永富、西藏自治区副主席庄严以及西藏自治区扶贫办的高度认可，为解决深度贫困区脱贫致富问题贡献了一条具有西藏自治区特色的扶贫方案。研发的青稞米和青稞挂面新产品成功入选国家扶贫产品采购名录，青稞自加热米饭被列为西藏军队指定产品，有效带动了西藏自治区桑珠孜区、定日县、昂仁县、林芝市等地的种养殖业发展。

第三节　减贫成效

围绕自治区对援藏“六个一”的要求，积极探索农产品加工科技援藏新模式，设立自治区农科院农产品开发与食品科学研究所；与中国农业科学院农产品加工研究所、中国农业大学等机构合作，培养了 50 余名农产品加工科技人才；完成了青稞、牦牛及特色类共 174 余个产品的研制工作；攻克了清洁化规模化糌粑、牦牛骨素、松茸保鲜等生产关键技术；首次利用新技术解决了脂肪氧化酶难以处理的世界性难题，开发的糌粑产品保质期可延长至 10 个月以上，获得农业农村部认可，并牵头制定了糌粑生产技术规程农业农村部行业标准。为解决青稞米腹沟无法有效脱皮的难题，与江南大学学者探讨柔性脱皮技术；为解决青稞米保质期短哈败的问题，回北京请教杂粮专家与设备专家，优选国际最先进的装备；为改善青稞米口感，与国内杂粮专家沟通探讨微缝化技术，完成青稞米的同蒸同熟、口味调整；为助力企业产品尽快打开市场，积极协调中粮集团、燕之坊等国内知名企业开展技术、市场对接。与区外专家合作，开发了年产 4 万 t 青稞米的区内最大生产线，青稞米入选国家扶贫产品采购名录，助力自治区 3 000 余人脱贫；为解决军粮地供和驻藏部队食品供应，带领团队创造性地把青稞米、牦牛肉、芫根巧妙搭配，提升了官兵的抗缺氧能力，青稞自加热米饭被列为西藏军队指定产品。此外，针对高原缺氧和干燥引发的战士鼻腔出血和结痂问题，团队研发了鼻腔喷雾剂，有效缓解了战士鼻腔出血和结痂症状，产品同时获得了自治区各厅局以及援藏干部好评。近年来，带动应用企业新增销售额 11.54 亿元，新增利润 1.38 亿元，新增税收 9 468.39 万元，助力自治区 11 371 人脱贫，累计增加农民收入约 5 610.68 万元。

第四节　适宜推广区域和国家

青稞和大麦是典型的高原杂粮作物，通常适宜生长在高海拔地区。该地区气候较为凉爽，昼夜温差较大，降水量适中且分布相对均匀。如青藏高原地区，海拔高导致气温较低，但充足的光照和较大的昼夜温差有利于青稞进行光合作用积累养分，同时这里的土壤条件也能满足它们生长的需求，使它们能茁壮成长，品质优良，展现出良好的适应性。

青稞主要分布在青藏高原周边及一些具有类似高原环境的地区。对于亚洲高原与冷凉气候国家，尼泊尔已在国内部分地区推广青稞种植，技术推广空间较大。对于中亚国家，如哈萨克斯坦、吉尔吉斯斯坦拥有广袤的高原草场和冷凉气候区，传统种植春大麦和耐寒小麦，在条件适合的前提下，有推广青稞品种的潜力。

第五节　小结及启示

通过扶持和培育当地优势特色农产品，发展加工业提升产品附加值，青稞产业化为贫困地区创造了就业机会和稳定的收入来源。这不仅有助于短期内的贫困缓解，而且能够为居民提供长期的经济保障。青稞精深加工后的低 GI 主食等健康产品，具有自我增长的潜力，一旦建立起良好的产业基础，它可以逐渐壮大并带动相关产业的发展。这将创造更多的就业机会，吸引更多的投资，最终促进整个地区的经济增长。产业扶贫不仅是向贫困地区提供物质援助，更是为其构建可持续的全产业链生态系统。通过培育当地特色产业，提升生产力，优化资源配置，可以帮助贫困地区摆脱长期的贫困状态。产业扶贫不仅涉及农产品加工的科技创新，而且还需涵盖种植、养殖、营销、市场开拓、技能培训、厂房建设等多个方面。这种综合性的支持能够在多个层面上提升贫困地区的整体发展水平。

第二十章
绿色高效减损技术助力玉米加工企业高质量发展

案例概要：“玉米真菌毒素防控与分级利用关键技术创新及应用”项目于2012年启动，由中国农业科学院主导，农产品加工研究所粮油减损与真菌毒素防控创新团队牵头，联合国内20余家科研院所及企事业单位共同推进。该项目创制了绿色、高效、智能的玉米产后减损技术，实现了玉米产后减损、玉米分级合理利用、玉米加工副产物的高值化安全利用，保障了国家粮食安全并推动了玉米加工产业高质量发展。玉米绿色高效减损技术与装备已在山东青岛、江苏等地企业推广应用，并通过示范企业带动，促进农民增收、带动农民就业，取得了显著的经济与社会效益。

第一节 项目简介

玉米是中国第一大粮食作物，约占粮食总量的40%，因其粮饲两用，成为保障中国粮食安全的重要基石。但是，玉米在种植和收储阶段易受到禾谷镰刀菌、串珠镰刀菌和黄曲霉等多种真菌的侵染，导致减产和品质下降，严重威胁玉米安全。更为严重的是，真菌产生的有强毒性和致癌性的真菌毒素，如呕吐毒素、玉米赤霉烯酮和黄曲霉毒素等，对食品和饲料安全构成严重威胁，危害人畜健康和玉米加工产业健康发展。在三大粮食作物中，玉米受毒素污染最为严重，每年毒

作者：邢福国，中国农业科学院农产品加工研究所研究员；杨博磊，中国农业科学院农产品加工研究所助理研究员。

素污染的玉米总量超过 680 亿 kg，相当于河南的粮食年产量。其中，重污染部分超过 135 亿 kg，造成的直接经济损失高达 380 亿元。

“玉米真菌毒素防控与分级利用关键技术创新及应用”项目创制了玉米专用系列自适应换向通风干燥装备，解决了玉米收获真菌毒素防控难题；研发了智能牵引式烘干机，解决了“烂场雨”导致的玉米快速干燥问题；研发了玉米贮藏真菌毒素绿色防控技术和真菌污染快速可视化检测技术，创制了天然防霉剂，破解了玉米贮藏真菌毒素防控难题；研发了玉米无损检测和智能分级分选技术及装备，实现了真菌毒素污染玉米的合理分级利用；开发了真菌毒素污染玉米原料、产品和加工副产物的安全物理、化学和生物脱毒技术，创制了脱毒制剂，推动了毒素污染玉米及其加工副产物的高值化利用。

第二节　技术、路径及特色

一、关键技术

一是创制了箱式、移动式和塔式通风干燥装备，解决了玉米收后干燥不均匀、易霉变的难题。针对传统烘干机能耗高、污染大、智能化低、干燥不均匀、玉米破损率高和应急性差等问题，研发了闭式热泵大温差高效除湿供热技术、高湿含尘尾气低成本零排放技术和高融合智能监测控制技术等一系列关键核心技术。基于这些技术，创制了 50 ~ 500 t/（天 · 套）大宗粮食闭式热泵除湿干燥智能装备，该装备在粮食干燥过程中对干燥余热进行高效回收和再利用。与传统燃煤粮食烘干装备相比，该装备实现了干燥能耗降低 30% 以上、干燥成本降低 40% 以上和干燥尾气零排放，同时显著提升了粮食烘干装备的智能化水平。

此外，创制了气吸循环式烘干机，将玉米破损率由传统烘干方式的 2% ~ 5% 降至 0.1% 以下，烘干效率提升 50%，实现了玉米烘干零破损、智能化和绿色低碳。同时，研发了智能化可移动牵引式烘干机，该设备工作状态“变形”为运输状态 30 min 内完成，符合国家上路限高要求；其转运速度 50 km/h，作业半径 1 000 km；降水速率每小时 4% ~ 5%，是普通烘干机的 4 倍，能够从容应对极端天气，有效解决“烂场雨”等自然灾害造成的粮食产后损失。

闭式热泵除湿粮食烘干机

气吸循环式粮食烘干机

智能化可移动牵引式烘干机

二是研发了玉米贮藏真菌毒素绿色精准防控技术，解决了玉米仓储真菌毒素防控难题。创制了复合植物提取物防霉剂，仅需 2 kg 即可处理 10 t 粮食，对霉菌和毒素污染抑制率达 90% 以上，有效替代了常用的化学防霉剂。同时，配套研发了液态型复合防霉剂专用雾化熏蒸设备，通过耦合低温和气调储粮技术，发明了玉米贮藏真菌毒素绿色防控技术，降低了玉米的呼吸作用，使其水分含量从原来的平均 1.5% 降至 0.5%，减损 1%，化学虫霉抑制剂用量下降近 70%，贮藏一年后仍保持新粮的品质。发明了黄曲霉和镰刀菌孢子核酸高效快速富集提取方法，以及真菌污染高灵敏、快速、可视化检测技术，检测时间由 12 h 降到 30 min 内，检测限降低 1 个数量级，实现了玉米真菌污染的快速监测，为精准防控提供了有力支撑。

三是创制了真菌毒素污染玉米智能分选装备；研发了真菌毒素污染玉米及其加工副产物的化学和生物脱毒技术，实现了毒素污染玉米的高效分级利用。针对玉米中主要真菌毒素，应用激光扫描、光谱成像等技术，构建了毒素污染粮食的定性分级模型和定量检测模型，研发出了玉米真菌毒素无损检测技术。同时，发明了激光诱导荧光、荧光检测技术，并结合多光谱探测与高灵敏度传感技术，研制了智能激光分选机，单次选净率达 97%，实现了对毒素污染玉米的精准识别和高效分级分选。与同类技术相比剔除准确率提升了 50%，实现了真菌毒素污染原粮的在线分级分选处理。

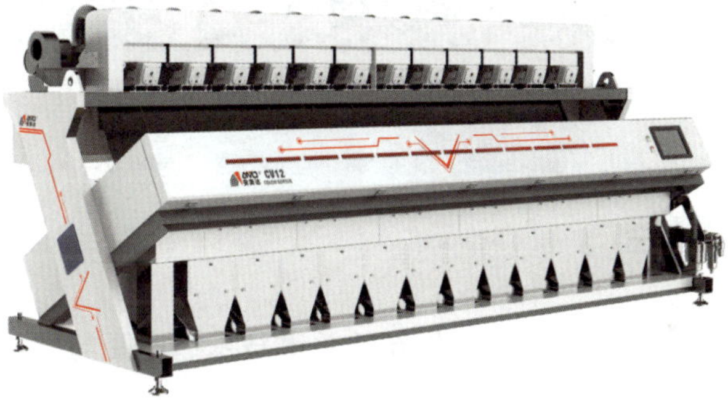

粮食智能激光分选机

研发出了真菌毒素污染玉米的安全脱毒技术，创制了脱毒酶 / 菌制剂，实现了毒素污染玉米的高效合理分级利用。同时，发明了玉米加工臭氧、亚硫酸和等离子体等安全脱毒技术，对黄曲霉毒素和玉米赤霉烯酮的脱除率超过 90%；筛选获得 16 株高效降解玉米赤霉烯酮、呕吐毒素和黄曲霉毒素的菌株，这些菌株均在食品或饲料添加剂目录内，进而创制了脱毒酶制剂 1 种、菌制剂 3 种，毒素脱除率超过 90%，且降解产物安全无毒。

四是发明了多层链板传送自动化固态好氧发酵装置，构建了全过程自动化发酵系统。该系统以毒素污染的玉米或加工副产物作为培养基，选用芽孢杆菌、乳酸菌等益生菌作为发酵菌种，发酵物料随链板一起缓慢传送，与氧气充分接触，降低毒素含量。全程无人自动化洁净空间操作，避免杂菌污染，缩短发酵时间，确保发酵产品品质。发酵后的产品黄曲霉降解率达到 97.8%，酸溶蛋白含量提高，小肽含量增加、氨基酸组成平衡，一次性实现毒素消除、产品增值和替代抗生素的三重效果，填补了国际空白。

多层链板传送自动化固态好氧发酵装置

二、技术路径

技术转让及示范推广。项目所创新的关键技术、产品与装备已经在山东鲁花集团有限公司、青岛天祥食品集团有限公司、安徽中科光电色选机械有限公司等20余家企业进行了技术转让及推广应用。此举形成了技术开发与应用紧密结合的“龙头企业+基地+农户”转化模式，推动了相关企业标准化、规模化和品牌化发展，带动了农民增收和就业，累计辐射玉米种植面积达1 000万亩，累计减损1 500万kg，玉米产后烘储加环节损失率控制在3%以内。

三、项目特色

发明的干燥系列装备在粮食干燥均匀度、能耗、低破碎率、烘干效率、环境污染和应急救灾等方面技术全面领先，实现了粮食产后的绿色保质减损。

相比化学杀菌剂磷化氢等存在毒性残留及施用过程易引起中毒等问题，开发的天然防霉剂在食用和施用上均安全可靠，绿色防霉、杀虫、保质，且与温控和气调储粮技术协同作用，使粮食贮藏降低1%，粮食品质提升30%。

发明的玉米无损检测和智能分选技术与装备，对霉变玉米剔除率超过 99%，剔除准确率提升 50%，实现了真菌毒素污染玉米的合理分级利用。

第三节　减贫成效

该项目创新的多项玉米真菌毒素防控与分级利用关键技术、产品与装备已经在山东三星玉米产业科技有限公司等 11 家企业推广应用，构建了技术开发和应用相结合、“龙头企业 + 基地 + 农户”的转化应用模式，推动了企业标准化、规模化、品牌化发展，近 5 年累计新增销售额 11.89 亿元、利税 1.90 亿元，经济效益显著。过去，玉米在存储加工过程中，霉变及真菌毒素污染严重，导致原料及副产物损失超过 15%，采用该项目发明的毒素防控与分级利用关键技术体系：在收获阶段应用换向通风干燥技术及装备，实现快速干燥；在贮藏阶段应用真菌毒素绿色防控技术，解决贮藏毒素污染问题；在加工阶段应用无损检测技术和智能分级分选技术及装备，实现玉米原料分级高效合理利用；针对毒素污染玉米原粮及加工副产物，应用安全脱毒技术，实现高效合理利用。通过这些措施，使 95% 以上的玉米原粮及副产物得到高效合理利用，整体损失率降至 5% 以下，取得了显著的经济效益和社会效益。

该项目提高了粮食质量安全水平，实现了玉米收储加工全程损失控制，在玉米加工企业的推广应用，减少了玉米产品因霉菌及毒素污染对企业造成的损失和对消费者产生的危害，为保障食品安全提供了关键技术支撑，有利于人民群众身体健康。

该项目提升了产品的国际竞争力，促进了出口贸易。成功打破了粮油产品贸易技术壁垒，促进了国际贸易发展。例如，山东三星玉米产业科技有限公司在玉米贮藏和加工过程中，采用该项目显著降低了因玉米赤霉烯酮、黄曲霉毒素等超标导致的损失，大幅提升了出口贸易额，增强了玉米加工产品的国际竞争力，大大提高了玉米加工企业的经济效益。

该项目还促进了农民增收、带动了农民就业。通过示范企业带动，推广粮食霉菌防控干燥、分选、贮藏和加工技术，增加了约 3 000 个就业机会，5 年累计增加农民收入约 2.1 亿元。

第四节　适宜推广区域和国家

该玉米真菌毒素防控与分级利用技术体系具备广泛的普适性，对全球玉米种植与加工产业链具有显著的推广价值。该技术覆盖了从田间收获减损到仓储保质环节，无论是小农户的传统晾晒场景，还是大型农场的机械化收获模式，该技术通过模块化设计可灵活适配不同生产规模。

东南亚的越南、菲律宾因热带气候导致收获季霉变率高，该技术可延长收获窗口期并实现仓储减损。中亚的哈萨克斯坦面临春玉米收获期降雨难题，智能烘干装备能有效应对。非洲的南非仓储设施陈旧，真菌毒素防控技术可降低毒素污染率，提升出口资质。此外，南美巴西与东欧俄罗斯等玉米出口大国也在积极寻求类似的绿色防控解决方案。

第五节　小结及启示

粮食安全是关乎国计民生的头等大事，也是国际社会长期面临的严峻挑战。习近平总书记强调“保障粮食安全，要在增产和减损两端同时发力”。因此，产后减损是解决中国粮食资源短缺、保障粮食安全，实现农业可持续发展最现实可行、最经济合理的重要途径之一。而玉米产后全产业链真菌毒素防控与分级利用关键技术体系的研发，对于保障我国粮食安全和食品安全，推动中国玉米产业高质量发展具有特别重要的意义。

针对玉米产后干燥环节，创制了系列烘干设备，解决了玉米干燥不均匀、耗能高、破损率高等难题。这些烘干设备已在山东沃普农业装备科技有限公司和河北皓凯农业机械有限公司等企业进行了应用示范。针对玉米产后贮藏环节，研制了天然防霉剂，解决了玉米贮藏过程中的毒素污染问题，相关产品已在山东三星玉米产业科技有限公司、青岛天祥食品有限公司、诸城兴贸玉米开发有限公司等企业进行了应用示范。针对玉米产后加工环节，创制了玉米智能分选装备，开发了物理、化学和生物脱毒技术及产品，实现了真菌毒素污染玉米的分级高值化利用，相关产品已在安徽中科光电色选机械有限公司、山东益昊生物科技有限公司、珠海市自然之旅生物技术有限公司等企业进行了应用示范。该项目汇集了20余家在玉米加工及真菌毒素防控领域的优势企事业单位及高校，针对性地解决了玉米产后加工全产业链真菌毒素污染问题，实现了玉米产后保质减损、提质增效，推动了玉米加工产业的高质量发展。

第二十一章
澜沧江–湄公河薯类加工项目助力减贫与乡村振兴

案例概要：澜沧江—湄公河薯类加工项目于2020年正式启动，由中国农业科学院农产品加工研究所牵头，旨在推动中国薯类加工技术向老挝、越南等湄公河国家转移。该项目不仅助力湄公河国家相关区域实现减贫与乡村振兴，同时也为中国提供优质薯类加工原料及产品，达成优势互补、共同发展的目标，全面提升了澜湄各国薯类产业整体水平。截至2023年，该项目已筛选优质木薯、甘薯品种6个，在老挝建立标准化种植基地5 000亩，协助当地企业新建木薯淀粉生产线5条，实现年产10万t木薯淀粉的目标，带动当地150余名农民就业；累计举办国际研讨会/培训班3场，培训澜湄国家相关领域技术人员500余人次。

第一节　项目简介

薯类作物，如甘薯、木薯和马铃薯等，是世界公认的营养丰富的食物，具有“粮菜兼用”“主副共食”的独特属性。在中国乃至世界历史上，薯类曾充当救济粮，挽救了无数人的生命。可以说，薯类既是对“大食物观”最好的诠释，也是保障粮食安全重要的预备粮。越南、老挝、缅甸等澜沧江–湄公河流经国家拥有丰富的薯类资源，在其国民经济中占有重要地位。然而，上述国家薯类发展面临诸多挑战。①木薯及其加工制品出口价格受本国库存量、进口国需求量、贸易政

作者：孙红男，中国农业科学院农产品加工研究所研究员；张帅，中国农业科学院国际合作局国家合作处副处长。

策、气候、病虫害等多种因素的影响，价格波动大，导致农民利益无法保障，农民种植积极性不高。②缺乏生长期短、高产、品质优良的薯类品种，且农民种植技术较为落后，尚未实现机械化种植。这些问题导致越南、老挝、缅甸等湄公河国家薯类产量低，难以满足国内外市场需求。③尽管薯类及其加工制品如淀粉的出口比例逐年增大，但由于其加工技术落后、生产设备陈旧等，淀粉出粉率低、白度较差，干木薯片色泽暗、品质差，缺乏市场竞争力。尤其是缺乏薯类淀粉加工副产物综合利用技术，优质资源未能充分利用，环保技术落后，导致产品附加值低，环境污染问题严重。

中国农业科学院农产品加工研究所（以下简称加工所）薯类食品科学与技术创新团队，紧紧围绕当前中国薯类加工行业面临的三大瓶颈——采后损失严重、产品结构单一且加工过程营养损失严重、副产物利用率，重点开展了薯类采后保鲜减损、提质增效加工及副产物高值化利用关键技术研究及应用。目前，该团队已分别创建了高品质薯类加工原料及产品提质增效加工关键技术，薯类加工副产物高值化利用关键技术及装备，并在多家企业进行示范推广，取得了显著的经济效益和社会效益，这一系列成果为中国薯类加工产业实现转型升级，技术装备改进及营养健康型薯类产品的丰富作出了贡献。

自 2020 年以来，为帮助澜沧江－湄公河国家发展薯类产业，该团队先后承担了亚洲区域合作专项资金项目"澜沧江－湄公河薯类加工技术与装备研发平台建设（2020—2022）"及"澜沧江－湄公河薯类三产融合科技创新推广与示范（2023—2027）"项目，旨在促进中国薯类生产及加工技术向越南、老挝、柬埔寨、缅甸等湄公河国家的转移，在推动湄公河国家相关区域实现减贫的同时，为中国提供优质薯类加工原料及产品，实现优势互补、共同发展，提升澜湄各国薯类产业整体水平。截至 2023 年底，项目已与越南农业科学院大田作物研究所共建"澜沧江－湄公河薯类合作研发平台"1 个，与老挝 LS 农业集团有限公司共建"澜沧江－湄公河薯类三产融合科技创新推广与示范基地"1 个；筛选优质木薯、甘薯品种 6 个，在老挝建立标准化种植基地 5 000 亩，平均亩产 1.5 ~ 2.5 t；协助当地建成木薯淀粉加工生产线 5 条，实现了年产 10 万 t 木薯淀粉的目标，带动当地 150 名农民就业；累计举办国际研讨会 / 培训班 3 场，培训澜湄国家薯类加工领域技术人员 500 余人次。

第二节　技术、路径及特色

一、关键技术

加工所薯类食品科学与技术创新团队长期致力于薯类加工与副产物综合利用关键技术研发与应用，针对薯类加工过程中长期存在的加工技术落后、能耗高、附加值低、环境污染严重等突出问题，该团队从工艺优化、关键技术突破、核心装备研制、副产物综合利用等多个方面入手，实现了传统淀粉生产技术与装备的革新。

（一）高品质薯类淀粉高效制备关键技术

实现了传统淀粉生产技术的革新。通过工艺改进，增加破碎机、立筛等设备，并对锉磨机的滚筒、锯条等关键零部件进行改进，同时适度调节淀粉乳浓度、流量、压力，使薯类淀粉出粉率提升至 94.0%，淀粉白度达到 92.0% 以上，能耗降低幅度超过 30%。

（二）薯类淀粉加工薯浆中蛋白生产新技术

创建了酸沉结合超滤制备薯类蛋白新技术，并在中试生产出纯度高达 85% 以上的薯类蛋白；同时，研发出了新型热变性薯类蛋白生产技术，首次实现了薯类蛋白产业化生产。此外，进一步明确了薯类蛋白的营养与功能特性；还研发了薯类活性短肽的高效制备技术，并验证了其降压和抗氧化活性。

（三）薯类淀粉加工薯渣中膳食纤维和果胶连续化生产新技术

创建了物理筛分与磷酸氢二钠法相结合制备薯类膳食纤维和果胶新技术，实现了薯类膳食纤维和果胶的连续化生产，使其纯度分别提升至 81.25% 和 95.87%。该工艺在节能、降耗方面效果显著，对提升薯类淀粉加工综合利用技术水平具有重要意义。超微粉碎处理，薯类膳食纤维的可溶性含量及其物化功能特性得到了显著改善；采用热处理和 pH 调控对果胶进行改性，显著提升了果胶中半乳糖醛酸的含量，降低了分子量，还展现出选择性抑制肿瘤细胞增殖的作用。

相关成果已获国家授权发明专利 15 件，并通过了中国农学会组织的成果评价 1 项，成果整体达国际先进水平。相关研究在核心刊物发表论文 76 篇（其中 SCI 论文 37 篇），出版中文专著 3 部、中文科普著作 3 部及英文译著 1 部。该技术成果已在山东、河北、河南、山西等薯类主产区的 6 家企业成功转化，取得了显著的经济效益和社会效益。

二、技术路径

（一）澜沧江－湄公河国家合作伙伴交流与拓展

项目执行期间，越南农业科学院大田作物研究所 Nguyen Trong Khanh 所长一行来访中国，与加工所薯类食品科学与技术创新团队进行了深入的学术交流。双方就薯类加工与副产物综合利用领域可能的合作进行讨论，并一致同意在越南河内市共同建设薯类产业研发平台。2023 年 11 月 20—21 日，中越双方团队在越南农业科学院大田作物研究所举行了“澜沧江－湄公河薯类合作研发平台”揭牌仪式。此外，在越方科研人员的引领下，双方实地考察了越南的马铃薯和甘薯种植试验示范基地，这也为后续务实合作奠定了扎实的基础。

越南农业科学院大田作物研究所 Nguyen Trong Khanh 所长一行莅临加工所开展学术交流

中国农业科学院农产品加工研究所与越南农业科学院大田作物研究所（Nguyen Trong Khanh）举行共建“澜沧江－湄公河薯类合作研发平台”揭牌仪式

中国农业科学院农产品加工研究所调研越南太平省马铃薯种植情况

项目执行期间，老挝农业与林业部副部长 Kykeo Singnavong 及 LS 农业集团董事会主席 Somsai Douangchaleun 一行莅临中国，与加工所薯类食品科学与技术创新团队进行深入交流。双方就共建薯类三产融合科技创新推广与示范基地、技术成果转化、人员互访、联合申报项目等议题展开了详细讨论，并签署意向性合作协议。2023 年 11 月 22—25 日，中老双方团队共同参加了在老挝万象举办的老挝－怀化木薯、能源、矿业产业合作政企交流会。会议期间，举行了共建“优良品种木薯种植基地”和“澜沧江－湄公河薯类三产融合科技创新推广与示范基地”的授牌仪式。此外，在老方企业负责人的带领下，团队实地考察了 LS 农业集团的木薯种植基地、木薯淀粉加工生产线及检测室等设施，并就木薯种植、淀粉加工及副产物综合利用进行了座谈交流。

老挝农业与林业部副部长 Kykeo Singnavong 和老挝 LS 农业集团董事会主席 Somsai Douangchaleun 一行莅临加工所交流并签署意向性合作协议

在老挝参加共建“优良品种木薯种植基地”和“澜沧江－湄公河薯类三产融合科技创新推广与示范基地”授牌仪式

（二）科企合作，促进优质木薯品种在老挝种植推广

加工所薯类食品科学与技术创新团队与老挝 LS 农业集团有限公司合作，在老挝琅勃拉邦省勐楠县开展优质木薯品种种植，推广面积达 5 000 亩，平均每亩产量 1.5 ~ 2.5 t，这些木薯不仅可以用于加工淀粉，还可用于加工全粉。中老双方于 2023 年 11 月 22 日在琅勃拉邦省勐楠县举行了“优良品种木薯种植基地”揭牌仪式。

项目位于老挝琅勃拉邦省勐楠县的木薯种植基地

（三）产学研合作，促进薯类加工技术向澜沧江－湄公河国家转移

加工所是中国粮油学会薯类分会、中国淀粉工业协会甘薯淀粉分会的依托单位。薯类团队依托上述平台优势，积极推动薯类行业创新成果的转化推广。目前，已将高品质薯类淀粉高效制备等技术应用于内蒙古博思达科技有限公司、湖北山洪食品机械有限公司等国内薯类加工企业，并组织合作企业前往湄公河国家进行投资与培训。2022 年度，薯类团队与内蒙古博思达科技有限公司、老挝 LS 农业集团有限公司携手，分别在老挝琅勃拉邦省勐楠县、万象省沙拉康县建成两家高品质木薯淀粉加工厂，设计年产能分别达 18 万 t 和 15 万 t，预计年销售额可达 9 亿元以上，投产后将带动 150 名当地农民在工厂就业。2023 年度，薯类团队继续深化与内蒙古博思达科技有限公司的合作，协助老挝 LS 农业集团有限公司在上述两家工厂建成 5 条木薯淀粉生产线，年底已实现年产 10 万 t 木薯淀粉的目标。

老挝琅勃拉邦省勐楠县木薯淀粉加工厂新增生产线投产

老挝万象省沙拉康县木薯淀粉加工厂新增生产线投产

老挝 LS 农业集团有限公司唐付平先生向木泰华研究员和孙红男研究员一行介绍木薯淀粉生产线的基本情况

（四）加强成果宣传，持续提升中国影响力和国际地位

薯类团队依托中国粮油学会薯类分会、中国淀粉工业协会甘薯淀粉分会等平台，通过举办国际学术研讨会、培训班等多种形式，累计培训来自老挝、越南、缅甸等澜湄国家薯类相关领域的科研人员及企业技术人员 500 余人次。与《农民日报》、光明网、《中国科学报》等有影响力的媒体合作，对上述活动进行了宣传报道，有效提升了中国在澜湄国家的影响力和国际地位。

中国農网
www.farmer.com.cn
农民日报社主办
2023年11月15日 14:47:35 星期三

首页 | 学习 | 新闻 | 思想 | 互动 | 视听 | 行业

首页 › 动态 › 详情

2023年澜湄薯类一二三产科技创新培训班举办

来源：中国农网 | 编辑：杨晰然 | 作者：李丽颖 | 2023-07-18 18:04:07　A+ A-

为进一步加深与澜沧江—湄公河（以下简称“澜湄”）流域国家农产品加工领域的交流与合作，促进次区域国家经济社会发展，助力打造澜湄流域经济发展带，助推构建面向和平与繁荣的澜湄国家命运共同体，7月13日，中国农业科学院农产品加工研究所在京举办2023年澜湄薯类一二三产科技创新培训班。

《农民日报》对 2023 年澜湄薯类一二三产科技创新培训班的报道

三、项目特色

建立产学研创新发展模式，促进薯类加工技术向湄公河国家转移。中国粮油学会薯类分会、中国淀粉工业协会甘薯淀粉分会挂靠在中国农业科学院农产品加工研究所，具体由薯类食品科学与技术创新团队负责管理。依托上述平台，充分发挥聚集在平台的广大企业、科研院所和大专院校的优势，协调各方资源，积极开展薯类行业创新成果的转化与推广。对于促进澜湄国家农民增收与农村发展、落实“澜湄农业合作百千万行动计划”具有重要意义。

第三节　减贫成效

一、直接减贫效果

通过项目实施，协助老挝 LS 农业集团有限公司在老挝琅勃拉邦省勐楠县及万象省沙拉康县的两家木薯淀粉加工厂建成 5 条木薯淀粉生产线，截至 2023 年底，已实现年产 10 万 t 木薯淀粉的目标，带动当地新增就业岗位 150 个，提升薯农月均收入 200 元，企业加工人员月均收入增加 400 元。

二、社会与生态效益

通过项目实施，加工所与越南农业科学院大田作物研究所共建“澜沧江 – 湄公河薯类合作研发平台”1 个，与老挝 LS 农业集团有限公司共建“澜沧江 – 湄公河薯类三产融合科技创新推广与示范基地”1 个。

三、国际合作影响力

项目充分依托中国粮油学会薯类分会、中国淀粉工业协会甘薯淀粉分会等平台的资源优势，通过举办国际学术研讨会、培训班等多种形式，累计培训来自老挝、越南、缅甸等澜湄国家薯类相关领域的科研人员及企业技术人员达 500 余人次。同时与《农民日报》、光明网、《中国科学报》等有影响力的媒体合作，对上述活动进行了宣传报道，显著提升了中国在澜湄国家的影响力和国际地位。

第四节　适宜推广区域和国家

在核心推广区域方面，东南亚的季风气候区是木薯种植的理想环境。老挝、越南、缅甸、柬埔寨和泰国等国家位于热带季风气候带，气候条件优越，为木薯的规模化种植和加工技术推广提供了得天独厚的自然基础。并且，当地的农民在长期的农业生产实践中，积累了丰富的木薯种植经验，形成了较为成熟的种植模式和管理体系。目前，这些国家已经发展成为木薯的主要产区之一，种植面积不断扩大，产量逐年增加，木薯产业在当地农业经济中占据着重要地位，木薯加工业为当地的经济发展和农民增收发挥了积极作用。

在扩展潜力方面，非洲撒哈拉以南地区和南亚雨养农业区也展现出巨大的木薯种植潜力。非洲撒哈拉以南的尼日利亚、坦桑尼亚等国，其气候类型与木薯的生长需求相匹配，拥有广袤的可开垦土地，为木薯种植提供了广阔的空间。在这些地区发展木薯种植和加工业，不仅可以优化当地的农业产业结构，还能为解决粮食安全问题提供新的思路和途径。而南亚雨养农业区的印度、孟加拉国等国家，其独特的雨养农业模式与木薯的生长特性相契合。雨养农业依赖自然降水，而木薯的耐旱性使其能够在该地区相对干旱的季节存活并继续生长，且能在雨季充分利用雨水进行快速生长。这些国家的农业生产以传统雨养农业为主，木薯的引入可以丰富其农作物种类，提高土地利用效率，发展农产品加工业对增加农民收入具有重要意义。

第五节　小结及启示

泰国、越南、柬埔寨、老挝等湄公河国家薯类资源丰富，在国民经济中占据重要地位。且在上述国家种植薯类作物具有显著优势：生态环境优越；人工成本低；属热带、亚热带季风气候，适宜反季节种植。自 2020 年以来，通过实施澜沧江－湄公河薯类加工项目，加工所薯类食品科学与技术创新团队已将部分成熟的技术推广至老挝、越南等湄公河国家，取得了一定的经济和社会效益，有效带动了当地农民增收和企业增效。为进一步推动合作，建议以该项目为基础，从以下 4 个方面着手，构建世界薯类经济共同体和命运共同体。

一是加强高附加值生物基材料的研发及应用。在甘薯、马铃薯、木薯等原料及产品研发的基础上，加强高附加值生物基材料，如纤维素纳米晶、纤维素纳米纤维等的研发力度，并将其应用于食品、医药等领域，服务于提高澜沧江－湄公河流域国家人民的健康水平。

二是建设以加工技术与装备为核心的现代化薯类产业体系。坚持把发展经济的着力点放在实体经济上，推动薯类加工技术与装备向高端化、智能化、绿色化方向发展，形成全要素、全产业链、全价值链贯穿的现代化薯类产业体系。

三是健全以科技赋能为支撑的共同发展体制机制。通过科技创新与绿色低碳的深度融合，完善澜湄六国在人才培养、互访交流、共同申报薯类相关项目等方面的联动机制，加快形成次区域国家一体化新格局，实现薯类产业优势互补，协同发展。

四是打造以高水平对外开放为动力的资源联动平台。依托中国薯类加工技术、装备与市场优势，以国内大循环吸引湄公河国家薯类资源要素，增强国内国际资源联动效应，推出更多新技术、新产品、新模式，实现真正意义上的同频共振、同向同行。

绿色低碳篇

绿色低碳篇通过两个典型案例，为探索减贫与农业绿色转型协同路径提供了中国方案。中国–菲律宾沼气示范与培训案例，农业农村部成都沼气科学研究所在南南合作与三方合作框架下，推广沼气技术，为菲律宾当地农村提供清洁能源，改善农业生产环境。项目采用“意识培养–需求对接–示范试点–产业扶持”路径，编制《菲律宾沼气可持续发展国家战略路线图》等知识产品，开展线上线下培训，并进行沼气装置对比实验，显著提升了当地沼气技术应用能力。中国–肯尼亚生态低碳茶技术推广案例，中肯两国在中国–联合国粮农组织南南合作框架下，在肯尼亚开展“低碳茶产业链发展”三方合作项目，发展更高产、更高效和更低碳的茶产业价值链体系，推动全球茶产业绿色转型。项目采用病虫害绿色防控、精准施肥和碳足迹核算等技术，构建生态茶园模式，降低茶园碳排放，提升茶叶品质。通过FAO“一国一品”平台，生态低碳茶技术在全球茶叶主产国推广，助力茶产业可持续发展。

第二十二章
南南合作与三方合作促进中国-菲律宾沼气可持续发展

案例概要：农业农村部成都沼气科学研究所积极响应“一带一路”倡议，针对中国与菲律宾为代表的发展中国家沼气建设共同需要，依托商务部援外培训项目搭建的桥梁，积极拓展与国际组织和菲律宾等发展中国家的合作伙伴关系，通过多元参与和多项并举的策略，成功将合作形式、伙伴和内容从“1+1”模式提升至“1+*N*”模式，为菲律宾农村能源生态发展贡献了中国经验，为多个中国品牌沼气产品走向国际市场搭建了平台。这一实践不仅诠释了全球发展倡议在促进资源共享和技术交流方面的深远意义，更彰显了全球多边主义机制建设在推动可持续发展中的时代价值。

第一节　项目简介

农业农村部成都沼气科学研究所（以下简称沼科所）是商务部援外培训承办单位，自 1979 年以来已举办中国政府援外培训班约 200 期，累计培训学员超过 5 000 名，其中包括菲律宾学员 67 名，并与数个菲律宾技术推广管理机构建立了合作伙伴关系。基于中菲双方在沼气相关领域的共同发展需要，沼科所于 2018 年在 77 国集团（G77）佩罗基金支持下，赴菲律宾甲米地开展示范与培训，为当地 5 个养殖专业户提供了沼气作为清洁烹饪燃料、沼渣作为生物肥料的解决方

作者：龙燕，农业农村部成都沼气科学研究所研究员；张帅，中国农业科学院国际合作局国家合作处副处长。

案，并通过处理畜禽养殖废水，改善了农业生产生活环境。在示范项目基础上，沼科所与菲律宾农业部、环保部下属技术推广管理机构合作，深入探讨了沼气领域的发展现状和问题，剖析了菲律宾沼气可持续发展在顶层设计、能力建设、效率提升等方面的需求。经过科学的布局和系统的谋划，于 2021 年在联合国工业发展组织的支持下，实施了“南南合作促进中国－菲律宾沼气可持续发展”项目。该项目针对菲律宾沼气可持续发展顶层设计需要，编制了《菲律宾沼气可持续发展国家战略路线图》《菲律宾户用沼气池技术标准》《沼气技术培训指南》等系列产品，获得了菲律宾农业部相关机构的认可与背书；针对能力建设需求，开展了为期 21 天的线上培训，并在菲律宾举办了为期 3 天的线下培训，累计培训菲律宾区域协调员和技术人员 150 余人；针对效率提升需求，在一年半时间内开展了 2 种不同沼气装置适对比实验，为菲律宾政府制定规模化推广方案提供了科学建议。2024 年 10 月，该项目被世界银行、联合国粮食及农业组织、联合国国际农业发展基金、联合国世界粮食计划署、亚洲开发银行、中国国际减贫中心等评为“全球最佳减贫案例”。

第二节 技术、路径及特色

一、关键技术

沼气发酵是指在厌氧条件下，通过产甲烷菌的作用，将农作物秸秆、畜禽粪便等有机废弃物转化为沼气和沼渣的过程，其化学反应是厌氧微生物将纤维素、蛋白质、脂肪等有机物转化为甲烷（CH_4）和二氧化碳（CO_2）。甲烷是沼气的主要能源成分，是一种清洁的可再生能源，广泛用于家庭烹饪、取暖、发电以及生物天然气生产等领域。推广沼气技术不仅有助于减少化石能源和化肥的消耗，更能助力农业绿色发展的实现。

农业是菲律宾经济的重要组成部分和主要发展驱动力之一，然而，畜禽养殖废弃物、屠宰废水、秸秆和温室气体等农业有机废弃物污染问题尚未得到有效解决，给生态系统带来了沉重负担。菲律宾于 20 世纪 70 年代引进沼气技术，通过建设 5~2 000 m^3 不等的示范装置，在全国范围内开展了技术推广工作。尽管菲律宾的可再生能源发展政策对沼气发展持扶持态度，但受项目监管不力、技术力量薄弱、融资困难等多重因素制约，沼气发展仍难以满足能源生态发展的实际需求。

20 世纪 70 年代，四川作为生猪生产大省，是全国沼气发展的前沿阵地。青年时代的习近平同志在报纸上看到四川的沼气发展模式后，专门前往四川学习沼气技术，并回到陕西梁家河村建成了当地第一口户用沼气池。沼气技术在中国农村脱贫攻坚进程中发挥了重要作用，并在农村生态文明建设、农业绿色发展方面承担着重要使命。借鉴中国沼气技术发展经验，围绕菲律宾沼气可持续发展需求，本项目旨在积极响应"一带一路"倡议，并有力推动实现联合国可持续发展目标。

二、技术路径

从中国提供的双边援助合作，到国际组织支持的多边合作，再到在华培训、技术示范以及"知识产品 + 操作培训 + 对比研究"的综合模式，中菲双方合作伙伴通过深化合作，形成了一条"意识培养 – 需求对接 – 示范试点 – 产业扶持"的系统性减贫路径。这不仅为以菲律宾为代表的发展中国家农村能源生态绿色发展贡献了中国方案，更为推动实现联合国 2030 可持续发展目标发挥了积极作用。

三、项目特色

一是多元主体相互协作。以上项目均由沼科所龙燕研究员主导，中方团队由沼科所科研创新团队和经验丰富的技术人员组成，设备供应商来自 4 个中国企业。通过项目组遴选和标准化操作示范，实现了中国品牌集体出海。在项目一中，菲方团队主要由菲律宾农业部畜牧业局（BAI）构成，项目二则新增了菲律宾农业渔业工程局（BAFE）、菲律宾能源部可再生能源局（REMB）及菲律宾福林工程服务有限公司。4 家机构联合与中方团队签署分包协议，分工实施了项目任务。项目在菲律宾示范户的顺利运行引发了所在社区和周边村庄对沼气利用技术的兴趣，带来了显著的社会效益。联合国工业发展组织作为项目支持方，其中，联合国工业发展组织总部是项目主导方，联合国工业发展组织中国工业合作中心负责项目管理，联合国工业发展组织驻菲律宾国别办公室提供地方对接支持。

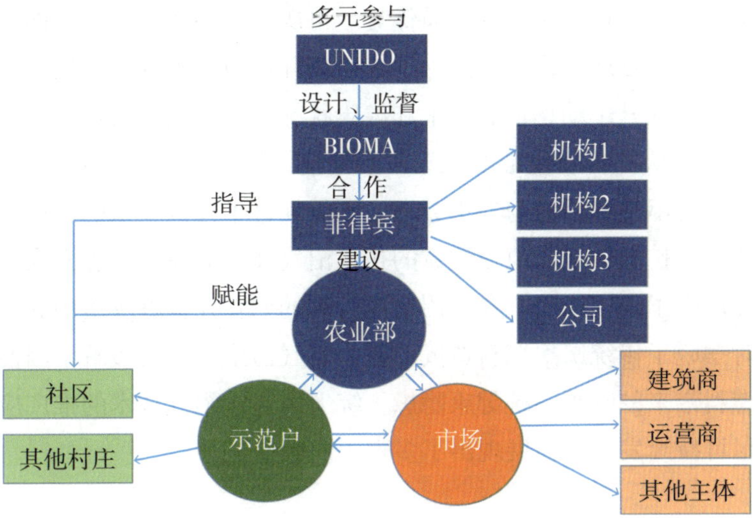

多元主体参与实现项目提质增效

二是注重效率提升。在有限的时间内，力求项目效率最大化及影响力的广泛扩展。充分利用一年半的时间，在有限的项目经费支持下，严格对应菲方需求，精准对接合作方，科学设计项目方案，精密制定工作计划，产出了丰硕高质的知识产品。同时，将能力建设与示范相结合，采用线上和线下相结合的方式，为来自菲律宾各区的技术协调员提供了详细的沼气池安装与管理培训。通过讲座和示范，传授沼气池安装、运行、维护等实际操作技能，加强了菲律宾全域沼气技术能力储备，提升了示范户、社区和周边村庄对沼气技术“变废为宝”、替代传统烹饪燃料和化肥、实现节能增收等多重优势的直观认识。

第三节　减贫成效

2024 年 4 月，龙燕研究员前往菲律宾，对项目示范进行回访。基于实地访谈和调研分析，结果显示，沼气技术的推广应用为农户带来了多维度效益。首先，在能源供给方面，沼气系统为农户提供了稳定可靠的可再生能源，显著降低了对传统液化石油气的依赖程度，有效降低能源支出成本。其次，在农业生产方面，沼肥替代化学肥料不仅降低了生产成本，还通过改善土壤理化性质，显著提升了香蕉等经济作物的种植效率。此外，施用沼肥的香蕉产品符合有机农产品标准，在市场竞争中展现出明显的品质优势。再次，在畜牧业发展方面，动物粪便经沼气池厌氧发酵处理后，有效改善了养殖场环境卫生条件，降低了病原微生物传播风险，从而提升了动物福利水平和健康状况，为养殖户实现可持续增收提供了保障。最后，从社会效益维度来看，沼气技术的推广产生了显著的正外部性，示范户将多余的沼气和沼渣与邻里分享，不仅促进了社区关系的和谐发展，还形成了良好的技术扩散效应。值得注意的是，沼气技术的应用对提升农村妇女地位和健康状况产生了积极影响，参与沼气池管理的妇女在家庭决策中获得了更多话语权，同时摆脱了传统厨房燃料造成的室内空气污染，显著缓解了因使用传统生物质烹饪燃料带来的呼吸系统健康隐患。综上所述，沼气技术的推广应用在促进菲律宾农村可持续发展方面展现出了多重正向效应。

第四节　适宜推广区域和国家

中菲沼气合作的成功实践符合联合国可持续发展目标（SDGs）中关于清洁能源和可持续农业的要求，为其他发展中国家，特别是那些面临能源短缺、气候变化压力和农业生产效率低下的国家，提供了宝贵的借鉴范例。与菲律宾农村地区情况相似的国家和地区，普遍存在能源供应紧张、农业生产过度依赖传统能源以及可持续发展技术支持不足等问题，均属沼气技术推广的理想对象。东南亚、南亚和撒哈拉以南非洲等地区的发展中国家，尤其是农民收入水平较低、农业发展受限的区域，均具备推广沼气技术的适宜条件。沼气技术的应用不仅能有效缓解能源供应压力，推动绿色低碳发展，还能通过提高农业生产效率助力减贫进程，最终促进合作国农业现代化和农村经济的可持续发展。

第五节　小结及启示

中菲两国通过技术转移、经验共享和能力建设等多维度的合作，不仅实现了沼气技术的有效推广，更构建了互利共赢的技术合作范式，为菲律宾农村示范户所在地区带来了能源、生态、经济和社会等多重积极效应，同时也为中国沼气技术的传播和市场拓展提供了契机。南南合作与三方合作为技术转移和能力建设的重要平台，彰显了国际合作在应对全球性挑战中的关键作用。

中菲在沼气领域的合作，对发展中国家开展技术适应性研究具有重要参考价值。通过构建涵盖技术转移、政策支持、社区参与和能力建设等多种形式、多元参与的创新合作模式，有利于联合应对能源安全、气候变化和贫困治理等全球性挑战。

第二十三章
生态低碳茶生产集成技术推动全球茶产业绿色高质量发展

案例概要： 自 2018 年起，在联合国粮食及农业组织（FAO）“碳中和茶叶生产项目”的支持下，中国农业科学院在广东大埔、浙江龙泉、浙江松阳的茶园开展调查，并提出实现碳中和茶叶生产的途径。在此基础上，全国农业技术推广服务中心联合中国农业科学院茶叶研究所、杭州中农质量认证中心，共同构建了生态低碳茶认证体系，并在国内 10 个主要茶叶主产县启动生态低碳茶整建制推进工作，进一步探索茶叶生态价值的实现路径。自 2024 年起，中德两国在中国-FAO 南南合作框架下，联合在非洲试点国肯尼亚开展“低碳茶产业链发展”三方合作项目，旨在帮助肯尼亚发展更高产、更高效和更低碳的茶产业价值链体系。该项目在农业农村部国际合作司的指导下，由农业农村部对外经济合作中心组织实施，中国农业科学院茶叶研究所及中国农业科学院农业环境与可持续发展研究所提供技术支撑。截至目前，全国已有 16 个省份的 150 余家茶企获得生态低碳茶认证，累计茶园面积超过 13 万亩。同时，生态低碳茶入选 FAO“一国一品”项目，正在全球茶叶主产国进行广泛推介。

第一节　项目简介

茶产业是富民产业、文化产业，更是生态产业和健康产业。2023 年，全国

作者：李鑫，中国农业科学院茶叶研究所研究员；毕洁颖，中国农业科学院海外农业研究中心办公室主任。

茶园面积达 5 145 万亩，年产干毛茶 354 万 t，干毛茶产值达 2 711 亿元。推动茶产业绿色低碳发展是践行国家“双碳”目标、促进乡村全面振兴和共同富裕的内在要求，也是贯彻落实“两山”理念和“三茶统筹”的重要举措。党的二十大报告指出，推动经济社会发展绿色化、低碳化是实现高质量发展的关键环节；需完善支持绿色发展的财税、金融、投资、价格政策和标准体系，大力发展绿色低碳产业，健全资源环境要素市场化配置体系，加快节能降碳先进技术研发和推广应用，倡导绿色消费，推动形成绿色低碳的生产方式和生活方式。

然而，当前茶产业面临产能过剩、劳动力成本高、可持续发展能力不强等突出问题，尤其在绿色发展方面，保护利用生态环境的技术体系不完善、绿色生产技术不系统、生态价值实现机制不健全，严重阻碍了茶产业的高质量发展。针对以上问题，中国农业科学院茶叶研究所（以下简称茶叶所）联合全国农业技术推广服务中心等单位，集成创新了一套生态低碳茶技术。该技术一方面能够提升茶园生态建设水平、绿色技术系统化水平和茶园减排固碳能力；另一方面通过应用认证工具实现生态价值转化，并为推动茶园碳汇交易打下基础。

在中国-FAO 南南合作框架下，中国和德国共同在非洲试点国肯尼亚开展“低碳茶产业链发展”三方合作项目，旨在帮助肯尼亚发展更高产、更高效和更低碳的茶产业价值链体系。该项目在农业农村部国际合作司指导下，由农业农村部对外经济合作中心组织实施，茶叶所、中国农业科学院农业环境与可持续发展研究所提供技术支撑。

第二节　技术、路径及特色

一、关键技术

生态低碳茶生产技术以茶树为核心，通过科学构建和管理茶园及周边生态环境，打造适宜茶树生长且环境优美的茶园生态系统。该技术综合运用一系列固碳减排技术措施，显著提升了茶园生态系统的固碳能力，降低了茶园管理以及茶叶加工过程中的碳排放，最终产出优质、安全且低碳的茶叶产品。

（一）减排技术

生态低碳茶生产技术构建了病虫害绿色精准防控、精准高效施肥等减排技术，同时显著降低了茶园种植中的农药和化肥施用量，既降低了茶叶生产成本，同时又提高了茶叶质量安全。病虫害绿色精准防控技术广泛运用LED天敌友好型杀虫灯、天敌友好型色板、茶树害虫性诱剂等物理防控措施，诱杀茶园主要害虫；通过以虫治虫、以草治草技术，在茶园释放天敌，抑制茶园病虫害的发生；在病虫大发生或难以控制时，合理选用农药品种，有限制地使用高效、低毒、低残留农药品种，并采用低容量喷雾；运用农业综合技术构建茶园生态系统，增强树势，减少病虫基数。精准高效施肥技术则根据茶树生长特点和需肥特征，推广有机肥结合有机无机复混肥、茶叶专用肥施用，逐步转变茶农思想和施肥习惯，优化施肥品种、时间及方法。推广冬季开沟深施基肥，一次性施足全年茶肥，免施追肥，改良土壤结构，提升土壤肥力，增加土壤有机质，提高茶园土壤蓄水保墒的能力。

（二）增汇技术

生态低碳茶生产技术构建了绿肥间作、秸秆覆盖、茶林间作、修剪物碳化利用等多层次的固碳技术体系，为茶产业绿色转型提供了技术支撑。这些技术不仅提高了茶园的碳汇能力，更为全球茶产业的可持续发展贡献了宝贵的经验。

（三）碳足迹核算

建立茶叶碳足迹核算标准，计算茶叶从种植、采摘、加工、运输、销售整个生命周期过程中产生的碳足迹。在此基础上，茶叶所与阿里云联合构建茶产品碳足迹标签体系，通过“三减一购”（种植、加工、包装环节实施减排措施，以及总链条的碳排放权购买）策略，实现茶产品的零排放（零碳茶产品 / 生态茶产品），并为客户提供在线信息查询服务。

二、技术路径

（一）打造示范基地，加速国内技术推广步伐

为推动低碳茶园技术在主产茶省的应用与示范，研究团队通过建立示范基

地、举办现场会与技术培训，帮助茶农和茶企提高了低碳技术的应用能力，并推动了生态认证体系的完善。近年来，研究团队在浙江安吉、四川夹江举办了多次全国性的生态低碳茶生产技术示范现场会。会议期间，研究团队系统讲解了生态低碳茶关键技术的应用场景、操作要点，以及生态低碳的认证情况和工作重点。随着这些技术的广泛推广，低碳茶产业将成为国内茶产业发展的新动能。

在全国农业技术推广服务中心的引领下，生态低碳茶生产技术在全国茶叶主产区迅速推广。目前，已在福建武夷山建成华南地区生态低碳茶技术集成示范基地，在西藏林芝建成西藏高原生态低碳茶技术集成示范基地。2023 年 12 月，浙江省安吉县、长兴县、德清县，湖北省十堰市、宜昌市五峰土家族自治县（以下简称五峰县），湖南省会同县，四川省宜宾市翠屏区、乐山市夹江县，贵州省雷山县，云南省勐海县 10 个县（市、区）全面推动生态低碳茶整建制推进工作。

在开展生态低碳茶整县制推进过程中，各地因地制宜，积极探索并构建应用了多种生态茶园模式。例如，重庆试点推行“茶－沼－畜”模式、茶－药（杜仲、厚朴，采收树皮）间作模式、“茶－林－菌（榆黄蘑食用菌）”生产模式，河南信阳推广“林－茶－草”立体生态茶园种植管理模式，山东日照推广茶园间套种黑松、侧柏等北方茶树－防风林间作模式。这些模式的成功应用，进一步丰富了生态低碳茶生产技术体系，为不同地区推广应用生态低碳茶提供了实践案例。

（二）扩大国际合作，共建全球茶产业低碳发展体系

FAO“一国一品”特色农产品绿色发展全球行动倡议（简称 OCOP）是粮农组织于 2021 年启动的一项为期 5 年的计划，其总体目标旨在增加健康食品的获取途径，改善农民生计，促进经济增长，同时减少粮食损失和浪费，并最大限度地减少化学品投入和自然资源的使用，以减轻农业生产对环境和生物多样性的负面影响。

作为 FAO“一国一品”中国茶项目的重要成员，专家团队持续扩大国际合作范围，与德国、肯尼亚等国家建立了稳固的合作伙伴关系，希望通过技术输出与经验共享，使中国的绿色低碳茶生产模式在全球范围内得到广泛认可。2024 年 7 月 15—18 日，联合国粮农组织“一国一品”倡议实施示范国第一次技术研讨会在中国三亚举行。此次研讨会汇聚了来自热带、旱地和山区等不同地理区域的 16 国农业代表，代表们共同探讨并分享了在技术支持下，如何实现本国特色

农产品的绿色发展。茶叶所详细介绍了中国生态低碳茶的技术路径与经验。

近年来，在 FAO 三方合作项目的支持下，茶叶所与肯尼亚茶叶研究所开展了卓有成效的合作交流，有效提升了当地茶产业的生产效率并推动了低碳转型。双方组织了多次学术研讨会和专题交流会，重点探讨了生物质炭应用等领域的最新研究成果；围绕当前茶产业的发展趋势、面临的挑战、茶园碳中和项目的进展及后续合作计划进行了深入探讨，达成了进一步合作的共识，并表示将携手推动务实的合作项目。

（三）推广中国茶，助力全球茶产业可持续发展

通过参与国际茶日等重要国际平台的活动，茶叶所展示了中国在茶产业绿色转型方面的成就。此次活动不仅让世界领略到中国茶叶的文化魅力，也成功地将生态低碳茶的理念在全球范围内广泛推广。

2024 年，粮农组织副总干事贝丝·贝克多女士和粮农组织总干事特别顾问夏敬远先生访问中国，参观了茶叶所及生态低碳茶叶示范园。访问期间，双方就气候适应型茶叶生产、碳中和茶园的可行性、可持续病虫害管理等问题进行了深入探讨。两位代表对中国在生态低碳茶方面的工作与努力给予高度认可与鼓励，进一步坚定了专家团队推动茶产业生态低碳发展的信心和决心。

第三节　减贫成效

与常规技术相比，采用生态低碳茶生产技术后，肥料利用率提高 10% 以上，化肥用量减少 30% 以上、化学农药用量降低 50% 以上，茶叶农残 100% 符合食品安全国家标准，每亩节本增效 600 元以上，综合经济效益比传统生产模式增长 15% ~ 30%。据不完全统计，2023 年生态低碳茶认证企业的销售额达到 15.3 亿元，利润为 2.3 亿元，销售额较 2022 年同比增长 13.6%，利润同比增长 16.7%。此外，其他成效还体现在如下两个方面。

一是减排效果突出。2023 年，茶叶所与全国农业技术推广服务中心对全国 18 个省份 36 个县的 240 家茶企茶园及 51 家生态低碳茶认证企业的茶园管理环节碳排放情况进行了调查。结果显示，常规茶园的单位面积年碳排放高达 9.9 ~

19.88 t/hm^2，而生态低碳茶认证的茶园年碳排放仅约 2.7 t/hm^2，降幅超过 73%。

二是生态优化明显。生态建园、生物覆盖、绿肥间作及一系列化学投入品减施增效技术，能有效避免土壤板结，提高土壤蓄水保墒能力，使土壤肥力不断提高，水土流失减少，从而有效避免因化学投入品滥施所引发的面源污染问题。

以扬州聚源春茶叶专业合作社为例，该合作社通过使用有机肥，减少化肥和农药使用量，优化茶园养分管理，并在茶园周边大规模植树，提高生态系统碳储量，实现了固碳和减排目标。聚源春茶园在实施绿色防控后，化学农药投入成本降低了 30%、人工成本减少了 40%，加上 2023 年新建成的绿杨春数字化深加工生产线，茶叶加工环节能源消耗降幅超过 10%。据测算，该茶企最终生产出的茶叶成本降低了 15% 左右。生态低碳茶生产不仅降低了茶叶中的农药残留量，还提升了茶叶的色、香、味、形，增强了产品的市场竞争力。

以开展生态低碳茶整县制推进的五峰县为例，2023—2024 年，五峰县通过物理和生物防控，将项目实施区域内的化学农药施用量减少了 50% 以上，并通过调整施肥结构和改进施肥方法，化肥用量亦减少了 50%。项目实施前，五峰县茶农普遍采用撒施方式，每年追肥 2 ~ 3 次，以尿素为主，氮肥用量（折合纯 N）为 435 kg/hm^2 左右。项目实施后，通过发放有机肥并培训茶农科学施肥，将原来的二次追肥改为一次性开沟施足基肥，施肥方式改为有机肥结合有机无机复混肥，氮肥用量（折合纯 N）降至 162 kg/hm^2 左右，化肥用量减少幅度超过 60%。

第四节 适宜推广区域和国家

全球主要茶叶产区和生产国，例如，肯尼亚、印度、斯里兰卡、越南、日本、韩国、印度尼西亚等均具备推广绿色低碳茶技术的潜力。以肯尼亚为例，其作为世界第二大红茶出口国，茶园主要分布在乞力马扎罗山和内里地区，高海拔和多降雨的气候条件虽有利于茶叶生长，但也面临土壤退化和水资源紧张问题。生态低碳茶技术通过间作绿肥作物、优化灌溉系统，既能提升土壤肥力，又能减少径流污染，与肯尼亚茶园的可持续发展目标高度契合。印度和斯里兰卡的茶园多集中于山地雨林地带，传统种植方式易引发水土流失和生物多样性丧失。通过构建林－茶－草立体生态系统，不仅可增强茶园碳汇功能，还能为珍稀物种提供栖息地。越南等国的茶园则面临化肥农药过度使用导致的面源污染问题，绿色低碳技术的精准施肥和生物防控体系可有效降低碳排放强度。

推广绿色低碳茶技术将在应对气候变化和生态保护方面发挥积极作用。茶园作为人工生态系统，其碳排放主要来源于化肥生产施用、燃油农机作业和茶叶加工能源消耗。低碳茶园生态系统的优化能显著改善生态环境、增强碳汇能力，为全球茶叶主产区绿色低碳转型提供范例。

第五节　小结及启示

近年来，中国在茶产业减排固碳技术应用方面取得了显著进展，茶园化学投入品使用量明显下降，单位重量茶叶产品生产过程的碳排放呈现明显下降趋势。这些成果不仅体现了中国茶产业对环境保护的重视，也为全球茶产业的可持续发展提供了宝贵经验。生态低碳茶产业的发展，不仅有助于提升茶叶品质，增强市场竞争力，还能促进茶园生态环境的改善，实现经济效益与生态效益的双赢。中国在生态低碳茶的研究、开发、示范和推广方面，已经走在世界的前列。中国生态低碳茶的发展经验，可为 60 多个茶叶生产国大力发展生态低碳茶提供借鉴，形成良性循环。

在气候变化日益严峻的背景下，中国茶产业正积极迈向绿色低碳的未来。作为全球茶叶大国，中国不仅肩负着茶文化传播的责任，也在推动全球茶产业绿色转型的浪潮中发挥着重要作用。技术团队已在 FAO“一国一品”生态低碳茶项目中取得了诸多成就，提升了中国生态低碳茶产业的国际影响力，践行了可持续发展的理念。

未来，中国将继续在绿色技术、国际合作与市场拓展方面加大投入，推动低碳茶产业在全球范围内的广泛应用。茶叶所将继续携手各界伙伴，在 FAO 的国际平台上分享成功经验，推动全球茶产业的绿色低碳转型，为可持续发展贡献力量。

合作与展望篇

合作与展望篇立足中国科技减贫经验，以本土化、可持续性技术转移为核心，提炼出科技减贫三大典型经验与模式，包括完善技术推广体系、推动科企深度融合、共建联合实验室，破解技术转移“最后一公里”难题。

面向未来，农业科技减贫国际合作需向全产业链纵深拓展。一方面，通过中国企业“走出去”战略，输出优良品种选育、数字农业等现代农业技术，依托海外园区建设与跨境产业链整合，实现技术、资本、市场的深度融合；另一方面，积极利用外资“走出去”，对接国际金融机构、多边组织的资金与中方技术优势，以国际合作项目为载体，整合技术、市场与政策资源，在发展中国家开展农业科技减贫合作。

第二十四章
合作与展望

第一节　农业科技减贫典型模式

一、赋能技术推广体系，提升人才自主培养能力

农业技术推广体系是连接科研与生产的关键纽带，也是实现科技减贫长效化的核心支撑。在中国，基层农业技术推广体系以县乡两级为枢纽，涵盖种植业、畜牧业、渔业、林业、农业机械、水利等全领域，通过示范推广先进适用技术、防治动植物疫病、优化农田水利管理、提升农民技能等途径，成为科教兴农战略落地的重要载体。

在科技减贫国际合作中，单纯依靠外来专家“输血式”技术输出难以实现可持续发展。中国科技减贫经验表明，需从“授人以鱼”转向“授人以渔”，即在派遣科技特派员开展示范推广的同时，重点培养本土农技人员和推广骨干，协助合作国构建符合其国情的农业技术推广网络。该模式：一是通过培育本土推广人员，将高效农业技术渗透至偏远贫困地区，扩大技术覆盖范围；二是增强技术推广的可持续性，通过制度化、组织化的推广体系，确保技术应用不因项目结束而中断；三是激发科技创新内生动力，提升合作国自主创新能力，形成“技术研发－推广－反馈优化”的良性循环。

例如，中国农业科学院农业资源与农业区划研究所“糖料作物生态安全种植技术合作项目”，在广西甘蔗和内蒙古甜菜产区，通过“TOT+FSS”培训方法和

作者：金轲，农业农村部对外经济合作中心主任；毕洁颖，中国农业科学院海外农业研究中心办公室主任；张帅，中国农业科学院国际合作局国家合作处副处长；李若昕，中国农业科学院海外农业研究中心项目官员。

产学研用协同机制，系统化培养本土技术力量，推动建立本地技术推广体系。

在应用“TOT+FSS”培训方法方面，项目通过分层培训打造本土技术骨干网络。一是农民田间学校辅导员培训（TOT）采用“线上理论学习＋线下田间观察与作业＋线上展示与交流＋专家点评”的培训方法，对农技推广人员、糖厂技术员、合作社带头人等开展土壤健康管理、养分增效技术、病虫害绿色防控等专业化培训。线上专题讨论和线下田间调查的培训方式，不仅加快了培训进度，还提升了时间灵活性。二是农民田间学校（FFS）由TOT学员作为“二传手”，采取“老带新”的模式，在甘蔗和甜菜关键生长期对424名种植户或合作社负责人开展培训。

在构建产学研用协同机制方面，农业技术推广工作形成了“政府－科研－企业－农户”四方合力。中国农业科学院技术专家团队提供技术方案，地方农业科研单位和技术推广中心负责落地指导，农业技术服务企业和糖料加工企业配套资金与设备，农户和合作社实施示范，形成技术推广闭环。此外，数字化工具赋能技术推广，手机小程序“农民田间学校”整合了技术手册、视频教程和在线答疑功能，突破了新冠疫情与地域限制，累计服务超2 000人次。

完善技术推广体系的关键在于推动科技特派团工作重心从直接面向终端种植户的技术推广，转向优先培养农技推广人员、技术人员、农民组织带头人，通过系统提升本土技术人才力量，优化推广机制等举措，从根本上提升自主农技推广能力，实现从末端推广到体系赋能的转变。

二、推动科企融合，打造以企业为主体的创新体系

农业领域研发是一个系统民生工程，亟须科研机构与企业优势互补。科研机构在农业科研中承担着基础研究和应用研究的重任，致力于解决农业发展中的关键共性问题，而企业则凭借其市场敏感性和资源配置能力，专注于将科研成果快速转化为生产力。推动科企深度融合，是实现农业科技减贫的重要途径。企业参与科技创新与市场化推广，一是提升创新效率，使研发更贴近市场需求；二是市场化机制确保技术可持续推广；三是产业链整合将加速减贫成效。

我国主导的最大的国际农业科技减贫项目——“为非洲和亚洲资源贫瘠地区培育绿色超级稻”项目，带动了安徽荃银高科种业有限公司、武汉庆发禾盛农业发展公司、湖北省种子集团有限公司等企业，在巴基斯坦、孟加拉国、越南、印

度尼西亚、老挝等国家推广绿色超级稻品种。绿色超级稻项目结项后，中国农业科学院作物科学研究所技术团队专家启动了“帮助西非国家建立水稻种业体系”项目。该项目汲取绿色超级稻项目在推动科企融合方面的经验，重点加强企业推广适应性品种工作，支持水稻育种商业化。中国科技企业通过与西非国家农业部门及本土种业企业深度合作，共同构建了一套完整的稻种供销体系。该体系采用分级经销网络模式，在西非各国省、市、县、乡四级设立本土化经销商，通过自下而上的需求统计机制，精准收集各区域年度品种需求数据。基于此，中方企业集中开展优质稻种的标准化制繁工作，确保种子质量达到国际标准，再通过已建立的经销渠道将良种精准配送到分散的小农户手中。这一模式不仅打通了从育种到销售的完整产业链条，更实现了与非洲水稻生产“最后一公里”的有效衔接，使当地农户切实获得高产优质稻种，实现了粮食增产和收入提升的双重目标。

农业科技减贫的国际合作，需充分发挥企业作为创新主体和市场纽带的关键作用。企业不仅是技术研发的重要参与者，更是科技成果转化和推广的核心力量。通过推动科企深度融合，构建以企业为主体的市场化创新体系，能够有效满足合作国对优质种质资源和先进技术的迫切需求，实现科技减贫的可持续推进。

三、共建联合实验室，深化多边科技合作

“一带一路”联合实验室通过高效配置和综合集成区域科技创新资源，辐射带动“一带一路”共建国家的科技创新合作，已成为中国与“一带一路”共建国家开展科技合作的重要载体和有效路径。实验室整合了人才、技术和资金等多种资源，为农业科技研发提供了更加有效的支持，并促进了各国研究人员在科研创新和技术交流上的互通有无，推动了联合研究成果在全球范围内的推广和应用，不仅为我国农业发展开拓了国际市场，更显著提升了我国农业科技的国际影响力。

在农业科技减贫领域，中国农业科学院先后建成中国－哈萨克斯坦农业科学“一带一路”联合实验室、中国－克罗地亚生物多样性和生态系统服务“一带一路”联合实验室、中国－罗马尼亚农业合作联合实验室等多家“一带一路”联合实验室。

“一带一路”联合实验室作为农业科技国际合作的核心载体，具备 4 项功能。一是作为合作研究平台，聚合国内外科研力量，针对合作国农业瓶颈开展联合攻关。二是作为培训与科学交流中心，搭建多层次人才培养体系。三是作为成果示范与转化基地，依托示范园区实现技术快速落地。四是作为咨询服务机构，为

“一带一路”共建国家提供政策建议与技术方案。

“一带一路”联合实验室在农业科技减贫国际合作中展现出平台优势。首先，体现在资源集成性，通过汇聚“政府－科研－企业”三方资源，形成全链条协作。其次，具有产业聚焦性，精准对接合作国资源禀赋和技术需求，集中多方优势品种和产业技术，实现产业链协同发展。最后，彰显创新生态构建能力，推动“一带一路”共建国家从技术输入到自主创新。

由中国农业科学院棉花研究所与乌兹别克斯坦棉花研究所联合建设的“河南省‘一带一路’棉花技术合作国际联合实验室”（以下简称棉花技术合作国际联合实验室），围绕棉花种质资源搜集、评价、新品种培育、配套栽培技术集成、区域试验和成果转化等方面开展研究。该联合实验室成功辐射带动“一带一路”共建国家开展棉花全产业链科技创新合作，将先进技术、产品和服务输至乌兹别克斯坦、塔吉克斯坦、巴基斯坦、埃及等“一带一路”共建国家。

棉花技术合作国际联合实验室充分发挥平台枢纽作用，通过创新要素的跨境整合、技术转化的体系化推进和市场主体的精准对接，实现了从技术研发到产业落地的全链条协同，为农业科技减贫提供了以构建创新平台为典型模式的解决方案。首先，联合实验室实现科技创新平台化，建立跨国联合攻关团队，针对中亚气候特点开展适应性研发，进一步整合了 6 个专业实验室资源（生物技术、资源育种等），形成覆盖基础研究到应用研发的创新网络。平台化运作实现了研发资源高效配置，成功培育出纤维品质达 33.6 kN/tec 的国际标准新品种。其次，实现成果转化平台化。通过打造“核心示范区＋辐射带动区”的梯度推广体系，联合实验室在纳曼干州等 4 个示范区建立技术转化枢纽，实现“半精量播种＋化学调控”等技术的快速推广。最后，实现利益联结平台化。通过搭建“实验室＋企业＋农户”的数字化对接平台，整合本土种业公司资源，建立覆盖省、市、县、乡的四级经销网络，创新了平台化订单农业模式，2024 年带动农机出口增长 18%，实现多方共赢。

第二节　全产业链视角下的科技减贫国际合作

以单一产业为切入点的科技减贫项目，虽能短期内提升效益，但难以形成长效脱贫机制。全产业链视角下的农业科技减贫模式，以农业科技为核心，纵向覆盖“研发－生产－加工－流通－消费”全环节，横向整合政府、企业、科研机构、国际组织等多方主体，成为农业科技减贫模式的发展方向。

在纵向维度上，该模式覆盖“研发－生产－市场”全链条。上游以联合实验室、种质资源创新，推动技术突破；中游通过技术推广体系和数字农业服务，实现高效生产；下游依托品牌建设和跨境电商，打通价值变现渠道。在横向维度上，强调多主体与多要素的系统性融合。一方面整合政府政策、科研技术、企业资本及国际组织资金，形成合力；另一方面，协同技术、金融、数据及基础设施等关键要素，构建“产学研用”一体化生态。这种纵横交织的架构，确保了科技减贫从单点突破升级为全链赋能。

全产业链农业科技减贫通过系统性整合研发、生产、加工、市场等环节，实现三大突破。第一，破解技术应用碎片化问题，避免“技术孤岛”，使育种、栽培、加工等技术协同增效。第二，增强减贫可持续性。通过产业链增值（如农产品深加工、品牌建设）让农户持续受益，而非依赖单一技术补贴。第三，提升国际合作效率，吸引企业、国际组织、金融机构等多方参与，形成“技术＋资金＋市场”的资源聚合效应。基于中国农业科技减贫的成功实践，企业主导的市场化“走出去”和外资驱动的资源整合型“走出去”，共同构成了全产业链科技减贫的“双轮驱动”模式。

一、企业“走出去”：市场化驱动的科技减贫模式

企业“走出去”模式是指中国农业科技企业通过市场化运作，将先进技术、生产装备和综合服务输出至发展中国家，在实现商业收益的同时带动当地农业增效与农民增收。这种市场化驱动的科技减贫模式将营利性与公益性结合，形成可持续的商业减贫模式。企业“走出去”模式呈现三大核心特征：一是市场主体性，企业作为核心驱动力，依托市场机制开展技术推广与产业合作；二是可持续性，通过商业化运营（如技术许可、订单农业）形成“研发＋推广＋收益”的良性循环；三是全链协同，覆盖育种、种植、加工、销售等环节，提升产业链整体价值。

当前，亚洲是中国农业对外投资的最大集聚区。种植业占农业对外投资比约五成，畜牧业位居第二。栽培技术和种子产品是“走出去”科技的主要形式。在区域分布方面，2019 年中国农业对外投资流量占比 76.9%（79.36 亿美元），存

量占比 38.8%（135.06 亿美元），主要集中在南亚、东南亚地区（如越南、柬埔寨）。非洲已成为重点技术输出地，88.89% 的涉农企业以非洲为目标区域。在产业结构方面，2019 年种植业和畜牧业是主要的投资方向，其中种植业投资占当年中国农业对外投资总额的 72.1%，畜牧业占 14.8%。在技术输出形态方面，栽培技术和种子产品是主要的转移技术和产品。技术输出呈现技术多元化和产品集中化的特征：一方面，涉农企业输出技术以栽培与加工技术为主，并向植保技术、智慧农业、养殖技术、品种选育技术、节水灌溉等技术逐步拓展；另一方面，种子是主要出口产品，其次农业机械、兽医药、肥料、节水产品、饲料等多样化的产品也陆续走出国门。

未来，加快中国农业企业“走出去”需从制度创新、信息服务、协同机制及人才体系四方面突破。在制度层面，应优化种子与生物农药出口审批流程，完善海外知识产权保护体系，落实税收优惠和贴息贷款，破解政策壁垒；在信息层面，需建设“一带一路”农业科技信息平台，整合政策、市场及技术需求数据，解决企业“信息盲区”问题；在协同层面，充分利用全国农业科技“走出去”联盟，统筹资源、推动联盟成员集成资源、全产业链合作；人才层面，应定向培养“技术 + 语言 + 跨文化能力”的复合型人才，建立短期培训机制。

绿色超级稻项目作为农业科技减贫的典范，探索了全产业链、将企业作为主体的科技减贫模式。该模式贯通上游研发、中游生产和下游市场全产业链，推动企业主导、政府支持、科研机构参与、国际组织赋能的多元主体协同。

上游研发环节聚焦前沿技术与资源共享。由中国农业科学院、华中农业大学、国际水稻研究所（IRRI）等科研机构参与种质全基因组测序和分子育种技术攻关；安徽荃银高科种业股份有限公司、上海农业生物基因中心等企业和机构参与种质资源分享，支持东南亚、非洲地区品种审定；比尔及梅琳达 · 盖茨基金会、国际农业研究磋商组织（CGIAR）提供资金和平台支持，推动种质资源分发与技术转移。

中游生产环节开展技术落地与能力建设。上海农业生物基因中心在菲律宾、越南等国开展多年多点适应性试验；武汉庆发禾盛农业发展有限公司、湖北省种子集团在巴基斯坦和孟加拉国等国开展种子本土化规模生产；非洲水稻中心（AfricaRice）和世界粮食计划署（WFP）等国际组织协调企业与科研机构，在非洲组织人员培训并资助尼日利亚、马里等国建立种子加工中心。

下游市场推动种子市场化推广。华中农业大学参与制定绿色超级稻品种认定办法和农业行业标准。安徽荃银高科种业股份有限公司探索建立种子供销体系，形成从种子生产到粮食种植再到加工销售的完整产业链。

绿色超级稻项目验证了企业主导的市场化减贫路径的可行性，并形成了可复制的经验，即技术适配是根基、商业闭环是保障、本土融合是纽带。其创新性的“政府支持 + 科研赋能 + 企业运营 + 国际协作”机制，为全球农业科技减贫提供了“研产销一体化”的中国方案，尤其为“一带一路”背景下企业如何通过全产业链合作实现可持续减贫树立了标杆。

二、利用外资“走出去”：资源整合的科技减贫模式

利用外资“走出去”模式，旨在通过整合国际金融机构和多边组织的资金优势与中方技术优势，依托国际合作项目，在发展中国家开展农业科技减贫合作。其核心在于以国际资本为纽带，撬动技术、市场与政策资源，发挥协同效应。

利用外资“走出去”科技减贫合作主要包括 4 种典型模式：一是国际组织资助型，即联合国粮农组织（FAO）、国际农业发展基金（IFAD）等机构提供专项资金，与中国技术团队合作在发展中国家开展减贫项目；二是外方政府预算支持型，指双方政府联合拨付经费支持科技减贫项目建设；三是跨国企业联合投资型，表现为中外农业企业合资在“一带一路”共建国家建立生产基地，实现技术、资本与市场的优势互补；四是多边开发银行专项贷款型，即亚洲基础设施投资银行（AIIB）、新开发银行等提供长期低息贷款，支持农业基础设施与配套技术打包输出。这 4 种模式各具特色，共同构成了中国农业科技国际化推广的多元化资金渠道网络。

国际组织资助型是目前中国农业科技“走出去”实践中广泛应用的外资利用模式。该模式以联合国粮农组织（FAO）、国际农业发展基金（IFAD）、世界粮食计划署（WFP）等国际组织为主要资金来源，通过多边合作框架将中国农业技术与国际资金相结合，支持发展中国家建设科技减贫项目。中国绿色超级稻项目和糖料作物种植技术推广项目分别获得比尔及梅琳达·盖茨基金会和联合国粮农组织（FAO）的资金支持，成为中国农业减贫适用技术利用外资“走出去”的典范案例，形成了可复制的国际合作经验。这一模式既验证了国际资金与中国农业技术相结合的有效路径，又为后续类似项目提供了合作范式。

当前，外方政府预算支持型、跨国企业联合投资型和多边开发银行专项贷款

型 3 种农业科技减贫国际合作模式，仍处于探索发展阶段，其应用广度和深度有待进一步拓展。这 3 种模式虽各具特色，但在实践中均面临挑战。一是外方政府预算支持模式推广受制于配套资金到位率不足、中国农业技术规范与当地认证体系存在差异，以及政治稳定性风险。二是跨国企业联合投资模式在市场化跨国技术转移转化过程中面临投资国农业外资持股比例限制、种子进出口检疫壁垒、知识产权保护薄弱等挑战。三是多边开发银行专项贷款模式中面临评估和审批周期长、损耗专利保护期、信用评级限制贷款规模等挑战。

中国农业科技减贫国际合作通过创新构建利用外资“走出去”模式，已形成以国际组织资助型为主体、其他模式为补充的多元化合作格局。这一模式体系通过整合国际资金、技术和政策资源，不仅成功实现了中国先进农业技术在发展中国家的规模化应用，更探索出一条“外资驱动＋技术赋能”的可持续减贫路径。国际组织资助型已形成可复制推广的合作范式，而外方政府预算支持型、跨国企业联合投资型和多边开发银行专项贷款型等模式仍需在政策体系、市场体系和信用体系等维度改造升级。随着合作机制的不断完善，这一模式体系将持续优化全球农业科技资源配置，为推动“一带一路”建设成为“创新之路”“减贫之路”“增长之路”提供实践路径。

第三节　农业科技减贫国际合作展望

科技扶贫作为中国扶贫政策体系的重要组成部分，不仅在国内消除绝对贫困方面做出了历史性贡献，更通过总结中国农业科技减贫经验与成就、提炼技术路径与典型模式、探索科技减贫国际合作方向，为全球减贫事业贡献了可复制的中国方案。从绿色超级稻到芝麻、糖料作物、木薯在“一带一路”共建国家推广，中国以科技创新为纽带，形成了“精准需求识别＋全产业链技术推广＋市场体系搭建＋多边平台支撑”的农业科技减贫合作范式，已成为支撑大国外交，服务构建人类命运共同体的真实写照。

2021 年 9 月，习近平主席提出全球发展倡议，强调要坚持创新驱动，并将减贫脱贫摆在重点领域首位。2023 年 11 月“一带一路”科技创新专项合作计划启动实施，通过与“一带一路”共建国家分享科技精准减贫经验和实践，发挥中国科技特派员制度在共建国家减贫过程中的重要作用，推动将先进适用技术转移转化为生产力，推动“一带一路”建设成为“创新之路”“减贫之路”“增长之路”。

面向未来，中国农业科技减贫合作将在国家援外及“一带一路”科技减贫专项合作计划等框架下，聚焦以下五大方向。

一是深化政策对话，凝聚共识，构建多层级技术需求对接机制。贫困是社会问题，各国政府应是推动减贫进程和减贫合作的主导机构。需要进一步凝聚共建国家政府部门的共识，增强解决贫困顽疾的信心，明晰科技减贫的路径模式，加强减贫交流与合作对接，助力实现更加均衡的全面发展。

二是精准识别产业合作焦点，重点突破粮食安全、经济作物、农产品加工、数字农业、农业绿色发展等关键领域。精准扶贫是中国减贫工作的一大特色，也是成功的关键之一。联合国秘书长古特雷斯表示：“精准扶贫方略是帮助贫困人口、实现2030年可持续发展议程设定的宏伟目标的唯一途径，中国的经验可以为其他发展中国家提供有益借鉴”。科技减贫合作要聚焦合作国家资源禀赋和发展阶段，因国制宜、因地制宜选定减贫产业、制定减贫策略，并动用合作国整体力量加以推进。

三是共建技术转移平台枢纽，培育本土科技人才梯队。要健全合作机制，推动科技减贫合作平台化、机制化，通过共建双边联合工作组，建设多双边技术转移平台，促进先进适用农业技术和生产要素向合作国流动。强化科技减贫人才培养，将中国特色的“科技特派员”制度向合作国推介，推动合作国构建常态化科技支农工作机制，带动农业技术向农民等“终端用户”渗透，切实提升农业生产科技含量。

四是创新多元融资模式，激发企业市场活力。集聚国家发展援助、政府间合作项目、国际组织、开发银行、基金会与企业的资金，引入企业参与，助力优质农产品推向市场，通过先进技术提升农产品产量和附加值，助力农民增收致富。

五是打造“产学研”一体化合作网络，推动农业科技减贫全产业链合作，促进创新链与产业链融合发展。

期待通过“一带一路”科技减贫合作，推动从基础设施的“硬联通”迈向发展战略的“软融合”，最终实现从“中国智慧”到“全球实践”的减贫范式跃迁，助力共建国家加快减贫发展，为构建人类命运共同体注入科技动能。